技

中国科学技

技术经理人初级教材

湖南大学
科技部科技评估中心 —— 编著

中国科学技术出版社
·北 京·

图书在版编目（CIP）数据

技术经理人初级教材 / 湖南大学，科技部科技评估中心编著. -- 北京：中国科学技术出版社，2025. 1（2025.6 重印）.
（技术经理人系列教材）. -- ISBN 978-7-5236-1226-2

Ⅰ. F113.3

中国国家版本馆 CIP 数据核字第 2024EW9597 号

责任编辑	何红哲
封面设计	北京潜龙
正文设计	中文天地
责任校对	邓雪梅
责任印制	徐　飞

出　　版	中国科学技术出版社
发　　行	中国科学技术出版社有限公司
地　　址	北京市海淀区中关村南大街 16 号
邮　　编	100081
发行电话	010-62173865
传　　真	010-62173081
网　　址	http://www.cspbooks.com.cn

开　　本	787mm × 1092mm　1/16
字　　数	311 千字
印　　张	18.5
版　　次	2025 年 1 月第 1 版
印　　次	2025 年 6 月第 2 次印刷
印　　刷	北京顶佳世纪印刷有限公司
书　　号	ISBN 978-7-5236-1226-2 / F · 1346
定　　价	108.00 元

技术经理人系列教材
编 委 会

《技术经理人初级教材》
编 写 组

主　　编：喻　玲　李飞龙

成　　员：（按姓氏笔画排序）

王　为　史　敏　孙　芸　李沐谦　邵　滨　张　璋　张　燕
张静园　张冠峰　张黎群　林　松　武思宏　骆珮雯　夏文勇
徐杨巧　鲁　露

序　言

技术经理人是在科技成果转移、转化和产业化过程中，发挥组织、协调、管理、咨询等作用，从事成果挖掘、培育、孵化、熟化、评价、推广、交易，并提供金融、法律、知识产权等相关服务的专业人员。作为促进创新链、产业链、资金链、人才链四链深度融合的关键人才，技术经理人在推动科技成果从实验室走向市场、实现技术转移和转化过程中发挥着至关重要的作用。

党的十八大以来，党中央高度重视专业化技术转移人才队伍建设，立足经济社会高质量发展的重大需求，对统筹推动技术转移人才队伍建设作出一系列战略部署。党的二十届三中全会通过的《中共中央关于进一步全面深化改革、推进中国式现代化的决定》对“深化科技成果转化机制改革”作出部署，指出要加强国家技术转移体系建设，并专门提出“加强技术经理人队伍建设”。技术经理人队伍建设对于促进科技成果产业化、加快培育新质生产力、提升国家创新体系整体效能具有重要意义。

近年来，中国科协履行“为创新驱动发展服务”的职责使命，立足于当好产学研融通“立交桥”，建设“科创中国”服务品牌，并将“培育技术经理人队伍”作为“科创中国”建设的重要内容，推动构建技术转移转化的人才工作体系。开展技术转移转化人才高级研修，累计培训 1 万余名具有专业知识的技术经理人，入驻“科创中国”平台开展需求解析和成果对接。通过“科创中国”平台开设“技术经理人”专栏，汇聚一批优质培训课程，提供“技术经理人直播”“揭榜挂帅”项目需求、“技术路演”项目资源、“金融投资”项目对接等科技服务。发布“技术经理人先锋榜”，组织 7 家省级技术经理人协会共同签署《技术经理人自律规则服务宣言》，推动形成技术经理人行业规范。

当前，我国技术经理人队伍建设依旧处于发展初期，规模、质量远远无法满足科技成果转化的现实需要。社会上对技术经理人的培训和评价方式方法多样、手段不一、成效不均，因此建设体系化、标准化、规范化、专业化的技术经理人培养体系成为迫切需要。2024 年，中国科协联合科技部共同推进技术经理人培养体系建设，从教材与课程、标准与评价、培养与使用、人才梯队与实践实训等方面，构建系统、科学、实用的技术经理人培养体系。围绕技术经理人服务成果转化的知识体系和市场需求，首次系统性组织编写初、中、高三级技术经理人培训专用教材，内容涵盖技术转移体系构建、技术转移模式与路径、产学研合作、知识产权保护与运营、政策法规、科技金融等，并融入相关技术转移典型案例，具有较高的权威性、系统性和实用性。教材设计和编写过程中，得到了中国科技评估与成果管理研究会名誉理事长，科技部原党组成员、驻部纪检组原组长郭向远等多位领导的大力支持，在此一并致谢。

下一步，我们将进一步推动系列教材在技术经理人队伍培育、实践、体系建设等方面的应用，希望能够帮助广大技术经理人完善知识体系、提升职业技能、提高专业素养。希望广大技术经理人与科学界、产业界充分协作，更好地完善科技成果转移转化链条，共同为国家技术转移体系建设、推动经济高质量发展作出更大贡献。

技术经理人系列教材编写委员会

2024 年 10 月

前 言

初级技术经理人处于职业生涯的初级阶段，应具备科技成果转移转化基础知识体系和实践技能，具有一定从业经验和业绩。具体来说，初级技术经理人应具备的知识水平包括了解我国科技成果转移转化相关发展历史、政策措施、法律法规以及科技创新合作相关的国际规则，掌握科技成果转移转化基础理论知识（技术商品与技术市场、科技成果转化、技术转移、技术商业化、技术转移服务等定义和内涵），掌握技术研发、技术集成、技术转让、技术许可、技术入股、技术项目咨询、科技成果评估、技术投融资等服务的相关知识和流程，掌握知识产权保护的相关基础知识和法律法规，掌握市场调查、信息分析的理论和方法，掌握项目管理基础知识；应具备的实践技能包括具备技术信息采集、分析与发布的实操能力，掌握技术需求甄别与分析方法，掌握技术咨询服务流程和规范，掌握科技成果评估基础实务，熟悉技术合同登记流程和规范，了解技术交易策划和实施，熟悉融资渠道与金融工具基础实务。由此，初级教材侧重内容的基础性、全面性和系统性。

《技术经理人初级教材》分为上、下篇，共 11 章。上篇：知识水平部分分为 6 章。第 1 章技术经理人概述，介绍了技术经理人的起源与发展、职责与特点、基本要求与职业能力、分类与作用。第 2 章科技成果转化法律法规政策概述，主要包括科技成果转化的基本概念，科技成果转化法规与政策发展脉络以及科技成果转化法规政策分类与要点三个方面的内容。第 3 章知识产权基础知识，分别介绍了专利权、商业秘密、商标权等科技成果转化中常见知识产权类型的概念、特征以及相关法律法规，分析了知识产权的管理、风险识别以及风险控制三个方面的内容。第 4 章技术要素市场与科技成果转化机构，包括我国技术市场的发展历程及其与科技成果转移转化机构的关系、科技成果转化服务机构的主要类型、主要的科技成果转化机构以及典型机构案例。第 5 章科技金融基础知识，介绍了科技金融的基本概念和我国多层次资本市场基本制度，以及主要的科技金融产品与服务。第 6 章技术发展态势，简要介绍了全球科技革命和产业变革态势以及我国传统产业、战略性新兴产业和未来产业发展情况。

下篇：实践技能部分分为 5 章。第 7 章科技成果转化流程与技术合同登记，梳理了科技成果转让、许可、作价投资、自行实施、合作转化流程，以及技术合同登记的流程与规范。第 8 章发明披露与科技成果需求挖掘，首先介绍了高校科技成果发明披露与高校科技成果需求挖掘的方法；其次探讨了企业技术需求挖掘与技术收集和识别；最后介绍了合作对象选择的方法和渠道，包括企业和高校院所合作对象的选择。第 9 章科技成果评估流程与方法，对《关于完善科技成果评价机制的指导意见》《科技成果经济价值评估指南》等文件进行了解读，总结了科技成果评估的方法与标准。第 10 章知识产权基础实务，包括四个方面的内容：一是专利实务，包括专利申请、答复、维持及管理、驳回及复审等实际操作内容；二是商业秘密认定和保护实务中技术经理人要注意的事项；三是借助知识产权检索与分析工具辅助工作；四是与知识产权实务相关的机构。第 11 章创新与技术商业化，介绍了创新与技术商业化理念、技术商业化典型模式与案例以及技术商业化工具：商业模式画布等内容。

本系列教材是在中国科协科学技术创新部的指导下，在科技部科技评估中心的总体统筹下，由湖南大学组织编写。除《技术经理人初级教材》，本系列教材还包含《技术经理人中级教材》和《技术经理人高级教材》。本系列教材的编写与发布，旨在打造全国首套兼具科学性、实用性、前沿性和贯通性的高质量技术经理人专用系列教材，为我国技术经理人培养体系建设贡献智慧和力量。

本系列教材的编写主要基于 T/CASTEM 1007—2022《技术经理人能力评价规范》团体标准中对初级、中级、高级技术经理人的能力和分级评价要求，以基础知识与成果转化流程作为教材主线，以适应不同级别技术经理人定位和从业工作需求。教材以技术经理人视角切入，内容由浅入深，面向不同职业阶段和水平能力的受众。初级、中级、高级教材皆分为上、下篇，上篇为知识水平，下篇为实践技能。上篇分为五大知识体系：涉及技术经理人与科技成果转化的基本概念、技术经理人的创新思维、科技成果转化的发展历程与政策法规、技术转移相关知识以及技术发展态势；下篇涵盖八大实践技能：包括技术挖掘识别、发明披露、科技成果评估、技术交易策划、知识产权布局与保护、商业谈判、孵化培育、企业发展与公司治理，贯穿科技成果转化过程中，从 PI 到 IP 再到 IPO 全流程全链条。初级、中级、高级教材篇目设计主要以贯通性、衔接性、实操性为基本原则，初级教材全面介绍技术经理人相关基础知识，通过学习具备科技成果转化基本操作能力；中级教材侧重实操与案例分析，通过学习具备管理技术转移团队或机构的能力；高级教材重点关注技术转移项目管理中后期阶段，通过学习具备战略层面规划、管理技术转移事务综合能力。

技术经理人系列教材内容分布情况

	涉及相关内容	涉及教材
上篇：五大知识体系	技术经理人与科技成果转化基本概念	初级
	技术经理人的创新思维	中级
	科技成果转化发展历程与政策法规	初级 / 中级 / 高级
	技术转移相关知识	初级 / 中级 / 高级
	技术发展态势	初级 / 中级 / 高级
下篇：八大实践技能	技术挖掘识别	初级 / 中级
	发明披露	初级
	科技成果评估	初级 / 中级
	技术交易策划	初级
	知识产权布局与保护	初级 / 中级 / 高级
	商业谈判	中级
	孵化培育	中级
	企业发展与公司治理	高级

《技术经理人初级教材》作为全国初级技术经理人通用教材，虽然编写组几易其稿，不断优化完善，但囿于时间和水平所限，不免存在疏漏和不足之处，恳请各位读者批评指正！

本书编写组

2024 年 11 月

目　录

上篇　知识水平

上篇　知识水平

第 1 章

技术经理人概述

技术经理人作为科技成果转化过程中的关键人才，是连接创新链与产业链的“纽带”，同时也是高校院所与市场需求对接的“桥梁”，在技术转移和转化过程中发挥着至关重要的作用。加强技术经理人队伍建设促进科技成果转化，已经成为我国培育和发展新质生产力、加快实现高水平科技自立自强和高质量发展的迫切需求。本章重点探讨技术经理人的起源与发展、职责与特点、基本要求与职业能力、分类与作用四个方面，旨在为加强高质量技术经理人队伍建设提供有益参考。

1.1 技术经理人的起源与发展

1964 年，首届联合国贸易发展会议（UNCTAD）提出了技术转移这一概念，强调了技术转移在促进全球经济发展和减少贫困中的关键作用。技术转移不仅涉及先进设备和工艺的传播，还包括知识、技能和管理经验的共享。通过技术转移，发展中国家能够加速工业化进程，提高生产效率，从而在全球市场中更具竞争力。随着全球化的不断推进，各国在技术转移领域开展了广泛的实践探索和理论分析，技术经理人应运而生。20 世纪 70 年代，技术经理人（Technical Manager）这一概念逐渐从美国大学技术经理人协会（Association of University Technology Managers，AUTM）中的技术经理（Technology Manager，TM）演变而来。最初，技术经理人并不是一个具体的职业名称，而是更多地指代那些从事技术转移相关工作的人员。在美国的大学技术转移办公室招聘技术转移人员时，他们通常会使用技术许可助理（Technology Licensing Associate）和资深许可经理（Senior Licensing Manager）等职位名称。这些职位名称更具体地描述了当时从事技术转移工作人员的职责和角色。

1.1.1 技术经理人的起源

1970 年，斯坦福大学为了更好地将校内的科研成果转化为实际应用，特别设立了技术许可办公室（Office of Technology Licensing，OTL）。其主要职责是专注于将学术研究的成果转化为具有商业价值的产品或服务。1974 年，为进一步推动技术转移进程，美国正式成立了大学专利管理者协会（Society of University Patent Administrators，SUPA），也是美国大学技术经理人协会的前身。大学专利管理者协会成立的初衷是为了促进大学技术的转移和商业化，通过协调和管理技术转移过程中涉及的各种关系，帮助技术转移办公室更有效地实现科研成果的转化。成立之初，大学专利管理者协会的规模相对较小，会员数量有 50 多人。尽管如此，该协会通过组织各种会议、路演以及利用各种媒体资源，致力于对美国大学的专利技术进行有效的保护和授权工作。由于当时大学研究成果的产权归属问题并不明确，特别是政府资助的科研成果，其知识产权往往归政府所有，这导致了研发人员在技术转移工作中的积极性和主动性普遍不高。这种产权归属的不明确性，使得研究人员难以从他们的研究成果中获得直接的经济利益，从而降低了他们参与技术转移活动的热情。

1980 年，美国颁布了技术转移领域具有里程碑意义的《拜杜法案》。该法案规定，除非大学主动放弃权利，否则由联邦政府资助的研究成果所产生的发明创造归大学所有。大学有责任申请专利，并尽最大努力推动技术商业化。该法案的执行显著提升了美国大学在技术转移方面的积极性。随着《拜杜法案》的实施，大学专利管理者协会的角色和职责逐步超越了“专利管理”的范畴，1989 年正式更名为大学技术经理人协会。该组织以“联合技术转移各方主体，促进高校和科研机构科技成果向市场转化”为宗旨，具体职责包括提供专业的技术转移培训服务，以帮助会员提升专业技能，推动技术转移行业的专业化进程；构建技术转移网络信息平台与各专利技术转移组织的交流联系；针对接受政府资助的机构在发明披露、专利授权、技术许可等方面进行年度审查，确保项目的合规性和效率；定期发布专业出版物并组织年度会议，为全球技术转移专业人士和相关行业组织提供共享平台。截至 2023 年年底，美国大学技术经理人协会历经 30 余年发展，拥有全球 800 多家机构 3000 多名技术经理人。

1.1.2　国际上技术经理人主要组织

继《拜杜法案》颁布后，随着技术市场的飞速发展，各国政府和高校等逐渐意识到技术经理人的重要性，纷纷建立技术转移转化服务体系，发展技术经理人行业组织，为企业科技项目投资提供评估服务，促进企业与高校之间的合作，引导企业为高校科研项目投资，帮助高校把科研项目转化为生产力，加快科技成果孵化和转化步伐，推动高新技术产业的发展。目前，国际上有代表性的技术转移和转化服务组织除美国大学技术经理人协会外，还有欧洲科学与技术转移行业协会（The Association of European

Science and Technology Transfer Professionals，ASTP）、英国大学知识商品化协会（Praxis Unico，现名 PraxisAruil）、泛澳大利亚知识商品化协会（Knowledge Commercialisation Australasia，KCA）、意大利科研价值转化协作网络（Italian Network for the Valorisation of Research，NETVAL）、马来西亚创新与技术经理人协会（Innovation and Technology Managers Association，ITMA）、南非研究与创新管理协会（Southern African Research and Innovation Management Association，SARIMA）、瑞典创新与技术转移支持协作网络（Swedish Network for Innovation and Technology Transfer Support，SNITTS）、印度技术管理协会（Society for Technology Management，STEM）、西班牙创新管理与技术转移协会（RED TRANSFER Association）、德国大学技术联盟（Transfer Allianz）、日本大学创新与技术转移协作网络（University Network for Innovation and Technology Transfer，UNITT）、美国加拿大国际许可高级管理人协会（LES）、国际生物技术创新组织（BIO）和国际技术转移经理人联盟（Alliance of Technology Transfer Professionals，ATTP）等。

在 2010 年，全球四个领先的技术转移组织欧洲科学与技术转移行业协会、美国大学技术经理人协会、英国大学知识商品化协会、泛澳大利亚知识商品化协会联合创建了国际技术转移经理人联盟，目的是建立国际技术转移经理人的培训标准，并为通过考核的申请人颁发注册技术转移经理人（Registered Technology Transfer Professional，RTTP）证书。因此，上述四个专业组织有时被称为全球四大技术转移组织。截至 2024 年 9 月，国际技术转移经理人联盟成员机构已经扩充为 15 家，具体情况见表 1-1。

表 1-1　国际技术转移经理人联盟成员列表

序号	机构名称	机构简介	备注
1	欧洲科学与技术转移行业协会	欧洲科学与技术转移行业协会是泛欧洲地区技术转移专业人士的行业协会，致力于在高校 / 科研机构与企业之间开展科技成果转移转化工作，提升科技创新对社会经济的影响力。目前欧洲科学与技术转移行业协会拥有 800 多名成员，覆盖全球 41 个国家和地区	发起机构

续表

序号	机构名称	机构简介	备注
2	美国大学技术经理人协会	美国大学技术经理人协会是覆盖全球的技术转移协作网络，成员来自 800 多所大学、科研机构、科研型医院、政府机构，以及数百家技术转移专业机构、企业与非营利组织	发起机构
3	英国大学知识商品化协会	英国大学知识商品化协会是位于英国的一家非营利机构，旨在推动公共部门技术转移，对社会与经济发展起到促进作用	发起机构
4	泛澳大利亚知识商品化协会	泛澳大利亚知识商品化协会是泛澳大利亚地区在技术商品化、产业化、科技创新创业等方面最具领先地位的专业机构，通过建立行业机构间联系、培养专业人才和宣传推广等方式开展工作	发起机构
5	西班牙创新管理与技术转移协会	西班牙创新管理与技术转移协会旨在服务公共和私营部门从事研究管理、知识转移和创新的专业认识	首批成员机构
6	瑞典创新与技术转移支持协作网络	瑞典创新与技术转移支持协作网络是瑞典从事知识商品化与技术转移的专业协会	首批成员机构
7	南非研究与创新管理协会	南非研究与创新管理协会是南非致力于推进研究和创新管理，服务相关机构和人员的会员制协会	首批成员机构
8	印度技术管理学会	印度技术管理学会是为技术转移提供便利条件，营造良好氛围、促进技术管理优秀实践的非营利机构	首批成员机构
9	德国大学技术联盟	TransferAllianz 是德国大学技术转移的协作网络，旨在将技术营销、技术转移服务两种职能合二为一，架设科技研发和市场之间的技术转移桥梁，为企业衔接德国高校与科研机构的技术评估能力、科技研究成果	首批成员机构
10	日本大学创新与技术转移协作网络	日本大学创新与技术转移协作网络是促进学术界与产业界之间良好发展，支撑高等学府、技术转移办公室、技术经理人及专业机构合作的行业组织	首批成员机构
11	土耳其大学创新市场化平台	土耳其大学创新市场化平台聚焦于支持土耳其大学与产业端合作，提升技术转移专业水平，推动大学技术转移，技术经理人培训和新技术向市场转化	首批成员机构
12	国际应用科技开发协作网	国际应用科技开发协作网位于中国香港，由中国教育部发起成立，是全球 27 所知名高校成立的国际合作与伙伴关系网络，旨在促进科技成果转化、技术转移、技术产业化与商品化	成员机构
13	马来西亚创新与技术经理人协会	马来西亚创新与技术经理人协会是马来西亚一家非政府组织，主要负责建立技术经理人之间的协作网络，推动技术转移专业机构间合作	成员机构

续表

序号	机构名称	机构简介	备注
14	意大利科研价值转化协作网络	意大利科研价值转化协作网络旨在通过培训项目，举办国际会议、设立专项课题，聚集意大利高校与公共部门技术转移资源，促进意大利的技术转移行业发展	成员机构
15	韩国大学技术转移管理协会	韩国大学技术转移管理协会是由韩国各地大学技术许可办公室组成的网络组织，通过研讨会、市场推广和知识委员会等方式，促进会员大学的技术商业化	成员机构

资料来源：https://attp.global/about/alliance-members/，20240929。

作为全球范围内的国际技术转移行业联盟，国际技术转移经理人联盟的宗旨包括确立国际认可的技术转移人才培训标准；为技术转移领域的专业人士颁发注册技术转移经理人认证；推动人才培养计划，帮助各国技术转移机构提升能力；协助培训机构开发和实施国际认可的技术转移专业课程。

国际技术转移经理人联盟认为，注册技术转移经理人资质意味着该申请人已经具备技术转移专业知识，并在经验业绩方面取得瞩目成绩。申请注册技术转移经理人的基本要求包括担任职业技术转移经理人满两年、是国际技术转移经理人联盟十五家成员机构之一的正式成员、在技术转移专业机构或相关机构中任职（如在高校或科研机构中任职），应具有本专业以外的商科或管理学科背景，在满足这些条件的基础上，注册技术转移经理人需要主动申请，方能进入审批流程。

注册技术转移经理人分为三个等级，每个等级有着具体要求。申请初级注册技术转移经理人，需要申请人在国际技术转移经理人联盟认可的技术转移专业机构中已经修习了60学分的技术转移经理人培训课程（需要获得书面证明，60学分一般代表60课时，其中参会、实践等活动不得超过30课时），且撰写1000字的成果报告；已经在行业中拥有3～5年工作经验，并且主持过技术转移项目、工作计划、培训课程、技术评估或合同审核/登记等的专业人士，可以申请中级注册技术转移经理人（成果报告必须围绕申请者主持的技术转移项目）；工作经验5年以上的高水平职业技术转移经理人，可以申请高级注册技术转移经理人，国际技术转移经理人联盟规定高级注册技术转移经理人应参与过300万美元以上的重大技术转移项目，作为首要作者发布过技术转移学术论文，并且在国际技术转移经理人联盟中担任重要职务。由此可见，获得注册技术转移经理人认证是对全球技术经理人能力水平的专业认可。

取得注册技术转移经理人认证并不容易，60 学分的学习需要申请人付出大量时间和金钱，而专业报告、权威专家推荐、身任高职等前设条件也显著影响了注册技术转移经理人认证的普及和推广。根据国际技术转移经理人联盟官网显示，在成立 24 年间，获得注册技术转移经理人认证的专业人才只有 923 人（截至 2024 年 9 月）。

1.1.3　我国技术经理人发展历程

技术经理人的角色定位并非一蹴而就，而是伴随着我国科技创新体系的不断完善逐渐明确其职责定位。自改革开放以来，我国科技事业经历了从“跟跑”到“并跑”乃至“领跑”的华丽转身，科技成果如何高效转化为现实生产力成为亟待解决的难点问题。技术经理人，作为科技成果转化链条上的关键一环，其概念最初源于欧美发达国家的技术转移实践，但在中国，这一专业群体逐渐发展出了独特的定位和使命。

1.1.3.1　技术经纪人发展雏形阶段（1970—1989 年）

20 世纪 80 年代，早期的技术经纪人多为科研人员或企业技术部门的兼职人员，凭借自身的专业知识和对市场的初步理解，尝试搭建起科研成果与市场需求的桥梁。高校院所、企事业单位中涌现出为促进科技成果交易的服务人员，以帮助那些因为生产经营困难或技术能力不足而陷入困境的中小企业重新焕发活力。这些科研人员通常利用周末来往于上海和长三角的各个企业之间，因此他们被亲切地称为“星期天工程师”。这些“星期天工程师”不仅为中小企业提供了技术支持，还扮演了早期技术经纪人的角色。

1.1.3.2　技术经纪人逐步发展阶段（1990—2010 年）

20 世纪 90 年代，邓小平在“南方谈话”中明确指出了中国特色社会主义市场化改革的方向，为科技成果的市场化提供了更为广阔的发展空间。在这一背景下，为了进一步规范和推动科技成果的市场化进程，国家科学技术委员会（现科技部）在 1995 年 10 月首次提出了“技术经纪人”的概念。这一概念的提出，旨在对在科技领域具有专业技能和管理能力的精英人才进行规范管理，实行“持证上岗”制度，以确保技术成果交易市场的健康发展。

1997 年 9 月，国家科学技术委员会正式印发了《技术经纪资格认定暂行办法》和《全国技术经纪人培训大纲》。这两份文件的出台，标志着技术经纪人概念的正式确立，即“在技术市场中，以促进成果转化为目的，为促成他人技术交易而从事居间、行纪或代理等业务，并取得合理佣金的自然人、法人和其他经济组织”。通过这些服务，技术经纪人帮助买卖双方达成交易，并从中获得合理的佣金。这一制度的实施，不仅规范了技术成果交易市场，还为技术经纪人这一新兴职业群体提供了法律和政策上的支持，推动了科技成果的市场化进程。

1.1.3.3 技术经理人快速发展阶段（2012 年至今）

党的十八大以来，我国高度重视专业化技术转移人才和技术经理人队伍建设，立足高质量发展的重大需求，对统筹推动技术转移人才队伍建设作出一系列重大部署。2016 年,《国家创新驱动发展战略纲要》在“构建专业化技术转移服务体系”中提出建立“职业化技术转移人才队伍”。2017 年,《国家技术转移体系建设方案》指出“实行技术经理人聘用制，明确利益分配机制，引导专业人员从事技术转移服务”（表 1-2），并强调“将高层次技术转移人才纳入国家和地方高层次人才特殊支持计划”。2020 年，《关于构建更加完善的要素市场化配置体制机制的意见》将“培育发展技术转移机构和技术经理人”作为加快发展技术要素市场的重要举措进行专门部署。2021 年 7 月，《关于完善科技成果评价机制的指导意见》指出“建立以技术经理人为主体的评价人员培养机制，鼓励技术转移机构和技术经理人全程参与发明披露、评估、对接谈判”。12 月,《国民经济和社会发展第十四个五年规划和 2035 年远景目标纲要》提出“推进创新创业机构改革，建设专业市场技术转移机构和技术经理人队伍”。2024 年，在党的二十届三中全会的决定中再次强调要“加强技术经理人队伍建设”。相关政策见表 1-3。

表 1-2　技术经纪人与技术经理人的区别

	技术经纪人	技术经理人
提出时间	1997 年 9 月	2017 年 12 月
提出部门	国家科学技术委员会	国务院
英文名	Technology Broker	Technology Manager
服务范围	居间中介和交易代理服务，服务范围相对较窄	覆盖整个技术转移、成果转化的全过程，服务范围覆盖面广
服务要求	主要强调居间协调和谈判能力，围绕技术交易的信息搜集与分析能力	能力要求比较综合全面，既包括围绕技术交易过程的中介服务，也包括技术转移前期、中期、后期的全过程服务
服务能力	1. 对委托方的技术业务进行有效、正确的评估。 2. 与委托方签订技术经纪代理合同、建立双方的权利与义务。 3. 根据与委托方的合同约定，为委托方寻找合适的潜在客户。 4. 为完成合同目标任务，协调买卖双方，促成技术交易或服务。 5. 挖掘、建立与客户的联系网络。负责企业技术需求的发布、洽谈和签约工作	1. 掌握相关方向前沿技术发展现状，熟悉相关科技业务的潜在应用场合和相关应用场合当前的发展。 2. 人力资源整合能力强，能帮助技术发明人寻找合适的合作伙伴，并全程为技术转化提供专业服务。 3. 熟悉科技成果转化的政策、法规及相关规定，能快速完成操作程序。 4. 帮助项目落地做好公司筹建有关的工作，如股权结构、融资方案等，并为项目远期发展匹配战略资本。 5. 能够帮助政府、产业、高校和研究机构的先进科技成果转化

表 1-3　国家层面加强技术经理人队伍建设的重要政策部署

文件名称	发布单位	发布时间	内容
《国家创新驱动发展战略纲要》	中共中央、国务院	2016 年 5 月	在“构建专业化技术转移服务体系”中提出建立“职业化技术转移人才队伍”
《国家技术转移体系建设方案》	国务院	2017 年 9 月	“实行技术经理人聘用制，明确利益分配机制，引导专业人员从事技术转移服务”“将高层次技术转移人才纳入国家和地方高层次人才特殊支持计划”
《关于构建更加完善的要素市场化配置体制机制的意见》	中共中央、国务院	2020 年 4 月	“培育发展技术转移机构和技术经理人”
《关于完善科技成果评价机制的指导意见》	国务院办公厅	2021 年 7 月	“建立以技术经理人为主体的评价人员培养机制，鼓励技术转移机构和技术经理人全程参与发明披露、评估、对接谈判”

续表

文件名称	发布单位	发布时间	内容
《建设高标准市场体系行动方案》	中共中央办公厅、国务院办公厅	2021 年 1 月	“完善国家技术转移体系，培育发展国家技术转移机构，建立国家技术转移人才培养体系，提高技术转移人员的技术评价与筛选、知识产权运营、商业化咨询等专业服务能力。”
《国民经济和社会发展第十四个五年规划和 2035 年远景目标纲要》	十三届全国人大四次会议	2021 年 3 月	“推进创新创业机构改革，建设专业市场技术转移机构和技术经理人队伍”
《中共中央关于进一步全面深化改革 推进中国式现代化的决定》	中国共产党第二十届中央委员会第三次全体会议	2024 年 7 月	再次强调要“加强技术经理人队伍建设”

1.1.4　我国技术经理人发展情况

全国相关部门认真贯彻落实党中央决策部署，把技术经理人队伍建设摆在促进科技成果转化工作的重要位置，取得了一系列积极成效。首先，技术经理人的职业化发展得到明确。2022 年，科技部推动“技术经理人”正式成为新职业，并纳入《中华人民共和国职业分类大典》，归类为“专业技术人员”，此举为技术转移领域的从业者提供了正式的职业身份。目前，在湖北省、山东省、安徽省、北京市、上海市、成都市等超过 10 个省市将技术经理人纳入职称序列。许多省市将技术经理人才列入了“十四五”紧缺人才开发目录。其次，中国科协联合科技部启动“科创中国”技术经理人培养体系建设专项，联合相关全国学会开展技术经理人能力评价标准体系构建和试点评价，开展技术经理人初级、中级、高级教材编写等工作。北京、成都、陕西等省市出台了推动技术经理人队伍建设的行动计划、认定工作指引等专项政策。上述政策的制定和实施，标志着技术经理人队伍建设迈出了坚实的步伐。再次，技术转移领域的学历教育得到加强，非学历教育蓬勃发展。国内已有上海交通大学和清华大学两所高校正式获批设立技术转移硕士学位点。此外，北京理工大学、常州大学、同济大学等多所高校开设了技术转移相关硕士培养项目。在非学历教育方面，全国技术转移人才培养基地、有关行业学会和科技成果转化服务机构等单位开展了不同等级的技术转移人才专业化培训，提升从业人员的专业能力。最后，通过职业发展、薪酬激励、荣誉表彰等多种方式，技术经理人的积极性和创造性得到持续激发，为科技成果转化注入新动力。

1.2 技术经理人的职责与特点

在众多参与科技成果转化的主体中，技术经理人作为技术转移和产学研合作的纽带，对于加强科技与经济的融合、推动科技成果的转化、提升企业的自主创新能力等方面发挥了积极作用；在培育和发展新质生产力、经济结构的转型升级、调整产业结构、推动经济发展新动能、加快实现科技自立自强和高质量发展等方面都发挥着不可或缺的积极作用。

从供给侧视角出发，技术经理人的使命是加速创新成果的市场化和商业化进程，确保创新技术能够加速转化为市场竞争力。从需求侧视角来看，技术经理人则以市场的实际需求为出发点，深度挖掘、精准识别并引入适宜的技术解决方案，助力企业引入新技术，拓宽其技术应用的市场领域。

按照时间节点来分，以成果转化前期、中期、后期三个阶段划分：前期，技术经理人主要收集、储备各类科技成果信息，精通技术细节、把握市场趋势、了解竞争者动态、挖掘和匹配技术需求，促进交易各方建立联系；中期，识别和评估技术潜力，选定适合的转化方式，制定并实施技术商业化策略，协助对接包括概念验证、技术孵化、熟化、培育、推广等各类资源，以促进技术转移交易达成；后期，提供科技金融（投融资）、知识产权布局运营（包括知识产权资本化、证券化）、财务、法务、税务等咨询服务。科技成果转化是一项复杂的系统工程，具有不确定性、长周期和高风险等特点。因此，高水平的技术经理人需要具备关于科技成果转移转化全过程的知识体系和实践技能。

1.2.1 职业大典中技术经理人的定义

随着我国科技创新事业的蓬勃发展，2022 年，技术经理人作为新职业纳入《中华人民共和国职业分类大典》第二类专业技术人员，所属编号 2-06-07-16。技术经理人的定义为在科技成果转移、转化和产业化过程中，从事成果挖掘、培育、孵化、熟化、评价、推广、交易并提供金融、法律、知识产权等相关服务的专业人员。

1.2.2　技术经理人的职责

在成果挖掘阶段，技术经理人需要深入研究领域，识别具有潜在应用价值的科研成果，收集、储备、筛选、发布各类科技信息，促进交易各方建立联系，获取有效信息。通过与科研人员的沟通，了解技术的创新点和优势，评估其市场前景和应用潜力。在此基础上，筛选出有市场化潜力的项目进行培育和孵化。

在培育和孵化阶段，技术经理人为交易各方提供需求挖掘、筛选、匹配和对接等服务。为科研团队提供项目管理、资源整合、团队建设等方面的支持。研究提出科技成果转移转化实施方案，并从技术、知识产权和市场等角度对方案开展可行性研究论证等工作。组织各类资源促进技术成果培育和熟化。帮助科研人员制订项目计划，申请政府资助，寻找投融资机会，接洽合作伙伴，甚至协助组建初创企业。

在成果评价阶段，技术经理人通过对接专业评估机构对项目进行综合评估，为交易双方提供科技、经济、市场等方面的技术成果评估评价、分析咨询服务，研判技术成熟度、创新度、先进性和市场竞争力等。通过市场调研、技术分析、财务预测等手段，为项目决策提供科学依据。有时还参与撰写商业计划书，为投资者和决策者提供翔实信息资料。

在成果推广和交易阶段，技术经理人利用各种渠道和平台，将具备转化潜力的科技成果推向市场。通过组织科技成果路演、展示会、对接会、洽谈会等活动，促进技术供需方的交流与合作。此外，还协助完成技术转让、许可、入股等交易过程。

在科技成果转化过程中，技术经理人还需要提供金融、法律、知识产权等相关服务。整合金融资源，为科技成果转化和产业化提供投融资服务；为科技成果转化提供合规审查、风险预判、争端解决等法律服务；为科技成果转化提供知识产权导航、布局、保护和运营等服务。通过技术转移综合服务，为科技成果的顺利转化提供有力保障。

1.2.3　技术经理人的任职机构

从狭义的角度解释，技术经理人主要是高校院所中从事技术转移的专业人员。主要任务包括技术识别、挖掘、知识产权保护与优化组合、技术评估、技术营销、协议起草、商务谈判、技术合同管理等。从广义上来说，技术经理人是指在技术市场中，以技术转移转化、实现商业化为目的，促进成果转化供需对接，提供技术转移服务的专业人员。即与技术转移过程相关人员均可被视为技术经理人，该职业人群至少包括以下专业人员：①各级政府机关及相关下属事业单位从事技术转移的专业人员，为技术转移、成果转化制定政策法规，提供技术转移法律保障和资金扶持等；②高等院校、科研院所中的科研处、成果转化处等专业人员；③技术转移服务机构工作人员；④知识产权运营、管理和服务等机构中的专利代理师或专利律师、法务、财务等技术服务人员；⑤新型研发机构的技术转移中心工作人员等；⑥科技型企业中的首席技术官、技术经理、商务经理等，为企业发展寻求好技术、好项目；⑦科技园区从事技术转移的工作人员；⑧众创空间、孵化器、加速器、概念验证中心等创新创业孵化载体工作人员；⑨银行、证券、保险、投资基金等金融机构的天使投资人等；⑩行业学会、协会从事技术转移的工作人员；⑪国际科技创新合作组织从事技术转移的工作人员等。

1.2.4　技术经理人的特点

技术经理人提供科技成果转化全流程服务，包括技术需求挖掘、评测咨询、信息匹配、评估评价、可行性分析、技术合同签订履行、技术孵化培育、投融资与市场拓展等，服务内容复杂、周期长、风险大。技术经理人与技术经纪人、科技咨询师、知识产权专业人员工作职责和业务范围各有侧重，技术经纪人关注居间，科技咨询师聚焦特定环节，知识产权专业人员提供知识产权相关服务，技术经理人负责成果转化全链条。尽管工作内容各有侧重，但总体来说他们的职责都属于技术经理人的职责范围。

1.2.4.1 技术经理人与其他经纪人的区别

（1）更加突出服务的全流程

技术经理人以促进科技成果转化为目标开展活动，提供全程服务。他们不仅作为“中介方”为技术供需双方订立和履行技术合同提供服务，还为与之相关的评测与咨询服务、信息挖掘与匹配、评估评价、可行性分析、技术集成、技术投融资与经营等提供相应服务。相比其他经纪服务，技术经纪内容复杂、周期长、风险大，是一种“多角化”的服务。

（2）更加突出服务的技术性

技术经理人开展技术转移服务业务的对象是技术和与技术有关的活动，而其他经纪业务的对象主要不是技术。例如，农产品经纪的对象是农产品和与农产品相关的服务活动，房地产经纪的对象是房地产和与房地产有关的活动。

（3）更加突出服务的保密性

技术经理人在开展经纪业务中，会在特定范围内涉及国家重大科技创新项目、各级科技计划项目科技成果等，包括技术秘密和商业秘密，在国际科技竞争、国家国防安全中至关重要，因此保密级别应更高。

（4）更加突出从业人员的高素质

技术经理人以技术知识为基础提供服务，本质上属于技术服务，对从业人员的专业背景、知识积累和知识更新等综合素质有较高要求。

1.2.4.2 技术经理人与科技咨询师的区别

技术经理人与科技咨询师的根本区别在于工作职责和业务范围的不同，技术经理人所开展的业务贯穿科技成果从实验室到中试熟化、产业化的全链条，工作内容包括但不限于技术咨询，还包括需求挖掘、成果评价、企业诊断、交易促进等活动，以促进科技成果落地转化为目标。

科技咨询师以提供技术咨询为主要工作内容，通过其具有的特定技术领域知识技能提供解决方案，一般为特定领域的项目建议书、可行性报告、商业计划书等。与技术经理人相比，科技咨询师的工作内容不覆盖成果转化全链条，工作目标聚焦成果转化或企业发展的某个环节，服务范围具有较大的局限性。

1.2.4.3　技术经理人与知识产权专业人员的区别

知识产权专业人员指从事专利、商标、版权、软件、集成电路布图设计、技术秘密、地理标志等各类知识产权的代理、转让、登记、鉴定、检索、分析、咨询、评估、运营、认证等服务人员。知识产权服务是科技成果转化中不可或缺的服务内容，是技术经理人需掌握的基本技能。

技术经理人除提供以上服务外，还提供技术评估、中试熟化、初创企业战略发展、商业模式制定、国际合作及其他成果转化服务。

1.3　技术经理人的基本要求与职业能力

1.3.1　技术经理人的基本要求

2018 年 1 月，国家标准《技术转移服务规范》正式生效实施，对技术经理人从事技术转移服务的通用流程和服务内容进行了规范。2022 年 9 月，技术经理人能力评价团体标准《技术经理人能力评价规范》发布实施，标志着技术经理人能力建设和等级评价步入标准化、规范化、制度化发展轨道。根据《技术经理人能力评价规范》分类，技术经理人分为初级技术经理人、中级技术经理人和高级技术经理人。分类评价重点围绕知识水平、实践技能、经验与业绩、职业素养四个方面。初级技术经理人应掌握科技成果转移转化基础知识体系与实践技能，具有一定从业经验和工作业绩，符合技术经理人职业素养要求。中级技术经理人在具备初级技术经理人能力基础上，应掌握科技成果转移转化主要知识体系与实践技能，具有较丰富的从业经验并取得较好的工作业绩，符合技术经理人职业素养要求。高级技术经理人在具备中级技术经理人能力基础上，应全面掌握科技成果转移转化知识体系和实践技能，从业经验丰富并取得突出工作业绩，符合技术经理人职业素养要求。

技术经理人需遵守共同的职业素养：遵纪守法、诚实守信、勤勉尽责、保守秘密、廉洁自律。遵纪守法，要求以维护国家利益和社会公共安全为准绳，遵守相关法律法规，遵守相关组织的各项规章制度。诚实守信，要求提供客观和公正的服务，全面履行服务承诺，保证服务的准确性、真实性和完整性。勤勉尽责，要求热爱事业，恪守职业操守和职责，严谨求实，钻研业务，奋发进取，做好本职工作。保守秘密，要求履行工作中的保密义务，采取适当的保密措施，确保服务对象的权益。廉洁自律，要求公私分明，崇廉拒腐，正确处理职业权利与职业义务的关系。

不同级别的技术经理人根据具体工作内容的不同，在知识水平、实践技能、经验与业绩方面各有要求。

1.3.1.1 初级技术经理人

初级技术经理人需具备基础的技术转移知识和项目管理能力。他们需要具备科技成果转移转化的基础能力，负责具体的项目实施，如起草协议、技术合同登记等，尚未具备独立开展技术转移工作的能力，可能需要在中级 / 高级技术经理人的指导下工作。

知识水平方面，初级技术经理人通常具备科技成果转化的基础知识。具体包括：①了解我国科技成果转移转化相关发展历史、政策措施、法律法规以及科技创新合作相关的国际规则；②掌握科技成果转移转化基础理论知识，包括技术商品与技术市场、科技成果转化、技术转移、技术商业化、技术转移服务等定义和内涵；③掌握技术研发、技术集成、技术转让、技术许可、技术入股、技术项目咨询、科技成果评估、技术投融资等服务的相关知识和流程；④掌握知识产权保护的相关基础知识和法律法规；⑤掌握市场调查、信息分析的理论和方法；⑥掌握项目管理基础知识。

实践技能方面，初级技术经理人通常具备科技成果转化的基础技能。具体包括：①具备技术信息采集、分析与发布的实操能力；②掌握技术需求甄别与分析方法；③掌握技术咨询服务流程和规范；④掌握科技成果评估基础实务；⑤熟悉技术合同登记流程和规范；⑥了解技术交易策划和实施；⑦熟悉融资渠道与金融工具基础实务。

经验与业绩方面，初级技术经理人的要求如下：①具备大学本科及以上学历且提供科技成果转移转化服务不低于 2 年，或具有科技成果转移转化相关学习和培训经历且提供科技成果转移转化服务不低于 5 年；②参与科技成果转移转化相关政策、规划、标准等文件的编制，或参与科技成果转移转化相关研究课题或项目；③参与组织技术转移培训、创新创业等活动，或参与组织科技成果对接、科技创新论坛等活动；④参与的科技成果转移转化项目产生一定的经济、社会效益，或获得政府表彰、奖励和支持。此外，在实践中，随着职业等级的提升，初级技术经理人需承担更广泛的职责，能够协助高级技术经理人在战略规划、业务洞察等方面完成相关工作。

1.3.1.2　中级技术经理人

中级技术经理人拥有更深入的科技成果转化知识和实践经验，能独立承担科技成果转化的规划、执行和管理，可以负责较大规模的技术转移项目、更广泛的团队管理，可能涉及跨部门或跨团队的协调工作。

知识水平方面，中级技术经理人除要达到初级技术经理人知识水平的要求外，还包括：①掌握高等院校、科研院所、科技企业等各类创新主体，技术交易市场、技术转移服务机构及技术转移人才等各类要素在科技成果转移转化过程中的特点和运作规律；②掌握科技成果转移转化实践和知识产权实务，包括科技成果转移转化的流程和主要方式、知识产权运营和保护；③掌握技术转移服务机构组织、管理和运营模式，熟悉国内外技术转移服务机构的典型案例和成功经验；④掌握科技成果转移转化项目管理及运行基础知识；⑤熟悉初创企业创建过程，包括客户需求发掘、科技成果的发现与验证、科技成果从实验室走向市场，以及公司创建流程；⑥掌握创新战略思维，包括开放式创新、颠覆式创新、简约创新、负责任创新等基本概念、模式、典型方法，并结合数字技术与数字经济，建立创新战略思维；⑦熟悉产业前沿技术领域发展现状。

实践技能方面，中级技术经理人需更加熟练掌握技术转移流程。具体包括：①熟悉专利、著作权、商标、集成电路布图、植物新品种等知识产权的撰写及申请实务；②掌握科技成果评估工具的使用方法；③熟悉技术交易过程中资本和金融相关服务，包括风险投资、资本募集、基金运营、企业并购；④掌握中试、熟化、技术集成、创业孵化等相关服务技能；⑤熟悉科技企业咨询与市场咨询；⑥掌握商业计划书的撰写及可行性论证分析技能；⑦掌握商务谈判技能；⑧掌握风险分析与防范方法。

经验与业绩方面，中级技术经理人应具备以下要求：①以初级技术经理人身份提供科技成果转移转化服务不低于 3 年，或具有硕士研究生以上学历且提供科技成果转移转化服务不低于 2 年；②作为骨干参与科技成果转移转化重要研究课题或项目并完成相关报告，或主持科技成果转移转化相关政策、规划、标准等文件编制，或公开发表科技成果转移转化理论研究、实践等相关论文或专著；③作为讲师、专家参与技术转移培训、创新创业等活动，或牵头组织技术成果对接、科技创新论坛等活动；④参与的科技成果转移转化项目产生较好的经济、社会效益或获得政府表彰、奖励和支持。

1.3.1.3 高级技术经理人

高级技术经理人在职业生涯高级阶段，在业内享有较高声誉，具有丰富的行业经验和深厚的技术背景，具备管理技术转移事务的综合能力，包括卓越的技术洞察力和敏锐度、战略规划能力、领导力和影响力等；负责制定技术战略，领导大型技术团队，可以管理整个技术部门或多个技术项目。

知识水平方面，高级技术经理人在达到中级技术经理人知识水平要求的前提下，还要具备以下科技成果转化的知识：①掌握科技创新重点领域相关知识，包括关键核心技术发展方向，重点产业发展和未来趋势，产业链、创新链融合发展等；②掌握重点技术领域基础知识；③掌握国有无形资产的管理与交易知识；④掌握国际技术转移理论知识；⑤掌握科技成果转移转化项目管理知识；⑥熟悉经济学基础知识；⑦熟悉金融基础知识；⑧熟悉财会、税务基础知识。

实践技能方面，高级技术经理人在达到中级技术经理人实践技能要求的基础上，还需要具备科技成果转化的实践技能：①掌握商业策划方法及工具使用；②具备科技成果转让、许可与作价投资等全流程实操能力；③掌握知识产权资本化与运营流程；④掌握科技成果转移转化流程管理与组织模式优化；⑤掌握科技企业贷款、担保、投融资等相关服务；⑥掌握重点技术领域产业、行业与市场的研究方法；⑦熟练运用商务谈判、技术交易定价等实践策略；⑧熟悉初创企业与衍生公司管理方法。

经验与业绩方面，高级技术经理人的要求如下：①以中级技术经理人身份提供科技成果转移转化服务不低于 5 年；②多次主持科技成果转移转化重要研究课题或项目并完成相关报告，或多次主持科技成果转移转化重大政策、规划、标准等文件编制，或公开发表一定数量的科技成果转移转化理论研究、实践等相关论文、专著等；③组织策划技术转移培训、创新创业等活动，或牵头组织具有一定社会影响力的技术成果对接、科技创新论坛等活动；④主持的科技成果转移转化项目取得显著经济、社会效益，或多次获得政府重要表彰、奖励或支持。

1.3.2　技术经理人的职业能力

优秀的技术经理人应兼具科学家的分析能力、企业家的冒险精神、社会活动家的人际交往能力，以及超群的勤奋与坚韧。在实际工作中，技术经理人应展现以下六项核心能力。

1.3.2.1　长远的战略规划能力

技术经理人应具备前瞻性的战略眼光，能够根据市场趋势和产业需求制定技术发展规划；识别新兴技术，并评估这些技术对公司未来发展的潜在影响。

1.3.2.2　强大的组织能力

技术交易是从技术发掘到业务洽谈、合同签订及执行的系统工作。技术经理人需具备优秀的组织能力，能够对各种复杂因素进行深入分析、综合评估，并作出明智的决策，以提升技术转移服务的质效。

1.3.2.3　优秀的协调能力

技术交易涉及多方利益，任何一方的不满都可能导致交易的失败。技术经理人必须发挥其协调作用，调和各方关系，确保技术供需双方的紧密联系，从而提高科技成果的转化效率。

1.3.2.4 全面解决问题的能力

技术经理人的工作包含信息交流、技术评估、市场分析、谈判组织、资金筹措、人才招聘、产品鉴定、市场推广、人员培训等多个方面。技术经理人需要具备综合分析问题的能力，以及在复杂环境中驾驭局面和解决问题的能力。

1.3.2.5 敏锐的风险管理能力

技术转移项目往往伴随着较高风险，技术经理人需要具备敏锐的风险识别和管理能力。需要在项目初期识别潜在的技术和管理风险，并制定相应的应对措施。此外，技术经理人还需在项目实施过程中持续监控风险，及时调整项目计划，确保项目能够顺利推进。

1.3.2.6 持续学习与创新意识

技术领域日新月异，技术经理人需要具备持续学习和创新的意识，即需要不断关注全球行业动态、技术发展趋势和政策环境等因素，提升自身的专业技能和职业素养。

1.4 技术经理人的分类与作用

当今世界正处在新一轮科技革命和产业变革深入发展的重要历史时期，科技创新正在重塑国际权力结构并成为国际战略竞争的核心。技术经理人要勇挑重担，一手牵科技成果供给方，一手牵科技成果需求方，做好科技成果供需双方的“科技红娘”，促成科技成果高效率转移转化。具体而言，技术经理人在技术供给方、技术需求方、专业化技术转移服务机构的不同场景下，工作侧重点有所不同，工作流程存在一定区别。

1.4.1 技术供给方的技术经理人

技术经理人在高等院校、科研院所等科技成果供给机构（技术供给方）工作时，应具备科技管理、知识产权管理、流程管理、项目管理等组织管理能力，侧重以科技成果和成果权属人为核心，推动科技成果的落地转化，实现成果的经济价值，提高生产力水平（图 1-1）。

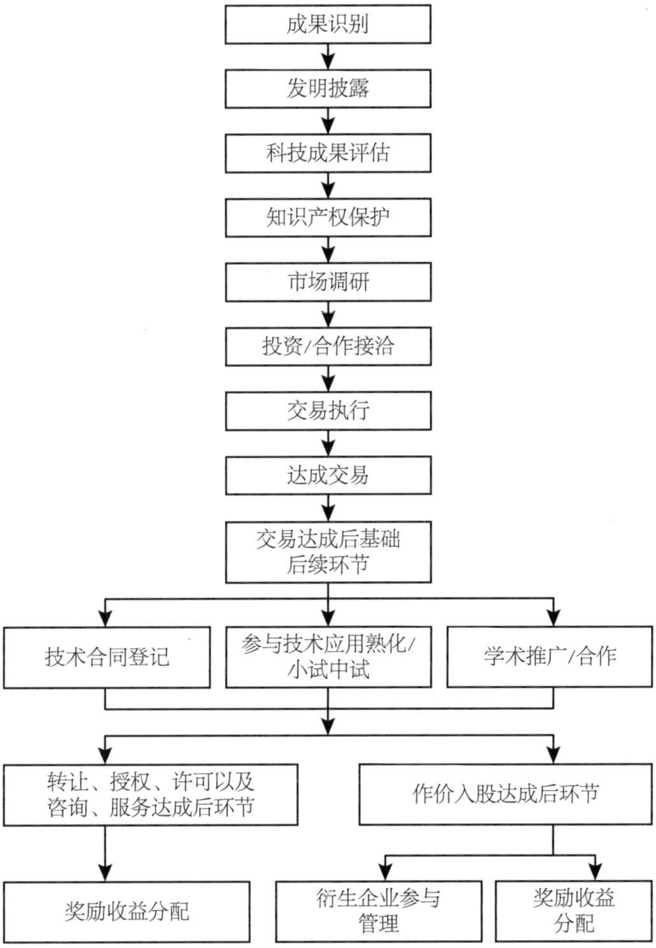

图 1-1　技术经理人在技术供给方的工作流程图

1.4.2　技术需求方的技术经理人

技术经理人在企业、行业、产业及相关组织技术吸纳机构（技术需求方）工作时，应具备技术需求挖掘、科技成果筛选、对接洽谈等能力，侧重以需求挖掘和技术筛选为核心，推动先进科技成果与自身需求的匹配结合，解决由于科技落后或技术短缺造成的各类组织发展问题，或借助先进科技成果提升组织发展活力（图 1-2）。

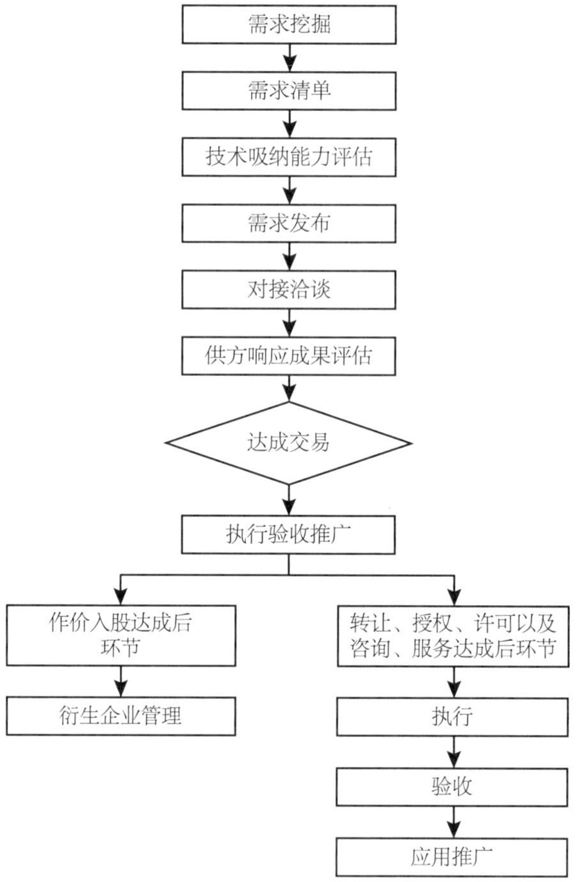

图 1-2　技术经理人在技术需求方的工作流程图

1.4.3　技术转移服务机构的技术经理人

技术经理人在专业化、市场化技术转移服务机构或平台工作时，侧重以市场、产业和社会需求为核心，推动实现技术成果的经济价值，满足各方的发展需求。

技术经理人在工作中应具备商务谈判、市场调查、资源调配等组织协调能力并掌握多种场景下的工作流程，侧重以市场、产业和社会需求为核心，提供资源整合、平台搭建、合作交流、供需对接等服务，发挥全流程组织管理和协调作用，推动实现技术成果的经济价值，满足各方的发展需求（图 1-3）。

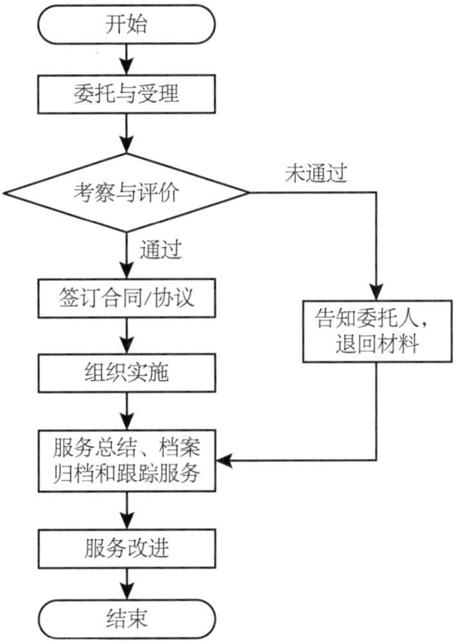

图 1-3　专业化技术转移服务机构工作流程图

1.5 本章小结

科技成果转化是一项复杂的系统工程，技术经理人作为科学家与企业之间的“科技红娘”，必须加强职业胜任力建设，统筹组织各方资源，有效解决科技成果转化过程中遇到的“找不到”“谈不拢”“难落地”等问题，从而推动科技成果的高质量转化。本章的主要内容包括技术经理人的起源与演进、技术经理人的职责与特质、技术经理人的基本要求、技术经理人的职业技能以及技术经理人的分类与作用，以全面了解技术经理人在技术转移领域的角色定位和发展方向。

思考题

1. 技术经理人的定义是什么？
2. 技术经理人在科技成果转化过程中承担的主要职责是什么？
3. 分析不同级别技术经理人在科技成果转化中的工作内容和作用。

第 2 章

科技成果转化法律法规政策概述

科技成果转化是连接基础研究、应用研究与市场需求的重要纽带和关键环节。技术经理人在推动科技成果转化过程中，应当遵守国家法律法规，维护国家利益，不得损害社会公共利益。本章重点介绍科技成果转化的基本概念，欧美国家相关重点法律法规、我国科技成果转化法规与政策的发展历程以及科技成果转化法律法规体系与要点。

2.1 科技成果转化的基本概念

技术经理人的核心任务在于促成科技成果转移、转化和产业化发展，首先要明晰“科技成果”“技术转移”“科技成果转化”等基本概念。

2.1.1 科技成果的内涵及其价值

2.1.1.1 科技成果的含义

科技成果一般指科学技术成果。《中华人民共和国促进科技成果转化法》(以下简称《促进科技成果转化法》)第二条将“科技成果”界定为：通过科学研究与技术开发所产生的具有实用价值的成果。国家科学技术委员会 1984 年 2 月发布的《关于科学技术研究成果管理的规定》划分了科技成果的类型：“①解决某一科学技术问题而取得的具有一定新颖性、先进性和实用价值的应用成果；②在重大科学技术项目研究进程中取得的具有一定新颖性、先进性和独立应用价值或学术意义的阶段性科学技术成果；③消化、吸收、引进技术取得的科技成果；④科技成果应用推广过程中取得的新的科技成果；⑤为阐明自然的现象、特性或规律而取得的具有一定学术意义的科学理论成果；⑥为决策科学化与管理现代化而进行研究的软科学成果。”由此可以看出，科技成果具有多种类型，是科技活动全部过程中所取得的一切成果(既包括知识形态的成果，也包括实物形态的成果)，是全部科技活动中取得的新观点、新理论、新事实、新方法、新技术、新材料、新工艺、新器件、新设备、新系统，经过学术评价、技术鉴定、实践考核确认下来的生产物。《促进科技成果转化法》中所强调的科技成果更强调其实用价值，即技术经理人所关注的科技成果是能够在生产、生活等领域解决实际问题、具有现实价值的科技成果。

2.1.1.2 职务科技成果、知识产权与科技成果

根据《促进科技成果转化法》、《中华人民共和国专利法》（以下简称《专利法》）和《专利法实施细则》相关规定，职务科技成果是指执行研究开发机构、高等院校和企业等单位的工作任务所完成的科技成果，或者主要是利用上述单位的物质技术条件所完成的科技成果。其中，本单位的物质技术条件是指本单位的资金、设备、零部件、原材料或者不对外公开的技术资料等。具体包括三种情形：一是在本职工作中完成的科技成果；二是履行本单位交付的本职工作之外的任务所完成的科技成果；三是退休、调离原单位后或者劳动、人事关系终止后 1 年内作出的，与其在原单位承担的本职工作或者原单位分配的任务有关的科技成果。

科技成果是知识产权产生的基础，知识产权以保护科技成果的创新性和实用性为目的。这意味着知识产权不仅是保护科技成果的法律工具，也是促进科技成果转化、商业化和产业化的重要动力。《中华人民共和国民法典》（以下简称《民法典》）第一编总则第 123 条规定："知识产权是权利人依法就下列客体享有的专有的权利：1. 作品；2. 发明、实用新型、外观设计；3. 商标；4. 地理标志；5. 商业秘密；6. 集成电路布图设计；7. 植物新品种；8. 法律规定的其他客体。"

科技成果是技术类知识产权的客体，包括发明、实用新型、外观设计、软件著作权（属于作品范畴）、技术秘密（属于商业秘密范畴）、集成电路布图设计、植物新品种和法律规定的其他技术相关客体。技术类知识产权是权利人依法就科技成果享有的权利。

2.1.1.3 科技成果的价值

科技成果具有科学价值、技术价值、经济价值、社会价值、文化价值五元价值。科学价值重点关注在新发现、新原理、新方法方面的独创性贡献；技术价值重点关注重大技术发明，突出在解决产业关键共性技术问题、企业重大技术创新难题，特别是关键核心技术问题方面的成效；经济价值重点关注推广前景、预期效益、潜在风险等对经济和产业发展的影响；社会价值重点关注在解决人民健康、国防与公共安全、生态环境等重大瓶颈问题方面的成效；文化价值重点关注在倡导科学家精神、营造创新文化、弘扬社

会主义核心价值观等方面的影响和贡献。

完善科技成果评价机制是促进高质量科技成果产出与应用的关键。2016 年 5 月 30 日，习近平总书记在“科技三会”上指出:“要改革科技评价制度，建立以科技创新质量、贡献、绩效为导向的分类评价体系，正确评价科技创新成果的科学价值、技术价值、经济价值、社会价值、文化价值。”科技成果的五元价值体系，为全面评价科技成果提供了理论框架。技术经理人还应把握国务院办公厅于 2021 年印发的《关于完善科技成果评价机制的指导意见》，理解科技成果评价的指导思想和基本原则，坚持科技创新质量、绩效、贡献为核心的评价导向，坚持科学分类、多维度评价，坚持正确处理政府和市场关系，坚持尊重科技创新规律，全面准确运用科技成果的五元价值。具体而言，技术经理人从方法层面，可以通过综合运用定性评价、定量评价、综合评价等方法来全面、客观地评价科技成果的价值。

2.1.2　科技成果转化的概念及其主要方式

“科技成果转化”是科技创新链条中至关重要的环节，它将科研成果转化为实际生产力，实现科技与经济的紧密结合。《促进科技成果转化法》第二条对“科技成果转化”的定义为理解这一概念提供了法律依据和框架。“科技成果转化”是指为提高生产力水平而对科技成果所进行的后续试验、开发、应用、推广直至形成新技术、新工艺、新材料、新产品，发展新产业等活动。根据这一定义，技术经理人需深入了解以下概念:①后续试验，一般是指科技成果在初步形成后，仍需通过进一步实验来验证科技成果是否具有大规模应用的科学性、可行性和稳定性。这需要在不同环境条件下进行测试与观察，是科技成果从实验室走向实际应用的重要环节。②开发，一般是指在根据实验验证的基础上，对科技成果进行优化和改进（包含且不限于产品开发、工艺开发、商业模式开发、产品创新、成本控制等），使其更符合市场需求和产业应用的要求。③应用，一般是指将科技成果应用于实际生产和服务中，解决实际问题，提高生产效率和产品质量。这是科技成果转化为实际生产力的关键步骤。④推广，一般是指通过各种方式将科技成果及其应用模式向更广泛的领域或地区扩散，包含且不限于市场开拓、技术培训、技术咨询、标准制定等方面，旨在扩大科技成果的影响力和应用范围。

目前，技术经理人促成科技成果转化的结果包含科技成果应用、科技成果商业化和科技成果产业化三个层次。在第一层次中，技术经理人将科技成果运用到生产生活、军事等领域，用以直接解决实际问题和满足特定的需要，这是初级阶段的科技成果应用。表现为技术改进或新技术、新工艺的应用，仅仅关注的是技术本身的应用，具有直接性、实用性和局部性。在第二层次中，技术经理人关注市场交易和价值实现，将科技成果转化为商品或服务，并通过市场交换实现其价值的过程，这是科技成果商业化。表现为具有自主知识产权的新材料或新产品、服务创新或市场营销，具备市场导向、价值实现和规模扩展的特点。在第三层次中，技术经理人群体将科技成果商品化的全过程分解成彼此相关的分过程（如开发、筹资、产、供、销、售后服务等），每个过程面向社会选择质量、速度、成本的最优组合，形成规模化生产和服务，并推动相关产业发展。具体表现为围绕核心科技成果形成完整的产业链和产业集聚。在这个过程中，科技成果转化的投资与风险增大，也能提升现有产业的技术水平，催生新的产业形态，推动经济结构的优化和产业升级。

高质量科技成果转化是实现高水平科技自立自强的重要途径，这是推动科技供给与企业需求精准对接的关键环节，也是实现从科学研究、实验开发到推广应用的三级跳，完成科技成果的创新价值和创新驱动发展。技术经理人要了解与熟悉科技成果转移方式，根据不同的场景选择并灵活运用合适的科技成果转化方法。根据《促进科技成果转化法》的相关规定，技术经理人可以促成科技成果持有者采取以下转化方式：自行投资实施转化、合作实施转化、实施许可、作价投资、对外转让、其他协商方式。

2.1.3 科技成果转化与技术转移

科技成果转化是我国科技工作的专有名词，而技术转移是国际上普遍采用的说法。《促进科技成果转化法》指出：“科技成果转化是指为提高生产力水平而对科技成果所进行的后续试验、开发、应用、推广直至形成新技术、新工艺、新材料、新产品，发展新产业等活动。”从概念上看，科技成果转化是科技流动与演化的过程，包含“转”和“化”两个维度，涵盖技术转移。其中，“转”是科技成果所有权和使用权的转移，主要描述科技成果在政府与中介服务机构的作用下，由高校、科研机构等主体向企业、衍生企业流动的过程。“化”是科技成果不断具体化、产品化、商品化与产业化的过程，主要描述科技成果被深度再开发和应用的过程，具体包括对科技成果进行的后续试验、开发、应用、推广过程，即通过小试、中试、产品化、商品化和产业化等阶段，科技成果形成新技术、新工艺、新材料、新产品，发展新产业，这一过程中伴随着技术创新与技术扩散。

技术转移更偏向“转”的含义。根据国家标准《技术转移服务规范》(GB/T 34670—2017)，技术转移是指制造某种产品、应用某种工艺或提供某种服务的系统知识，通过各种途径从技术供给方向技术需求方转移的过程。如技术知识、专利、技术诀窍的转让、许可或合作开发。其中，科技成果供给方是指科技成果的生产者或者提供方，一般指高校、科研机构、企业或个人经长期研究而产生的发明或技术秘密等，高校、科研机构等科研单位是重要的科技成果供给主体。科技成果需求方是指科技成果的接受方或需求者，一般是指企业为了开发产品或提高生产率而购买（或入股）的科技成果，企业是科技成果转化和推广过程中的重要主体。国际上技术转移的类型多样：①按其转移方向，一般可分为地理空间位置上的双向传播和不同实践领域的单向扩散两大类；②按转移方式，可分为有偿转移和无偿转移；③按转移范围，可分为国际转移和国内转移。目前，国际上技术转移的方式主要包括商品贸易、技术贸易、直接投资、战略联盟、产学研结合、创办新企业、科技合作、科技交流、技术援助、技术情报等。国务院办公厅《关于印发促进科技成果转移转化行动方案的通知》指出，要充分发挥市场配置资源的决定性作用，强化企业转移转化科技成果的主体地位，推进产学研协同创新；发挥政府在科技成果转移转化政策制定、平台建设、人才培养、公共服务等方面的职能，完善科技成果转移转化政策环境；强化中央和地方协同推动科技成果转移转化，建立符合科技创新规律和市场经济规律的科技成果转移转化体系，促进科技成果资本化、产业化。

综上所述，技术经理人需要留意科技成果转化与技术转移的以下区别与联系：①范围不同。在具体实践中，科技成果转化的范围比技术转移要广，包含各种途径转移的后续实验、开发、应用和推广等环节。②重点不同。科技成果转化侧重科技成果的实际运用与产业化，技术转移侧重技术所有权的变更或共享，旨在促进技术的传播与分享。

③时间跨度、风险收益不同。科技成果转化时间长，包含基础研究到产品开发的多个阶段，因而可能发生的技术风险与市场风险更多，但带来的收益也可能更大；技术转移时间相对短，风险小，收益相对有限。④适用法律不同。科技成果转化多依赖于特定的法律，如《促进科技成果转化法》。技术转移更依赖于知识产权法律和合同法等。然而，科技成果转化与技术转移的过程相互交织、目标是一致的，都依赖于知识产权和政策支持，最终都是为了提高生产力，促进科学技术的应用和推广。

2.2 科技成果转化法规与政策的发展脉络

当代技术经理人只有了解国际科技成果转化的整体态势、各国科技成果转化法规与政策体系的发展演变过程，才能更好地洞察相关法规与政策出台的背景及其深刻内涵，进而更好地运用科技成果转化法规与政策体系。

2.2.1 国际科技成果转化政策的发展脉络

2.2.1.1 美国

美国的科技成果转化政策经历了长期且复杂的过程，其转折点是 1980 年《拜杜法案》的颁布，其发展历程如下。

（1）在高校设立一批技术转移中心

20 世纪 70 年代以前，美国技术转移面临诸多挑战，政府对科研成果权益控制严格。1970 年，斯坦福大学成立技术许可办公室，并要求所有的科技成果统一由技术许可办公室实施转化工作。技术许可办公室通常由许可授权部、许可联络部、企业合约办、商标许可部、财务部、行政部及信息部等组成，专注于技术商业价值的发现与实现，成为美国高校早期技术转移的典范。此后，这种技术许可办公室的模式由斯坦福大学拓展至美国众多大学，建立了一批由法律、商业和专业人才组成的技术转移中介机构，加速了美国高校科技成果转移转化。

（2）不断完善技术转移相关法律法规体系

20 世纪 80 年代以来，美国制定了一系列法律法规来促进技术转移。诸如《拜杜法案》（1980 年）、《技术创新法》（1980 年）、《小企业创新发展法》（1982 年）、《国家合作研究法》（1984 年）、《联邦技术转移法》（1986 年）、《国家竞争力技术转移法》（1989 年）、《技术优先法》（1991 年）、《小企业技术转移法》（1992 年）、《国家技术转让与促进法》（1995 年）、《联邦技术转让商业化法》（1997 年）、《技术转让商业化法》（2000 年）等。2022 年，美国通过了《基础设施投资与就业法案》《通胀削减法案》和《芯片与科学法案》，对研发的支持与关键产业发展计划相结合，瞄准未来关键性技术，寻求美国在关键技术的最大领先优势。这些法律去除制约技术转移的不合理障碍，加强了联邦政府及研究机构对技术转移的责任，鼓励了政产学研合作。

（3）政府支持并资助建立各类转化中介机构

美国联邦政府设立了多家官方科技成果转化机构，如美国国家标准化技术研究院（National Institute of Standards and Technology，NIST）和国家技术信息服务中心（National Technical Information Services，NTIS）、美国国家技术转让中心（Robert C. Byrd National Technology Transfer Center，NTTC）、联邦实验室技术转让联合体（Federal Laboratory Consortium for Technology Transfer，FLC）等，来促进科学与技术的研发和转化。美国联邦政府和地方政府合作开展"制造技术推广伙伴关系"等计划，在全国范围内建立起各类成果转化中介的组织网络，如制造技术中心、制造技术扩散中心、州技术推广和联系计划组织等，从整体上提升科技成果转化的中介服务能力。此外，美国联邦政府通过投资直接支持或从民间吸引技术开发资金，促进国家研究机构与私人企业结盟互补。孵化器、风险投资公司、技术咨询和评估公司等营利性转化中介机构在美国广泛存在，高效率推广转化技术导向型产品，促进科技成果的市场运用与推广。

2.2.1.2　英国

20 世纪八九十年代，英国政府加大研发投资，加强工业界与学术界的联系，促进基础成果向工业研究开发转移。同时，创建科学工业园区，鼓励科技成果转化，实现成果转化的一体化发展。英国科技成果转化政策主要体现在以下方面。

（1）政府加强科技创新创业的政策扶持与资金引导

21 世纪以来，英国政府强化顶层设计，推进科技与经济结合，积极发挥在科技成果转化中的引导作用，建立和完善国家创新体系，明确政府、高校和企业等创新主体在科技成果转化体系中的定位和作用。例如，政府通过立法吸引业界、学界开展关键性的科学技术研究，帮助研究机构高薪聘请优秀科技人才，放宽对外国技术移民的法律限制。英国首相直属科学技术办公室开展“联系计划”（Link Collaborative Research Scheme，LCRS），促进科学界和企业界在产品预研阶段开展合作。此外，英国政府加强基础设施联合基金和科研投资基金，设立大学挑战基金、科学企业挑战基金。近年来，英国政府积极引导创新资本投入，支持科技创新创业投资，包括种子基金、天使资金、风险投资等环节，重点集中于科技成果转化的“4—6 阶段”（技术转化与产品工程化阶段）的产业化扶持，以支持新型技术与产业的科技创新创业。

（2）营造创新环境，设立技术转移公司与创新服务公司

英国具有良好、宽松的创新环境，更倾向于多路径发展与对成功进行多维评价，鼓励科研人员专注于高质量研究。英国很多高校有科技园或成果转化中心，每个科技园有几十个小型科技公司。高校通过设立技术转移公司或创新服务公司来实施技术转移。例如，牛津大学建立博格布洛克科技园、专门的科研管理服务机构、企业和创新中心以及 ISIS 创新有限公司在内的组织架构，以推进科技成果转化。

（3）知识转移合作伙伴计划

知识转移合作伙伴计划（Knowledge Transfer Partnership，KTP）是一项由英国政府发起的倡议，旨在加强产业界、学术界和研究机构之间的合作，推动科研成果向商业应用的转化。该计划起源于 2003 年，由“教学公司计划（TCS）”和“大学 - 企业合作计划（CBP）”合并而成。知识转移合作伙伴计划通过促进企业与学术机构之间的合作，利用具备特定知识和技术的专业人才作为桥梁，将知识、技术和专业技能从学术界转移到企业，以此增强企业的创新能力。此外，该计划还旨在指导学术机构更精准地识别研究需求，并培养具备商业洞察力和专业技能的领导型人才。

2.2.1.3　日本

第二次世界大战后，日本确立了“技术立国”的发展战略，将重点由依靠大量引进欧美先进技术，转变为吸收、改良和二次创新。20 世纪 80 年代，美国开始限制对日本的技术出口，日本政府大力加强基础研究和技术源头创新。90 年代初，日本政府将“技术立国”战略修改为“技术创新立国”战略，关注高校科研成果转化，注重基础理论和基础技术的研究与开发。日本的科技成果转化政策主要体现在以下方面。

（1）设立专门的管理机构

科学技术会议是日本科技政策的最高审议机构，议长是内阁总理大臣，科学技术厅长官由有关阁僚和各界专家组成，共同制定一般科学技术的综合性政策、确立长期研究目标等内容。科学技术厅是日本主管科技发展的最高行政机构，负责协调与人文科学、大学研究有关政策，并对有关行政机构的科技政策进行综合调整。日本文部科学省（下设独立法人机构日本科学振兴机构和日本学术振兴会）是推动日本科技发展及其产业化的主要政府部门。日本科技成果转化体系包含大学和大学知识财产本部、技术转移组织机构、国立实验机构、区域研究中心、民间机构、社会团体组织、企业等单位，彼此分工合作。日本的科技成果转化政策具有强烈的实践倾向。1995 年，《科学技术基本法》将“科学技术创造立国”作为基本国策，这是日本建立国家创新体系的开端，也是日本以法律形式重视原始创新。1996 年，日本颁布《科学技术振兴事业团法》，主要是推动基础研究、应用研究和开发研究协调发展，促进国家和地方、民间团体的协调发展。1998 年，日本出台《大学技术转让促进法》，后续又陆续出台《产业活力再生特别措施法》《中小企业技术革新制度》和《技术转移法》（1999 年）、《产业技术能力强化法》（2000 年）、《知识产权基本法》（2002 年）、《专利法》（2005 年）等法律法规，形成一套相对完善的科技成果转化法律法规体系。

（2）打造高校科技成果转化模式，设立技术转移机构

日本的科技成果多来源于大学。自 1998 年日本政府颁布实行《大学技术转让促进法》（TLO 法）以来，日本高校设立并经政府审核认可的技术转移机构已有 50 家，主要分布在研究型大学。日本高校科技成果转化工作主要依靠设立的专门机构——技术转

移机构（Technology Licensing Organization，TLO）运作完成。技术转移机构负责科技成果的技术评估、资金运作、信息对接、申报专利、知识产权保护、税收财务咨询等工作，发挥了将高校与企业连接起来的桥梁作用。2004 年，日本实施国立大学法人化改革，大多数国立大学都设立了知识产权转移机构，通常由常务副校长兼任知识产权转移机构的负责人。

（3）建立科技成果转化评价体系，实施“第六期科学技术与创新基本计划”

日本政府通过国立大学和科研院所的法人化改革，形成了大学、科研机构、企业三者之间对科研成果既独立确权又分工合作的良性循环模式和科技成果转化的评价体系，每年从各持有主体的实施情况整体考察日本学界科技成果转化情况并及时进行政策调节。2021 年，日本政府发布“第六期科学技术与创新基本计划”，作为指导2021—2025 年科学技术与创新发展的纲领性规划，强调了面向社会 5.0 的科技创新政策，包括建设韧性社会、强化研究能力、重视培养人才等内容，以适应全球化竞争和经济社会发展。

2.2.2 中国科技成果转化政策发展脉络

我国科技成果转化政策的发展脉络大致可从以下几个阶段来把握。

2.2.2.1 艰难探索阶段：向科学进军并制订第一个科技规划

1956 年，中国提出了“向科学进军”的口号。借鉴苏联经验，1955 年国务院批准建立农业科学研究工作协调委员会，负责鉴定科研成果。1958 年，国家科学技术委员会成立。1959 年，国家科学技术委员会发出《关于总结鉴定新产品新技术的通知》，启动新产品鉴定。1961 年 4 月，国务院颁布《新产品新工艺技术鉴定暂行办法》。我国政府相关部门与机构逐渐创立并实施科技成果鉴定制度、成果登记及成果档案管理制度，对取得的科技成果进行鉴定、登记、申报、奖励、统计、分析和归纳等系统化管理，并将重大科技成果以成果公报、成果汇编等方式向社会公布，进一步促进各部门、各地区科技成果的交流与推广。与此同时，针对科技人才的极度匮乏，政府各产业部门和省市组建一批科研机构，吸引大批科学家、技术专家从海外回国，向科学进军。

借鉴苏联在科技成果转化方面的成功经验，我国制定了第一个中长期科技规划《1956—1967 年科学技术发展远景规划》，对我国科技成果转化工作体系的形成奠定了基础。该规划要求建立厂矿和研究机构、高等院校直接联系制度，建立足够数量的中间试验工厂，对其具有实用价值的科技成果进行后续实验与开发。该规划的实施成功解决了国家经济和国防建设中迫切需要解决的一批科技问题，产生了以“两弹一星”为标志的一系列重大成果。

在这一阶段，我国的科技成果转化制度与高度集中的计划经济体制和科技体制相适应，科技成果转化模式较为单一，各个环节相互独立。科技成果转化工作具有国家政府行政主导，严格将中国科学院、高等院校、地方科研部门等作为科技成果提供方，产业部门作为接受方来进行转化和推广。这种宏观调控力量能集中有限的资源进行国防、重工业和国家重大工程建设等关键领域的科技成果转化工作。同时，成果鉴定不是从市场出发，加之各个环节之间的独立，共同造成了科研与生产脱节，与市场脱节的局面。

2.2.2.2　恢复与重建阶段：顶层设计不断完善，实施系列科技政策，发展技术市场，探索科技成果推广

中共中央提出“四个现代化，关键是科学技术的现代化”。邓小平提出“科学技术是第一生产力”。1978 年 3 月全国科学大会的召开，尤其是 1978 年十一届三中全会以后，科技成果转化工作得以恢复与发展。

中央高度重视科技成果的推广应用及转化，先后出台科技体制改革等文件，颁布相关法律法规，促进科技成果转化顶层设计和宏观政策突破性发展。①《专利法》。1984 年 3 月,《专利法》经六届全国人大常委会第四次会议审议通过，于 1985 年 4 月 1 日起施行，并于 1992 年、2000 年、2008 年、2020 年进行了四次修正。我国加入了《建立世界知识产权组织公约》(1980 年)、《保护知识产权巴黎公约》(1984 年) 等主要国际知识产权保护公约。②优化技术转让政策。1980 年 10 月，国务院颁布《关于开展和维护社会主义竞争的暂行规定》，提出对创造发明的重要技术成果要实行有偿转让，首次肯定了技术的商品属性。1981 年，国家科学技术委员会首次提出对科技成果

实行有偿转让。1984 年，国务院发布《科学技术进步奖励条例》。1985 年，中共中央作出《关于科学技术体制改革的决定》和《关于技术转让的暂行规定》，提出对科技成果转化作出重大贡献的单位和个人进行奖励。1987 年,《技术合同法》使科技成果的商品性质和交换关系法制化，该政策扩展为“四技”合同奖酬金政策。1996 年,《促进科技成果转化法》出台，扩展为科技成果转化收益分配政策。③实施一系列科技计划推动科技成果转化。1982 年 11 月，科技攻关计划经五届全国人大五次会议审议通过，于 1983 年正式实施。该计划着力解决国民经济和社会发展中带有方向性、关键性和综合性的问题，采取招标、有偿合同和无偿合同等多种形式。国务院发布《关于抓紧研制重大技术装备的决定》(1983 年)，国家计划委员会推出《国家重点工业性试验项目计划》(1984 年)、《国家重点实验室建设项目计划》(1984 年)、《国家重点实验室建设管理办法》(1987 年)，有重点、有步骤地建设和装备一批开放型的国家重点实验室，支持重大的研究开发项目在取得中试成果后，在基本建设和技术改造中推广应用。面向农村经济主战场的指导性科技计划——“星火计划”于 1986 年经党中央、国务院批准实施。

20 世纪 80 年代初期，中国科协率先成立科技咨询服务部，围绕“四技服务”(技术服务、技术咨询、技术开发与技术转让) 及技术引进、技术改造的论证与咨询，开拓了咨询服务工作。随后，各省、自治区、直辖市和部分计划单列市科协及其所属学会、协会、研究会相继成立了科技咨询服务机构。1985 年 4 月,《关于开放技术市场几点意见的报告》提出了“放开、搞活、扶植、引导”的技术市场发展方针。“首届全国技术成果交易会”于 1985 年在北京举行，3000 多个单位的 2 万多项成果参展，参加交易人员 30 余万人次，洽谈交易 15181 项，金额 80.63 亿元。随后，我国形成了创办民营科技企业的潮流，出现了北京中关村“电子一条街”、武汉东湖科技一条街、沈阳的三好街、成都的电子一条街等盛况。

这一时期，我国的科技成果转化工作以恢复与重建为主，探索了专利制度，优化了技术有偿转让制度，探索建立了技术市场，启动了系列科技计划推动科技成果转化等新形式，这对改变计划经济时代我国科技成果转化工作高度行政性、科技成果转化模式单一、科研与生产脱节等问题进行了有益尝试。

2.2.2.3　体制改革阶段：科技成果转化政策体系日趋完善

为了克服单一行政手段对科技成果转化的局限性，我国开始尝试利用计划和市场两种手段来推进科技成果转化。1985 年，国务院发布《中共中央关于科技体制改革若干问题的决定》，提出加强技术成果商品化，开辟技术市场；加强生产技术的开发和应用研究，狠抓科研成果的推广应用和对引进技术的消化吸收，以使科学技术尽快大面积形成生产力。政府设立国家科技计划，并引入竞争机制，涌现了一大批科研成果，我国科技成果转化工作步入新时期。

（1）深化科技体制改革，进一步健全法规与政策环境

在这一时期，中共中央、国务院作出了《关于加速科学技术进步的决定》（1995 年），提出"科教兴国"的战略。国务院发布《关于深化科技体制改革若干问题的决定》，国家科学技术委员会、国家经济体制改革委员会发布了《关于分流人才、调整机构、进一步深化科技体制改革的若干意见》（1992 年），全国人大常委会审议通过了《中华人民共和国科学技术进步法》（以下简称《科学技术进步法》）和《中华人民共和国农业技术推广法》（1993 年），建设科技成果转化载体和实施科技计划的法规政策体系，鼓励科研机构和科技人员引入竞争机制，为社会创造财富，加速科技成果推广应用。

（2）探索企业孵化器、高新区、生产力促进中心、科技园，建设一批科技成果转化载体

政府积极转变科技工作思路，逐步建立了高新技术产业化体系、制度和环境，发展企业孵化器、高新区、生产力促进中心、科技园等科技成果转化载体。1987 年 6 月，武汉东湖新技术创业中心成立，标志着企业孵化器作为科技成果转化的重要载体引入我国。1988 年 5 月，北京市海淀区建立了我国第一个国家级高新技术产业园区——中关村科技园区。1992 年，全国第一个生产力促进中心——山东省生产力促进中心正式成立。1999 年 9 月，科技部、教育部启动国家大学科技园建设，15 个国家大学科技园开始试点，并被纳入创业孵化服务体系。

（3）探索与发展技术市场，进一步支持民营科技企业发展

1988 年 5 月，国务院发布《关于科技体制改革若干问题的决定》积极支持和促进

集体、个体等不同所有制形式的科技机构的发展。大批科研院所和高校依托自身科技优势，探索技工贸一体化道路。部分单位组建了一批以科技为先导，产权联结为纽带的高科技产业集团，科技成果转化和推广造就了一批民营科技企业。1993 年 12 月，全国首家国家级常设技术市场——上海技术交易所正式成立。《关于进一步培育和发展技术市场的若干意见》《关于加快发展技术市场的意见》《建立和完善知识产权交易市场的指导意见》等政策文件的出台，加快发展和完善（知识产权等）技术市场和技术交易所建设，大力发展生产力促进中心等多种新型技术创新组织发展，促进科技计划管理与技术市场接轨，推进国家创新体系建设。

（4）继续出台新的科技计划，促进科技成果转化

经过多年探索，我国逐渐形成中国特色的国家科技计划体系，包含以科技成果产业化和推广应用为主的指导性计划，如“星火计划”、“火炬计划”、科技成果重点推广计划等，促进高新技术成果商品化、高新技术商品产业化和高新技术产业国际化。国家科学技术委员会组织实施国家工程技术研究中心计划，对科研成果进行系统化、配套化和工程化研究开发，开展国外引进技术的消化、吸收与创新。国家计划委员会组织实施国家工程研究中心计划、“国家重大科技成果产业化项目计划和示范工程”，研究开发产业技术进步和结构调整急需的关键共性技术，开展具有重要市场价值的重大科技成果的工程化和系统集成，对引进技术的消化、吸收、再创新。国务院生产办、国家教育委员会和中国科学院共同组织实施“产学研联合开发工程”，编制并实施“产学研联合工程项目计划”和“产学研联合开发工程高技术产业化计划”。

在这一阶段，我国科技体制市场化取向的改革不断深化，技术市场不断发展，科技成果转化载体不断涌现，新的科技计划逐渐实施，科研成果商品化、市场化、产业化进程加快。科技成果转化模式由单一行政指令逐渐向自行投产、技术转让、产学研联合等多样化发展。科技成果转化各个环节开始融合，科研与生产脱节现象得以缓解。

2.2.2.4 国家创新体系建设时期：贯彻实施《促进科技成果转化法》

跨世纪之初，以科技为焦点的国际竞争日趋激烈。为了提高我国自主创新能力，国务院于 1996 年颁布《关于“九五”期间深化科学技术体制改革的决定》。《促进科技成

果转化法》及其配套政策的落地实施，使科技成果转化工作走上法治化轨道，为科技成果转化提供了法律依据。

（1）制定系列落实《促进科技成果转化法》的配套文件，实施税收优惠政策

1996 年 10 月 1 日，《促进科技成果转化法》开始施行，国家有关部门围绕转化法出台了配套政策——《关于加强技术创新，发展高技术，实现产业化的决定》《关于以高新技术成果出资入股若干问题的规定》《关于以高新技术成果出资入股若干问题的规定实施办法》《关于以高新技术成果作价入股有关问题的通知》。

此后，《关于促进企业自主创新成果产业化的若干政策》《中华人民共和国企业所得税法》（以下简称《企业所得税法》）、《高新技术企业认定管理办法》、《企业研究开发费用税前扣除管理办法（试行）》、《“技术创新引导工程”实施方案》、《国家技术转移促进行动实施方案》、《国家科技成果转化引导基金管理暂行办法》、《关于研究开发费用税前加计扣除有关政策问题的通知》、《关于完善研究开发费用税前加计扣除政策的通知》、《国家科技成果转化引导基金设立创业投资子基金管理暂行办法》、《国家科技成果转化引导基金贷款风险补偿管理暂行办法》等系列税收优惠政策，强化成果转化、实施技术创新工程和促进产学研结合，加速高新技术成果的转化和推广工作。

（2）促进中小企业技术创新，应用型研究所转制为企业

为加强市场需求对研发的导向作用，国家于 1998 年 7 月设立“科技型中小企业技术创新基金”，通过吸引地方、企业、科技创新投资机构和金融机构对中小企业技术创新投资，增强中小企业的创新能力。随后，《中小企业发展专项资金管理暂行办法》规定科技型中小企业技术创新基金并入中小企业发展专项资金。国务院办公厅发布《关于国家经济贸易委员会管理的 10 个国家局所属科研机构管理体制改革的意见》提出国家经济贸易委员会管理的 10 个国家局所属 242 个科研机构向企业化转制。

（3）完善国家科技计划体系，实施技术创新工程

这一时期，国家对原来“星火计划”“火炬计划”做了重大调整，由原来的实施项目为主调整为环境建设、发展科技型中小企业为主；以企业为主体实施产学研结合的技术创新工程，进一步促进企业的科技成果转化。《科技兴贸行动计划》“科技型中小企业创业基金”“农业科技成果转化基金”相继实施，形成了较为完整的科技成果转化支撑

服务体系。①实施国家技术创新工程。1996 年，国家经济贸易委员会启动“国家技术创新工程”，在国家技术开发计划、国家工业性试验项目计划和国家重点新技术推广项目计划的基础上，编制实施国家技术创新项目计划。②实施技术创新引导工程。2006 年,《“技术创新引导工程”实施方案》提出开展创新型企业试点、引导和支持若干重点领域形成产学研战略联盟、加强企业研究开发机构和产业化基地建设、加强面向技术创新的公共服务平台建设等六项任务，加强产学研结合，促进技术创新体系建设。③实施国家技术转移促进行动。2007 年,《国家技术转移促进行动实施方案》提出国家技术转移促进行动的五项任务：一是构建新型技术转移体系；二是健全技术市场法律法规政策保障体系；三是开展国家技术转移示范工作；四是培育专业化、高水平的技术转移人才队伍；五是建立和完善技术转移的投融资服务体系。

（4）拓宽科技成果转化渠道

国家有关部门采取有效措施，引导科技资源的有序流动，提高资源配置效率，促进科技成果转化。①引导高技术出口产品和企业发展。1999 年 6 月,《科技兴贸行动计划》提倡发挥科技及产业优势，扩大我国高新技术产品出口，培育一批国际竞争力强、附加值高、出口规模较大的高技术出口产品和企业。②引导军民科技融合发展。2007 年 8 月,《关于进一步推进民用技术向军用转移的指导意见》提出建立民技军用信息发布平台、进一步完善国防科技工业标准体系等，促进军民良性互动。③引导科技人员服务企业行动。2009 年 3 月，科技部、教育部等单位发布《关于动员广大科技人员服务企业的意见》提出实施“科技人员服务企业行动”，要求广大科技人员带技术和成果到企业去，积极参与企业关键技术攻关，提供产品开发咨询服务，引导企业提高管理水平。

（5）科技中介机构和资本市场得到大力发展

改革开放以来，在各级政府大力扶持下，以生产力促进中心、科技企业孵化器、科技咨询与评估机构、技术交易机构、创业投资服务机构为代表的我国科技中介机构迅速发展。科技部于 2002 年 12 月发布的《关于大力发展科技中介机构的意见》提出发展科技中介机构指导思想、目标和原则，科技部将 2003 年确定为科技中介机构建设年。2004 年 5 月，中国证监会发布《中小企业板实施细则》，同意深圳证券交易所（以下简称深交所）在主板市场内设立中小企业板；2009 年 10 月，中国创业板正式开板。

在这一阶段，国家创新体系不断建立与完善。截至 2002 年年底，通过制定政策法规、培育扶持科技中介机构、加强科技园区建设和开展重点项目示范引导，形成了“北京科博”“深圳高交”“上海工博”“杨凌高交”十大技术交易会品牌；国家支持建立了 53 个国家级高新技术产业开发区、436 个技术创业服务中心；科技部支持建立工程技术中心 120 个、865 个生产力促进中心、134 个国家星火密集区、58 个国家大学科技园、85 个国家创业中心、44 个留学人员创业园、22 个国家软件园、57 个技术研究推广中心、10 个成果推广示范基地、22 个高新技术产品出口基地等，科技产业化环境不断完善，科技成果转移转化成果显著。

2.2.2.5　创新驱动发展阶段：持续推进新修订的《促进科技成果转化法》落地

党的十八大以来，各部门、各地方纷纷制定成果转化条例，推进科技成果转化。国务院于 2015 年 3 月发布的《关于深化体制机制改革加快实施创新驱动发展战略的若干意见》提出完善成果转化激励政策，下放科技成果的使用权、处置权和收益权，提高科研人员成果转化收益率，建立高等学校和科研院所技术转移机制。国务院发布的《国家创新驱动发展战略纲要》《关于强化实施创新驱动发展战略进一步推进大众创业万众创新深入发展的意见》《国家技术转移体系建设方案》《国家科技成果转移转化示范区建设指引》《关于优化科研管理提升科研绩效若干措施的通知》《关于技术市场发展的若干意见》《关于支持和鼓励事业单位专业技术人员创新创业的指导意见》和《关于进一步支持和鼓励事业单位科研人员创新创业的指导意见》，以及 2021 年修订的《科学技术进步法》《国家中长期科学和技术发展规划（2021—2035）》《中央引导地方科技发展专项资金管理办法》等规范性文件，从不同维度提出了促进科技成果转化的措施，加快发展技术市场、健全技术转移机制、促进科技成果资本化和产业化作出部署。

科技部联合国家相关部委先后发布了《关于进一步推进高等学校专业化技术转移机构建设发展的实施意见》、《赋予科研人员职务科技成果所有权或长期使用权试点实施方案》（以下简称《实施方案》）、《关于扩大高校和科研院所科研相关自主权的若干意见》等重要文件。其中《实施方案》分领域选择 40 家高等院校和科研机构进行试点，通过深化改革，破除影响科技成果转化能力提升、效率提高的瓶颈障碍。

新修订的《促进科技成果转化法》于 2015 年 10 月 1 日施行，国务院于 2016 年 2 月印发了《实施〈中华人民共和国促进科技成果转化法〉若干规定》，国务院办公厅于 2016 年 4 月印发了《促进科技成果转移转化行动方案》，这三份文件的先后出台被称为促进科技成果转化三部曲。

这一阶段，通过加快实施创新驱动发展战略，增强了对科技成果转化规律的认识。政府通过深化体制机制改革，对科技成果转化政策进行了系统设计，持续推进新修订的《促进科技成果转化法》落地，统筹科研、科技成果转化及产业化各环节，明确高校、科研机构、企业三者之间的定位，取得了显著成效。

2.3 科技成果转化法规政策的分类与要点

科技成果转化涉及面广，具有主体多元、方式多种、环节多样，复杂程度较高的特点，因而涉及的法规政策比较多，技术经理人须深入了解科技成果转化法规与政策的分类，从不同角度对科技成果法规政策体系进行分类梳理，能更好地了解法规与政策体系的构成及相互关系，在实际工作中更好地发挥科技成果转化法规的规范作用和政策的促进作用。

2.3.1 科技成果转化法规文件的层级

《中华人民共和国立法法》（以下简称《立法法》）第二条规定，法律、行政法规、地方性法规、自治条例和单行条例的制定、修改和废止，适用本法；国务院部门规章和地方政府规章的制定、修改和废止，依照本法的有关规定执行。也就是说，依照《立法法》规定制定、修改和废止的规范性文件属于法规，包括法律、行政法规、国务院部门规章、地方性法规和地方政府规章。

2.3.1.1 法律

科技成果转化法律是指由全国人民代表大会及其常委会通过并以国家主席令的形式

发布的调整科技成果转化活动中形成的社会关系的各项法律，包括《民法典》、《科学技术进步法》、《促进科技成果转化法》、《专利法》、《中华人民共和国著作权法》（以下简称《著作权法》）、《中华人民共和国中小企业促进法》（以下简称《中小企业促进法》）、《中华人民共和国科学技术普及法》等。

2.3.1.2　行政法规

行政法规是指国务院依照《立法法》的规定制定并以总理令的形式颁布的法规。与科技成果转化有关的行政法规包括《国家科学技术奖励条例》、《集成电路布图设计保护条例》、《中华人民共和国专利法实施细则》、《中华人民共和国计算机软件保护条例》（以下简称《计算机软件保护条例》）、《中华人民共和国著作权法实施条例》（以下简称《著作权法实施条例》）、《中华人民共和国知识产权海关保护条例》等。

2.3.1.3　国务院部门规章

国务院部门规章是指国务院科技主管部门及其他相关部门根据国务院指定的职责范围依法制定并以部长令形式发布的调整科技成果转化活动中形成的社会关系的各项规章，或由科技主管部门与国务院有关部门联合制定并发布的规章。与科技成果转化有关的部门规章包括《国家科学技术奖励条例实施细则》《省、部级科学技术奖励管理办法》《国家科技计划管理暂行规定》《国家科技计划项目管理暂行办法》等。

根据《立法法》规定，部门规章的效力低于法律、行政法规，部门规章之间、部门规章与地方政府规章之间具有同等效力，在各自的权限范围内施行。部门规章之间、部门规章与地方政府规章之间对同一事项的规定不一致时，由国务院裁决。

2.3.1.4　地方性法规

根据《立法法》规定，地方性法规可以就下列事项作出规定：（一）为执行法律、行政法规的规定，需要根据本行政区域的实际情况作具体规定的事项；（二）属于地方性事务需要制定地方性法规的事项。国家尚未制定法律或者行政法规的，省、自治区、直辖市和设区的市、自治州根据本地方的具体情况和实际需要，可以先制定地方性法规，如《北京市促进科技成果转化条例》。

地方性法规的效力低于法律和行政法规，高于本级和下级地方政府规章。地方性法规与部门规章之间对同一事项的规定不一致，不能确定如何适用时，由国务院提出意见，国务院认为应当适用地方性法规的，应当决定在该地方适用地方性法规的规定；认为应当适用部门规章的，应当提请全国人民代表大会常务委员会裁决。

2.3.1.5 地方政府规章

设区的市、自治州的人民政府根据《立法法》规定制定地方政府规章，限于城乡建设与管理、环境保护、历史文化保护等方面的事项。应当制定地方性法规但条件尚不成熟的，因行政管理迫切需要，可以先制定地方政府规章。规章实施满两年需要继续实施规章所规定的行政措施的，应当提请本级人民代表大会或者其常务委员会制定地方性法规。没有法律、行政法规、地方性法规的依据，地方政府规章不得设定减损公民、法人和其他组织权利或者增加其义务的规范。

根据《立法法》的规定，省、自治区的人民政府制定的规章的效力高于本行政区域内的设区的市、自治州的人民政府制定的规章。

《国务院关于印发实施〈促进科技成果转化法〉若干规定的通知》《国务院办公厅关于印发促进科技成果转移转化行动方案的通知》等都是规范性文件，但不属于《立法法》规定的法规规章。

2.3.2 科技成果转化主体法规政策

科技成果转化可以按照供给方、需求方和服务方三类主体进行法规政策分类，每类主体的政策有所不同。

2.3.2.1 供给方的法规政策

科学技术研究开发机构、高等学校（以下简称高校院所）、医疗机构等是科技成果的供给方，按照《促进科技成果转化法》第十八条规定，可以自主决定转让、许可和作价投资，但应当采用协议定价、在技术交易市场挂牌交易、拍卖等方式确定价格。这两项政策是新修订的《促进科技成果转化法》的两项重大突破。

为促进高校院所实施科技成果转化,《科学技术进步法》第三十条第二款规定:"利用财政性资金设立的科学技术研究开发机构和高等学校，应当积极促进科技成果转化，加强技术转移机构和人才队伍建设，建立和完善促进科技成果转化制度。"这对高校院所提出了三项法定要求：一是加强技术转移机构建设；二是加强技术转移人才队伍建设；三是建立和完善促进科技成果转化制度。根据《促进科技成果转化法》第十七条第二款规定的"国家设立的研究开发机构、高等院校应当加强对科技成果转化的管理、组织和协调，促进科技成果转化队伍建设，优化科技成果转化流程，通过本单位负责技术转移工作的机构或者委托独立的科技成果转化服务机构开展技术转移"，高校院所还须建立促进科技成果转化的组织体系，优化科技成果转化流程。当然，这些都可以在科技成果转化制度中作出明确规定。

高校院所制定的科技成果转化规章制度一般包含以下内容：①清晰界定科技成果、职务科技成果、科技成果转化的判定标准。②清晰界定完成、转化职务科技成果作出重要贡献的人员。③规定科技成果转化管理体系及其职责权限。④科技成果转化流程。从发明披露→知识产权申请→知识产权授权及其管理→成果推介→转化方式选择→定价→合同条款谈判→合同签订与履行→成果交付→转化收入与成本核算→净收入计算→奖励与报酬金的计算与分配等流程应当清晰，并不断优化。⑤科技成果转化方式及其选择，因不同的转化方式，可享受的税收优惠政策不同，相关当事人的权利义务关系不同。⑥科技成果定价方式及其选择依据，定价方式与转化方式密切相关。⑦科技成果转化收入及其核算、成本及其核算、净收入的计算，以及奖酬金分配。⑧科技成果转化经费投入与使用管理。⑨对于科技成果、科技成果转化、完成、转化科技成果作出重要贡献的人员、净收入计算、奖酬金计算、奖酬金分配有异议的争议处理办法。⑩科技人员以兼职、离岗创业的方式实施科技成果转化，以及职称评审等。

高校院所制订科技成果转化规章制度大致经历以下几个过程：准备阶段→起草草案→征求意见→审议→召开职工大会或职工代表大会审议通过→职能部门宣讲或解读→贯彻落实→修订完善，形成一个循环。

高校院所供给的科技成果质量越高，向企业转移科技成果的成效也会越高。科技成果质量由技术研发水平和成果的知识产权保护水平两方面因素决定，科技成果转移效率由研发与转化的衔接度、转移转化制度健全程度和技术转移体系建立健全程度三方面因素决定。《促进科技成果转化法》第十条规定，在应用性科技项目立项时，应当明确项目承担者的科技成果转化义务，即研发与转化须统筹起来，不可分割开。为提高专利质量，教育部、国家知识产权局、科技部印发的《关于提升高等学校专利质量促进转化运用的若干意见》提出了四个方面十项重点任务，包括“逐步建立职务科技成果披露制度”“建立专利申请前评估制度”“加强技术转移与知识产权运营机构建设”等。科研人员发明披露及技术转移机构对科研人员披露的发明创造进行评价，这是研发与转化的衔接点，通过成果评价既促进科研人员提高技术研发水平，又提高知识产权保护水平。

2.3.2.2 需求方的法规政策

企业集科技成果转化的投入者、组织实施者、风险承担者和商业价值的实现者等多重角色于一体。企业对科技成果有强烈的需求，并投入人力、物力、财力实施转化，实现市场价值以后投入更多科技成果的转化，并支持高校院所加强研发，提高研发水平，进而实现从科研到转化的良性循环。影响企业科技成果转移转化成效的因素主要有两个：一是可获取所需技术；二是具有较强的转化能力。

国家法规政策对企业科技成果转移转化作出了一系列规定。《科学技术进步法》第三十九条规定：“发挥企业在技术创新中的主体作用，推动企业成为技术创新决策、科研投入、组织科研和成果转化的主体，促进各类创新要素向企业集聚，提高企业技术创新能力。”《中共中央 国务院关于加强技术创新，发展高科技，实现产业化的决定》指出：“技术创新，是指企业应用创新的知识和新技术、新工艺，采用新的生产方式和经营管理模式，提高产品质量，开发生产新的产品，提供新的服务，占据市场并实现市场价值。”其中，应用创新的知识和新技术、新工艺，采用新的生产方式和经营管理模式，开发生产新的产品，提供新的服务，都属于科技成果转化。《促进科技成果转化法》第三条第二款规定：“科技成果转化活动应当尊重市场规律，发挥企业的主体作用”，第二十二条至第二十八条共七个条文对企业获取科技成果、在科技成果转化中享有的权利、鼓励产学研合作转化科技成果等方面作出了规定。

《中小企业促进法》第五章“创新支持”共七个条文提出了国家鼓励中小企业创新的一系列政策措施，包括推进技术、产品、管理模式、商业模式等创新，参与产业关键共性技术研究开发，研究开发拥有自主知识产权的技术和产品，鼓励科研机构、高等学校支持本单位的科技人员以兼职、挂职、参与项目合作等形式到中小企业从事产学研合作和科技成果转化活动等。这些政策措施都是支持中小企业实施科技成果转化。企业实施科技成果转化可以享受研发费用税前加计扣除、高新技术企业认定并享受减按 15% 的税率征收企业所得税优惠政策。

2.3.2.3　服务方的法规政策

在科技成果转移转化过程中，涉及商务、法律等专业服务，以及小试、中试、概念验证、工程化等条件，仅依靠高校院所和企业自身的力量是难以解决的，必须借助社会化专业服务机构的力量。科技成果转化采取不同的路径及模式，需要的社会化服务有所不同。

将科技成果转化为新产品，需要进行产品开发、工艺开发和商业模式开发，主要环节包括提出产品概念→概念验证→样品（机、件）试制→小批试制→中间试验→生产定型（工业性试验）→示范推广→工业化生产等。在高校院所和企业没有条件或不具备小试、中试等条件的情况下，需要由相关服务机构提供专业服务，即中试中心、工程（技术）研究中心、熟化中心、概念验证中心等机构应运而生。《科学技术进步法》第三十条规定:“国家加强科技成果中试、工程化和产业化开发及应用”，支持开展科技成果中试、工程化、产业化等活动，并为上述活动的开展提供法律保障。

技术交易服务机构既可为高校院所等提供与需求方对接、科技成果评价、成果交易、技术合同条款谈判等专业服务，也可为企业提供技术难题分析、对接高校院所科技创新资源、技术合同条款谈判等专业服务。发达的技术市场，完善的技术交易服务体系，可确保技术交易高效进行，进而可促进科技成果转移转化。《科学技术进步法》第三十八条规定:“国家培育和发展统一开放、互联互通、竞争有序的技术市场，鼓励创办从事技术评估、技术经纪和创新创业服务等活动的中介服务机构，引导建立社会化、专业化、网络化、信息化和智能化的技术交易服务体系和创新创业服务体系，推动科技成果的应用和推广。”该规定既明确了技术市场的发展方向，又明确了技术交易服务体系的“五化”发展方向。

良好的创新创业服务可促进科技人员自主创业并提高科技创业企业的存活率和成功率。国家支持地方、科技园区、企业等建设科技创业载体，已形成众创空间—创业苗圃—企业孵化器—加速器—科技园区等构成的创业孵化载体链，初步建成了服务功能比较完善的创业服务体系。《科学技术进步法》第四十条规定，国家支持企业“设立科技企业孵化机构和创新创业平台”；第三十八条第一款规定，国家引导建立“社会化、专业化、网络化、信息化和智能化”的创新创业服务体系。前者规定了科技创新创业服务载体的来源广泛，后者提出了创新创业服务的“五化”发展方向。

2.3.3　科技成果转化要素的法规政策

从科技成果转化涉及的要素来看，主要有资金、技术、人才三大要素，国家法律法规和政策文件都对上述三大要素的配置或流动作出了规定。

2.3.3.1　与资金有关的法规与政策

《促进科技成果转化法》第四条规定:“国家对科技成果转化合理安排财政资金投入，引导社会资金投入，推动科技成果转化资金投入的多元化。”在第三章保障措施里，分别从财政经费、银行贷款、保险服务、多层次资本市场、创业投资基金、科技成果转化基金等对科技成果转化提供多元化支持作出了规定。《国家科技成果转化引导基金管理暂行办法》对科技成果引导基金投资方式及管理作出了规定。一些省市、高校、科研机构设立科技成果转化专项资金，对科技成果转化项目择优给予资助。

《促进科技成果转化法》第三十四条规定:“国家依照有关税收法律、行政法规规定对科技成果转化活动实行税收优惠。”根据《科学技术进步法》和《企业所得税法》等规定，对科技成果转化活动给予税收优惠，包括经认定的高新技术企业减按 15% 的税率征收企业所得税、技术转让收入减免企业所得税、企业研发费用可加计扣除等。在科技成果转化过程中，技术经理人必须指导各相关主体充分享受相关税收优惠政策。

以研发费用税前加计扣除政策为例，国家不断加大政策扶持力度。从 2023 年开始，各省市陆续开展税务、科技、统计、财政等不同口径研发费大数据比对监管。这些年来，研发费用税前加计扣除政策优惠力度加大体现在以下三个方面。一是从优惠对象看，不断扩大优惠面。从要符合《国家重点支持的高新技术领域》和国家发展改革委等部门公布的《当前优先发展的高技术产业化重点领域指南（2007 年度）》的规定项目到制定“负面清单”，调整放宽研发活动及研发费用范围，逐步扩大了政策受益主体范围。二是不断提高加计扣除比例。除制造业企业（2021 年始）和科技型中小企业（2022 年始）研发费用加计扣除比例率先提升至 100% 外，其他符合条件的居民企业均经历了研发费用加计扣除比例从 50% ~ 75% 最后统一为 100% 的过程，陆续加大了研发费税收优惠力度。三是实施预缴政策。2021 年出台了《关于进一步落实研发费用加计扣除政策有关问题的公告》，2022 年又出台了《关于企业预缴申报享受研发费用加计扣除优惠政策有关事项的公告》，2023 年 6 月出台了《关于优化预缴申报享受研发费用加计扣除政策有关事项的公告》。国家税务总局不断调整优化研发费用税前加计扣除优惠政策的享受时间节点，提前兑现政策红利，为企业持续进行研发创新服下了一颗定心丸，激励企业不断加大研发与科技成果转化的力度。

2.3.3.2　与技术要素有关的法规与政策

与技术要素有关的法规政策涉及面较广，可以从技术来源、技术价值实现、技术权益保护三个角度来观察。从技术来源看，主要是科技计划政策，包括国家和地方科技计划体系资助项目，如国家重点研发计划、自然科学基金项目等。从技术价值实现角度看，主要是科技成果转化项目、科技成果推广项目、专利开放许可、军民互转等。例如，2022 年，国家知识产权局办公室印发《关于印发专利开放许可试点工作方案的通知》提出的试点任务包括搭建许可信息发布平台、促进供需对接、做好定价指导等配套服务、完善激励和规范措施。《促进科技成果转化法》第十四条第二款规定：“国家建立有效的军民科技成果相互转化体系，推动军用、民用技术相互转移、转化。”从技术权益保护角度看，主要是知识产权政策和标准化政策。知识产权是科技成果的核心。保护知识产权就是保护科技成果。科技成果转移转化的核心是知识产权的交易与运用。例如，2022 年 12 月 27 日，国家知识产权局等 17 个部门印发《关于加快推动知识产权服务业高质量发展的意见》提出与知识产权成果转移转化有关的任务："一是引导知识产权服务业支持企事业单位创新发展；二是拓展知识产权运营服务，加快发展知识产权许可、转让等交易经纪服务，畅通知识产权交易流转。"标准也是对技术权益的保护。《促进科技成果转化法》第十四条第二款规定："国家加强标准制定工作，对新技术、新工艺、新材料、新产品依法及时制定国家标准、行业标准，积极参与国际标准的制定，推动先进适用技术推广和应用。"

2.3.3.3　与人才有关的法规与政策

科技人员是科技成果的完成者，科技成果转化离不开科技人员的参与，人才政策的核心是激励科技人员积极参与科技成果转化，畅通科技人员参与科技成果转化的渠道。前者主要是科技成果转化奖酬金分配政策，后者主要是科技人员以兼职或离岗创业方式实施科技成果转化。

《促进科技成果转化法》第四十三条至第四十五条是一个整体，彼此之间有较高的关联度。第四十三条规定了科技成果转化收益留归单位，在给予科技人员奖励和报酬后，剩下的用于科研和成果转化等相关工作。留归单位也是《促进科技成果转化法》修订的一大亮点或突破。第四十四条第一款原则上规定，职务科技成果转化后，由该成果完成单位对科技人员给予奖励和报酬。该条第二款规定，可以由单位规定或由单位与科技人员约定奖励和报酬的方式、数额和时限。如果单位既不规定也不约定，则适用第四十五条第一款规定。该规定分三种情形：一是采用转让或许可方式转化的，应从转让或许可净收入中提取不低于 50% 的比例给予科技人员奖励；二是采用作价投资方式转化的，应从股份或出资比例中提取不低于 50% 的比例给予科技人员奖励；三是采取自行投资实施转化或合作转化方式的，应当在实施转化成功投产后连续三至五年，每年从实施该项科技成果的营业利润中提取不低于 5% 的比例给予科技人员奖励。这种法定方式迫使单位作出规定或与科技人员约定，并给出了规定或约定的参考标准。第四十五条第三款规定了奖励与报酬属于工资薪金，按照工资发放，并按照工资薪金缴纳个人所得税。为确保奖励和报酬相关制度有效落地，还规定国有企事业单位依法给予奖励和报酬的支出计入当年本单位工资总额，但不受当年本单位工资总额限制、不纳入本单位工资总额基数（即不增加社保缴纳基数）。奖酬金政策是《促进科技成果转化法》的核心，是激发科技人员实施科技成果转化的原动力，让科技人员实现名利双收，也是许多高校院所推进科技成果转化的出发点，即通过增加科技人员的收入达到稳定人才队伍的目的。可见，奖酬金提取比例提高及畅通发放渠道，也是《促进科技成果转化法》修订的一大亮点，或者说是重大突破。

同时，《促进科技成果转化法》也对科技人员提出了要求，一是第十九条第二款规定："科技成果完成人或者课题负责人，不得阻碍职务科技成果的转化，不得将职务科技成果及其技术资料和数据占为己有，侵犯单位的合法权益。"二是第四十二条第一款规定的"应当遵守本单位的技术秘密保护制度"。三是第四十二条第三款规定的"不得将职务科技成果擅自转让或者变相转让"，如有违反，要承担法律责任。

科技成果转化活动中涉及的政策比较多，包括科技、财政、投资、税收、人才、产业、金融、政府采购、军民融合等，《促进科技成果转化法》第五条规定，国务院和地方各级人民政府应当加强政策协同，为科技成果转化创造良好环境。该条第二款还规定，地方各级人民政府结合本地实际，可以采取更加有利于促进科技成果转化的措施。

2.4 本章小结

完善的法规政策体系是科技成果转化的重要保障。技术经理人在了解科技成果转化的内涵、发展脉络和政策分类后，要具有鲜明的全流程参与性，善于利用法律规定的各项措施，熟悉"政产学研用金"各方的角色和发挥的具体作用，合理规划研发与转化流程、灵活运用多种转化方式、充分发挥各相关主体作用。本章首先介绍了科技成果转化的基本概念，厘清了科技成果和科技成果转化的概念及其方式，比较了科技成果转化与技术转移的概念差异。其次，全面梳理了国内外科技成果转化法规与政策的发展脉络。最后，从科技成果转化主体、转化要素等角度分别介绍了我国科技成果转化的法规政策。

思考题

1. 论述科技成果转化的概念及其主要方式。
2. 科技成果转化与技术转移的联系与区别是什么?
3. 中国科技成果转化政策发展经历了哪些阶段?
4. 科技成果转化有哪些层次和类型的法规政策?

第 3 章
知识产权基础知识

知识产权是科技成果向现实生产力转化的桥梁和纽带。本章内容主要包括三个方面：首先，介绍了知识产权的基本概念和分类；其次，根据《高等学校知识产权管理规范》和《企业知识产权合规管理体系要求》的规定，解析了高校和企业知识产权管理的具体策略；最后，结合技术转移中可能遇到的知识产权风险，总结了技术经理人应当注意的企业知识产权权利归属、知识产权许可以及知识产权侵权等方面的风险识别与控制。

3.1 知识产权的基本概念及分类

知识产权是基于创造成果和商业标记依法产生的权利的统称。知识产权法律制度通过赋予权利人以排他性民事权利的方式，鼓励智力成果创造，推动技术转化应用，提高市场主体创新能力，促进科学技术进步和经济社会发展。知识产权具有无形性、排他性、地域性以及时间性等特征。我国《民法典》规定的知识产权保护的客体主要有：①作品；②发明、实用新型、外观设计；③商标；④地理标志；⑤商业秘密；⑥集成电路布图设计；⑦植物新品种等。

3.1.1 专利权

专利权是国家根据发明人或申请人的申请，以向社会公开发明创造的内容，以及发明创造对社会具有法律规定的利益为前提，根据法定程序在一定期限内授予发明人或设计人的一种排他性权利。

3.1.1.1 专利权的对象

我国《专利法》将发明、实用新型和外观设计列为保护对象，相应地，专利类型包括发明专利、实用新型专利以及外观设计专利。

发明，是指对产品、方法或者其改进提出的新的技术方案。《专利法》上的发明要满足以下条件：①必须是正确利用自然规律的结果；②必须是一种技术方案；③必须能够较为稳定地重复实施。

实用新型，是指对产品的形状、构造或者其结合所提出的适于实用的新的技术方案。其具有两个特征：①实用新型是具有一定的形状或构造的产品；②实用新型的形状、构造或组合能够解决技术问题。实用新型在技术创造性要求上低于发明，又称为“小发明”。

外观设计，是指对产品的整体或者局部的形状、图案或者其结合以及色彩与形状、图案的结合所作出的富有美感并适于工业应用的新设计。外观设计具有以下三个特征：①是对工业产品外观整体或局部的设计；②是对产品形状、图案和色彩的设计；③必须富有美感。外观设计与发明和实用新型的本质区别在于：外观设计并不需要解决任何技术问题，只需要能够使产品美观，对消费者产生吸引力。

3.1.1.2 专利权取得的条件

授予专利权的发明和实用新型，应当具备新颖性、创造性和实用性。新颖性，是指该发明或者实用新型不属于现有技术，也没有任何单位或者个人就同样的发明或者实用新型在申请日以前向国务院专利行政部门提出过申请，并记载在申请日以后公布的专利申请文件或者公告的专利文件中。创造性，是指与现有技术相比，该发明具有突出的实质性特点和显著的进步，该实用新型具有实质性特点和进步。实用性，是指该发明或者实用新型能够制造或者使用，并且能够产生积极效果。

授予专利权的外观设计需要满足两个条件：新颖性和明显区别性。新颖性，是指该设计不属于现有设计，也没有任何单位或者个人就同样的外观设计在申请日以前向国务院专利行政部门提出过申请，并记载在申请日以后公告的专利文件中。明显区别性，是指该设计与现有设计或者现有设计特征的组合相比，应当具有明显区别。

依据《专利法》和《专利法实施细则》的规定，对以下各项内容不授予专利权：一是违反公众利益和社会道德的发明；二是违反法律、行政法规的规定获取或者利用遗传资源，并依赖该遗传资源完成的发明创造；三是某些特定的技术主题（包括科学发现，智力活动的规则和方法，疾病的诊断和治疗方法，动物和植物品种，原子核变换方法以及用原子核变换方法获得的物质，对平面印刷品的图案、色彩或者二者的结合作出的主要起标识作用的设计）。

专利权的取得需要由申请人按照形式要件提出申请，由国务院专利行政部门对申请进行审查且满足法定条件。我国《专利法》针对不同专利类型采取了不同的审查制度。

对于发明专利采用“早期公开、延迟审查”制，而对实用新型和外观设计则采用形式审查制。

3.1.1.3 专利权的内容与保护期限

发明和实用新型专利权被授予后，产品专利权利人享有专利产品的制造、使用、许诺销售、销售和进口的权利；方法专利权利人享有方法的使用权，以及依专利方法直接获得的产品的使用、许诺销售、销售、进口权。

外观设计专利权被授予后，外观设计专利权利人享有该产品外观设计的制造权、许诺销售权、销售权和进口权。

发明专利权的期限为 20 年，实用新型专利权的期限为 10 年，外观设计专利权的期限为 15 年，均自申请日起计算。

3.1.2 商业秘密

商业秘密是知识产权中比较特殊的客体，我国对商业秘密的保护着重于特定侵害商业秘密行为的规制。

3.1.2.1 商业秘密的概念与类型

依据《中华人民共和国反不正当竞争法》(以下简称《反不正当竞争法》)第九条第四款的规定，商业秘密是指不为公众所知悉、具有商业价值并经权利人采取相应保密措施的技术信息、经营信息等商业信息。

技术信息是指与技术有关的结构、原料、组分、配方、材料、样品、样式、植物新品种繁殖材料、工艺、方法或其步骤、算法、数据、计算机程序及其有关文档等信息，包括但不限于设计、程序、公式、产品配方、制作工艺、制作方法、研发记录、实验数据、技术诀窍、技术图纸、编程规范、计算机软件源代码和有关文档等信息。

经营信息是指与经营活动有关的创意、管理、销售、财务、计划、样本、招投标材料、客户信息、数据等信息，包括但不限于管理诀窍、客户名单、员工信息、货源情报、产销策略、财务数据、库存数据、战略规划、采购价格、利润模式、招投标中的标底及标书内容等信息。

3.1.2.2　商业秘密的保护条件

受法律保护的商业秘密应当具备秘密性、价值性和保密性三个构成要件。

（1）秘密性

商业秘密的秘密性是指技术信息或经营信息必须是非公开的，不为公众所知悉，权利人通过采取保密措施，使其他人通过正当方法无法获取或探明。

（2）价值性

商业秘密的价值性是指商业秘密通过现在的或者将来的使用，能够给所有人带来现实的或潜在的经济利益。

（3）保密性

合理有效的保密措施是商业秘密的秘密性和价值性存在的基础。

3.1.2.3　商业秘密的保护内容与保护期限

《反不正当竞争法》规定了以下四类侵害商业秘密的行为：

（1）非法获取商业秘密的行为

主要是指以盗窃、贿赂、欺诈、胁迫、电子侵入或者其他不正当手段获取权利人的商业秘密。

（2）非法泄露商业秘密的行为

主要是指通过合法或非法途径掌握或知晓商业秘密后，出于竞争或其他动机，未经授权泄露他人秘密的行为。

（3）擅自使用或允许他人使用以不正当手段获取的商业秘密的行为

主要是指披露、使用或者允许他人使用以不正当手段获取的权利人的商业秘密；违反保密义务或者违反权利人有关保守商业秘密的要求，披露、使用或者允许他人使用其所掌握的商业秘密。

（4）其他侵害商业秘密的行为

主要是指教唆、引诱、帮助他人违反保密义务或者违反权利人有关保守商业秘密的要求，获取、披露、使用或者允许他人使用权利人的商业秘密。

商业秘密保护期限没有限制，只要商业秘密的三个构成要件一直满足，权利人可以一直获得商业秘密保护。

3.1.3 著作权

著作权是指自然人、法人或者其他组织对文学、艺术和科学作品享有的财产权利和精神权利的总称。

3.1.3.1 著作权的保护对象

著作权的保护对象是作品。根据我国《著作权法》第三条的规定，作品是指文学、艺术和科学领域内具有独创性并能以一定形式表现的智力成果。《著作权法》规定的作品类型有以下几类：①文字作品；②口述作品；③音乐、戏剧、曲艺、舞蹈、杂技艺术作品；④美术、建筑作品；⑤摄影作品；⑥视听作品；⑦工程设计图、产品设计图、地图、示意图等图形作品和模型作品；⑧计算机软件；⑨符合作品特征的其他智力成果。

3.1.3.2 著作权的取得

我国《著作权法》对保护的作品要求满足三个要件：①文学、艺术和科学领域内的智力成果；②能以一定形式表现，即能被他人客观感知的作者思想的外在表达；③必须具有独创性，即作品必须是作者独立完成并且具有最低限度的创造性。

我国《著作权法》实行的是自动取得原则，作品创作完成之后，无须履行任何手续，即可取得著作权。同时，国家版权局对作品实行自愿登记制度，鼓励作品进行登记。这种作品登记不是取得著作权的法定条件，仅具有初步证据的作用。

3.1.3.3 著作权的权利内容与保护期限

著作权的内容既包括著作财产权，也包括著作人身权。

著作财产权包括：①复制权；②发行权；③出租权；④展览权；⑤表演权；⑥放映权；⑦广播权；⑧信息网络传播权；⑨摄制权；⑩改编权；⑪翻译权；⑫汇编权等。自然人的作品，著作财产权保护期为作者终生及其死亡后 50 年。法人或者非法人组织的作品，著作权（署名权除外）由法人或者非法人组织享有的职务作品，著作财产权保护期为 50 年。视听作品的著作财产权保护期为 50 年。

著作人身权包括：①发表权；②署名权；③修改权；④保护作品完整权等。除发表权外，其他著作人身权的保护期不受限制。

3.1.4　商标权

商标权是指民事主体享有的在特定的商品或服务上以区分来源为目的排他性使用特定标志的权利。

3.1.4.1　商标权的保护对象

商标权的保护对象是商标。商标是商品或服务的提供者为了将自己的商品或服务与他人提供的同种或类似商品或服务相区别而使用的标记。

商标包括商品商标和服务商标。商品商标，用于识别商品提供者，可进一步分为制造商标和销售商标。服务商标，用于识别服务提供者。

商标还可以分为集体商标和证明商标。集体商标，是指以团体、协会或者其他组织名义注册，供该组织成员在商事活动中使用，以表明使用者在该组织中的成员资格的标志。证明商标，是指由对某种商品或者服务具有监督能力的组织所控制，而由该组织以外的单位或者个人用于其商品或者服务，用以证明该商品或者服务的原产地、原料、制造方法、质量或者其他特定品质的标志。

3.1.4.2　商标权的取得

自然人、法人或者其他组织在生产经营活动中，对其商品或者服务需要取得商标专用权的，应当向商标局申请商标注册。经商标局核准注册的商标为注册商标，商标注册人享有商标专用权，受法律保护。

根据《中华人民共和国商标法》（以下简称《商标法》）的规定，商标注册应当满足合法性、显著性、非功能性以及不与他人在先权利和权益相冲突四个要件。

（1）合法性

其一是商标标识的构成要素符合法律规定。我国《商标法》第八条规定，我国商标构成要素既可以是可视性标志（如文字、图形、字母、数字、三维标志、颜色组合），也可以是可听性标志（如声音）。

其二是商标标识的构成要素不能是法律规定不得作为商标使用的标志。我国《商标法》第十条第一款规定了以下标志不得作为商标使用：①同中华人民共和国的国家名称、国旗、国徽、国歌、军旗、军徽、军歌、勋章等相同或者近似的，以及同中央国家机关的名称、标志、所在地特定地点的名称或者标志性建筑物的名称、图形相同的；②同外国的国家名称、国旗、国徽、军旗等相同或者近似的，但经该国政府同意的除外；③同政府间国际组织的名称、旗帜、徽记等相同或者近似的，但经该组织同意或者不易误导公众的除外；④与表明实施控制、予以保证的官方标志、检验印记相同或者近似的，但经授权的除外；⑤同“红十字”“红新月”的名称、标志相同或者近似的；⑥带有民族歧视性的；⑦带有欺骗性，容易使公众对商品的质量等特点或者产地产生误认的；⑧有害于社会主义道德风尚或者有其他不良影响的。

（2）显著性

商标的显著性是指商标能将使用人的商品与他人的商品或服务区别开来。《商标法》第十一条规定了不得作为商标注册的标志，包括三类：①仅有本商品的通用名称、图形、型号的；②仅直接表示商品的质量、主要原料、功能、用途、重量、数量及其他特点的；③其他缺乏显著特征的。前述所列标志经过使用取得显著特征，并便于识别的，可以作为商标注册。

（3）非功能性

具有功能性的标志不能注册为商标。我国《商标法》明确禁止功能性三维标志注册为商标。

（4）不与他人在先权利和权益相冲突

申请商标注册不得损害他人现有的在先权利，也不得以不正当手段抢先注册他人已经使用并有一定影响的商标。

3.1.4.3　商标权的权利内容与保护期限

商标经核准注册之后，注册人取得商标专用权，即商标权人有权在其核定的商品和服务项目上使用其核准注册的商标，未经商标权人许可，任何人不能在同一种或类似的商品与服务上使用与其注册商标相同或者近似的商标。

注册商标的有效期为 10 年，自核准注册之日起计算。注册商标有效期满，需要继续使用的，可以续展，每次续展注册的有效期为 10 年。

3.1.5　其他知识产权

3.1.5.1　集成电路布图设计

集成电路布图设计，是指集成电路中至少有一个是有源元件的两个以上元件和部分或者全部互联线路的三维配置，或者为制造集成电路而准备的上述三维配置。

我国《集成电路布图设计保护条例》规定，布图设计权取得的实质要件是：①由设计人独立创作；②具有一定的创造性，是集成电路行业中的非普通或非常规的设计。布图设计权的取得有形式要件，需经登记取得。

集成电路布图设计权利人享有下列专有权：①复制权，即对受保护的布图设计的全部或者其中任何具有独创性的部分进行复制的权利；②商业实施权，即将受保护的布图设计、含有该布图设计的集成电路或者含有该集成电路的物品投入商业利用，此处的“商业利用”是指为商业目的进口、销售或者以其他方式提供受保护的布图设计、含有该布图设计的集成电路或者含有该集成电路的物品的行为。集成电路布图设计权保护期限为 10 年。

3.1.5.2　植物新品种

植物新品种，是指经过人工培育的或者对发现的野生植物加以开发，具备新颖性、特异性、一致性和稳定性，并有适当命名的植物品种。

我国植物新品种的保护途径主要有两条：一是通过申请生产植物新品种方法的发明

专利权，从而间接保护由所申请的方法直接得到的植物品种（有关方法专利保护的内容见前文“专利权”）；二是通过申请植物新品种权直接保护所申请的植物品种。

国务院农业、林业行政部门按照职责分工共同负责植物新品种权申请的受理和审查，并对符合《植物新品种保护条例》规定的植物新品种授予植物新品种权。申请品种权的植物新品种应当属于国家植物品种保护名录中列举的植物的属或者种。植物品种保护名录由审批机关确定和公布。授予品种权的植物新品种应当具备新颖性、特异性、一致性、稳定性，同时，还应当具备适当的名称，并与相同或者相近的植物属或者种中已知品种的名称相区别。

完成育种的单位和个人对其授权的品种享有排他的独占权，即拥有植物新品种权。植物新品种权的保护期限，自授权之日起，藤本植物、林木、果树和观赏树木为20年，其他植物为15年。

3.1.5.3 地理标志

地理标志是指标示产品来源于某一特定地区，该产品的特定质量、信誉或者其他特征主要由该地区的自然因素或者历史人文因素所决定的标志。地理标志产品是指产自特定地域，所具有的质量、声誉或者其他特性本质上取决于该产地的自然因素、人文因素的产品。地理标志产品包括：①来自本地区的种植、养殖产品；②原材料全部来自本地区或者部分来自其他地区，并在本地区按照特定工艺生产和加工的产品。

目前我国对地理标志的保护有三种保护模式：商标法保护、地理标志产品保护和农产品地理标志保护。商标法保护主要通过注册集体商标或证明商标实现对地理标志的保护。地理标志产品保护和农产品地理标志保护是由原国家质量监督检验检疫总局（机构改革后，相关职责由国家知识产权局行使）和农业农村部依据自己制定的部门规章对地理标志进行的保护，相关部门规章对于发生假冒、仿冒行为时无法提供法律保护，一般只能寻求《反不正当竞争法》保护。

3.1.5.4 数据知识产权

《“十四五”国家知识产权保护和运用规划》提出“研究构建数据知识产权保护规

则"，数据知识产权的权益确认通过数据知识产权登记制度实现。数据知识产权登记具有确认权益的基础功能，并衍生出证明、信息管理、公示的核心功能及促进数据产权形成的延伸功能。

从地方数据知识产权登记实践来看，登记对象的构成要件包括：①依法依规获取；②经过一定规则或者算法处理；③具有实用价值或者商业价值；④处于未公开状态；⑤具有智力成果属性。

同时，数据知识产权登记对象的描述内容可归纳为以下几类：①登记对象的总体情况，包括数据名称、简介、关键词、所属行业；②数据采集加工的处理情况，包括数据来源、采集情况、处理规则；③数据应用场景；④数据本体描述，包括数据格式、结构、数量、更新频率；⑤样例存证公示，存证并公开样例数据。

3.2 知识产权相关的法律法规

3.2.1　专利权相关的法律法规

我国专利权保护相关法律法规呈现体系较为完备、层次分明的特点，在法律层面以《宪法》为根基，有《民法典》和《专利法》作为专利权保护的核心规范，在行政法规层面有《专利法实施细则》《专利代理条例》《国防专利条例》等行政法规作为推进实施专利权保护的重要依据，在规章层面有《专利审查指南》和《药品行政保护条例实施细则》等作为专利权保护规范的重要支撑，在司法解释层面有《最高人民法院关于审理侵犯专利权纠纷案件应用法律若干问题的解释》等作为重要补充（表 3-1）。

表 3-1　我国现行专利权保护的主要法律法规

类别	法律法规
法律类	《民法典》（2020 年颁布）
	《专利法》（1984 年颁布，2020 年最新修订）

续表

类别	法律法规
行政法规类	《专利法实施细则》(2001 年颁布，2023 年最新修订)
	《专利代理条例》(1991 年颁布，2018 年最新修订)
	《国防专利条例》(2004 年颁布)
规章类	《专利审查指南》(2010 年颁布，2023 年最新修订)
	《规范申请专利行为的规定》(2023 年颁布)
	《专利代理管理办法》(2019 年颁布)
	《专利优先审查管理办法》(2017 年颁布)
	《用于专利程序的生物材料保藏办法》(2015 年颁布)
	《发明专利申请优先审查管理办法》(2012 年颁布)
	《专利实施强制许可办法》(2012 年颁布)
	《专利标识标注办法》(2012 年颁布)
	《专利实施许可合同备案管理办法》(2002 年颁布)
	《药品行政保护条例实施细则》(2000 年颁布)
	《专利资产评估管理暂行办法》(1997 年颁布)
司法解释	《最高人民法院关于审理申请注册的药品相关的专利权纠纷民事案件适用法律若干问题的规定》
	《最高人民法院关于审理侵犯专利权纠纷案件应用法律若干问题的解释(二)》
	《最高人民法院关于审理侵犯专利权纠纷案件应用法律若干问题的解释》

2020 年 10 月 17 日，第十三届全国人大常委会第二十二次会议通过《关于修改〈中华人民共和国专利法〉的决定》,《专利法》完成了第四次修正，在保护专利权人的合法权益、鼓励发明创造、推动发明创造的应用、提高创新能力、促进科学技术进步和经济社会发展方面有了更高的治理效能。《专利法》第四次修正的内容主要包括以下三个方面。

一是加强对专利权人合法权益的保护。首先，加大对侵犯专利权的赔偿力度。比如对故意侵犯专利权，情节严重的，可以在按照权利人受到的损失、侵权人获得的利益或者专利许可使用费倍数计算的数额一到五倍内确定赔偿数额。其次，完善举证责任，完善专利行政执法。再次，明确网络服务提供者对网络侵权的连带责任。比如，规定网络服务提供者未及时采取必要措施的，要承担连带责任。最后，明确诚实信用和禁止权利滥用原则。比如，申请专利和行使专利权应当遵循诚实信用原则，不得滥用专利权损害公共利益和他人合法权益或者排除、限制竞争等。

二是促进专利实施和运用。这部分内容包括三个方面：①明确单位对职务发明创造的处置权；②加强专利转化服务；③新设专利开放许可制度。

三是完善专利授权制度。首先，新设外观设计专利申请国内优先权制度。比如规定了申请人自外观设计在国内第一次提出专利申请之日起六个月内，又就相同主题在国内提出专利申请的，可以享有优先权。其次，优化要求优先权程序，放宽专利申请人提交第一次专利申请文件副本的时限。最后，延长外观设计专利权保护期。适应我国加入《海牙协定》的需要，将外观设计专利权的保护期由 10 年延长至 15 年。

3.2.2　商业秘密相关的法律法规

我国的商业秘密保护以《宪法》为根基，以《反不正当竞争法》为核心，以《民法典》和《刑法》为前提，以及《促进科技成果转化法》等法律、《技术进出口管理条例》《技术引进合同管理条例》等行政法规和《最高人民法院关于审理不正当竞争民事案件应用法律若干问题的解释》等司法解释为补充（表 3-2）。

表 3-2　我国现行商业秘密保护的主要法律法规

类别	法律法规
法律类	《中华人民共和国刑法》（1997 年颁布，2023 年最新修订）
	《民法典》（2020 年颁布）
	《反不正当竞争法》（1993 年颁布，2019 年最新修订）
规章类	《中央企业商业秘密保护暂行规定》（2010 年颁布）
	《关于禁止侵犯商业秘密行为的若干规定》（1995 年颁布，1998 年最新修订）
司法解释	《最高人民法院关于审理侵犯商业秘密民事案件适用法律若干问题的规定》

2019 年 4 月 23 日，我国对 2017 年修正的《反不正当竞争法》进行了最新修改。其中涉及商业秘密规定修改的内容包括以下内容：①在第九条第一款第一项禁止通过不正当手段获取商业秘密的方式中，与 2017 年修正的相比，明确列举了“电子侵入方式”；②第九条第一款增加一项关于教唆侵权、帮助侵权的规定，即“教唆、引诱、帮助他人违反保密义务或者违反权利人有关保守商业秘密的要求，获取、披露、使用或者允许他人使用权利人的商业秘密”；③第九条增加一款除经营者外其他主体侵犯商业秘密的规定，即“经营者以外的其他自然人、法人和非法人组织实施前款所列违法行为的，视为侵犯商业秘密”；④拓展了商业秘密的范围；⑤增加了规定商业秘密侵权纠纷案件附条件的举证责任倒置的条款。

3.2.3 著作权相关的法律法规

我国著作权保护体系较为完备，覆盖法律、行政法规、规章以及司法解释四大类（表 3-3）。在法律维度，以《宪法》为根基,《民法典》和《著作权法》构成了著作权保护的核心规范；在行政法规维度，有《著作权法实施条例》《计算机软件保护条例》《信息网络传播权保护条例》等规定；在规章维度，有《使用文字作品支付报酬办法》《教科书法定许可使用作品支付报酬办法》《著作权行政处罚实施办法》等部门规章；在司法解释维度，最高人民法院共有三部关于著作权保护相关的司法解释。

表 3-3　我国现行著作权保护的主要法律法规

类别	法律法规
法律类	《民法典》（2020 年颁布）
	《著作权法》（1990 年颁布，2020 年最新修订）
行政法规类	《实施国际著作权条约的规定》（1992 年颁布，2020 年最新修订）
	《著作权法实施条例》（2002 年颁布，2013 年最新修订）
	《计算机软件保护条例》（2001 年颁布，2013 年最新修订）
	《信息网络传播权保护条例》（2006 年颁布，2013 年最新修订）
	《著作权集体管理条例》（2004 年颁布，2013 年最新修订）
	《广播电台电视台播放录音制品支付报酬暂行办法》（2009 年颁布，2011 年最新修订）

续表

类别	法律法规
规章类	《以无障碍方式向阅读障碍者提供作品暂行规定》（2022 年颁布）
	《使用文字作品支付报酬办法》（2014 年颁布）
	《教科书法定许可使用作品支付报酬办法》（2013 年颁布）
	《著作权行政处罚实施办法》（2009 年颁布）
	《互联网著作权行政保护办法》（2005 年颁布）
	《计算机软件著作权登记办法》（2002 年颁布）
	《著作权质权登记办法》（2010 年颁布）
	《作品自愿登记试行办法》（1994 年颁布）
	《录音法定许可付酬标准暂行规定》（1993 年颁布）
司法解释	《最高人民法院关于审理侵害信息网络传播权民事纠纷案件适用法律若干问题的规定》
	《最高人民法院关于审理涉及计算机网络著作权纠纷案件适用法律若干问题的解释》
	《最高人民法院关于审理著作权民事纠纷案件适用法律若干问题的解释》

2020 年 11 月 11 日，第十三届全国人民代表大会常务委员会第二十三次会议通过了《关于修改〈中华人民共和国著作权法〉的决定》，这是我国《著作权法》第三次修订。本次修订的主要内容包括以下三个方面：①根据实践发展需要修改有关概念表述和新增制度措施，如将“电影作品和以类似摄制电影的方法创作的作品”修改为“视听作品”等；②加大著作权执法力度和对侵权行为的处罚力度，如对于侵权行为情节严重的，可以适用赔偿数额一倍以上五倍以下的惩罚性赔偿，将法定赔偿额上限由五十万元提高到五百万元等；③加强与其他法律的衔接，落实我国近年来加入的有关国际条约义务，如将“公民”修改为“自然人”，将“其他组织”修改为“非法人组织”以及删去违约责任、诉讼权利和保全等条款，增加“当事人因不履行合同义务或者履行合同义务不符合约定而承担民事责任，以及当事人行使诉讼权利、申请保全等，适用有关法律的规定”的衔接性条款。

3.2.4　商标权保护相关的法律法规

我国商标权保护相关法律法规以《宪法》为根基，以《民法典》和《商标法》为核心，在行政法规层面主要是《中华人民共和国商标法实施条例》（以下简称《商标法实施条例》）。商标权保护相关的规章类法律法规较多，如《商标代理监督管理规定》《集体商标、证明商标注册和管理规定》《商标审查审理指南》等（表3-4）。

表3-4　我国现行商标权保护的主要法律法规

类别	法律法规
法律类	《民法典》（2020年修订）
	《商标法》（1982年颁布，2019年最新修订）
行政法规类	《商标法实施条例》（2002年颁布，2014年最新修订）
规章类	《集体商标、证明商标注册和管理规定》（2023年颁布）
	《商标代理监督管理规定》（2022年颁布）
	《商标审查审理指南》（2021年颁布）
	《注册商标专用权质押登记程序规定》（2020年颁布）
	《驰名商标认定和保护规定》（2014年颁布）
	《商标评审规则》（1995年颁布，2014年最新修订）
	《商标印制管理办法》（2004年颁布，2020年最新修订）
司法解释	《最高人民法院关于商标法修改决定施行后商标案件管辖和法律适用问题的解释》
	《最高人民法院关于审理涉及驰名商标保护的民事纠纷案件应用法律若干问题的解释》
	《最高人民法院关于审理注册商标、企业名称与在先权利冲突的民事纠纷案件若干问题的规定》
	《最高人民法院关于审理商标民事纠纷案件适用法律若干问题的解释》

2019年4月23日，第十三届全国人民代表大会常务委员会第十次会议通过了《关于修改〈中华人民共和国商标法〉等八部法律的决定》，这是我国《商标法》第四次修改，本次修改的内容包括以下三个方面：①加强对恶意注册商标行为的规制，比如增强商标使用义务，增加“不以使用为目的的恶意商标注册申请，应当予以驳回”的规定；②提高了侵权赔偿数额，比如将恶意侵犯商标专用权的侵权赔偿数额计算倍数由一倍以上三倍以下提高到一倍以上五倍以下，并将商标侵权法定赔偿数额上限从三百万元提高

到五百万元；③严厉打击假冒注册商标行为，比如规定在审理商标纠纷案件中，人民法院根据权利人的请求，可以责令销毁假冒注册商标的商品以及主要用于制造假冒注册商标的商品的材料、工具；假冒注册商标的商品不得在仅去除假冒注册商标后进入商业渠道。

3.2.5　其他知识产权保护相关的法律法规

对于集成电路布图设计、植物新品种等其他知识产权的保护，在法律层面主要有《反垄断法》《种子法》等，在行政法规层面主要有《集成电路布图设计保护条例》《植物新品种保护条例》等，在规章层面有《集成电路布图设计保护条例实施细则》《植物新品种保护条例实施细则（农业部分）》《地理标志产品保护办法》等。

3.3　知识产权管理

3.3.1　高校知识产权管理

高校是科技创新的重要主体，知识产权管理是高校创新管理的重要组成部分，也是高校科技成果转化的关键环节。2016 年国家标准化委员会发布的《高等学校知识产权管理规范》（GB/T 33251—2016）从知识产权相关文件管理、组织管理、资源管理、知识产权获取、知识产权运用和知识产权保护等方面对高校知识产权管理进行了详细的规定。

3.3.1.1　高校知识产权管理的目标及范围

高校知识产权管理的主要目标为有效保护高等学校知识产权，鼓励广大教职员工和学生发明创造和智力创作的积极性，发挥高等学校的智力优势，以促进科技成果产业化。高校知识产权管理中知识产权的范围包括以下类别：①专利权；②商标权；③商业秘密；④著作权及其邻接权；⑤高校的校标和各种服务标记；⑥依照国家法律、法规规定或者依法由合同约定由高等学校享有或持有的其他知识产权。

3.3.1.2 高校知识产权文件管理

知识产权文件形成于高校知识产权管理全过程，既可以是纸质文档，也可以是电子文档或音像材料，其具体类型包括：①知识产权组织管理相关文件；②人力资源、财务资源、基础设施、信息资源管理过程中的知识产权文件；③知识产权获取、运用、保护等文件；④知识产权相关的记录文件、外来文件。其中外来文件又包括法律法规、行政决定、司法判决、律师函件四类。

知识产权文件是高校实施知识产权管理的直接依据，对知识产权文件的管理和控制原则主要包括：①在发布前经过法定的程序审核和批准；②文件内容表述明确、完整；③保管方式和保管期限明确；④按文件类别、秘密级别进行管理，易于识别、取用和阅读；⑤对因特定目的需要保留的失效文件予以标记。

3.3.1.3 高校知识产权组织管理

根据《高等学校知识产权管理规范》高校知识产权组织管理是多维的，是涵盖从校长（院长）、管理委员会、管理机构、服务支撑机构、学院、项目组和知识产权顾问的综合性体系。

校长（院长）是高校知识产权管理的第一责任人，具有多项职能。首先，校长（院长）能够批准和发布高等学校知识产权目标、知识产权政策、规划。其次，能够审核或在其职责范围内决定知识产权重大事务，明确知识产权管理职责和权限，确保有效沟通。最后，校长（院长）还需要确保知识产权管理的保障条件和资源配备等。

高校可以成立由最高管理层参与的知识产权管理委员会，全面负责知识产权管理事务。它具有以下职责：①拟定与高等学校科学研究、社会服务、人才培养、文化传承创新相适应的知识产权长期、中期和短期目标；②审核知识产权政策、规划，并监督执行情况；③建立知识产权绩效评价体系，将知识产权作为高等学校绩效考评的评价指标之一；④提出知识产权重大事务决策议案；⑤审核知识产权重大资产处置方案；⑥统筹协调知识产权管理事务等。

高校还可以成立专门的知识产权管理机构，配备专职工作人员。高校知识产权管理机构承担以下 8 项职责：①拟定知识产权工作规划并组织实施；②拟定知识产权政策文件并组织实施，包括知识产权质量控制、知识产权运用的策划与管理等；③提出知识产权绩效评价体系的方案；④建立专利导航工作机制，参与重大科研项目的知识产权布局；⑤建立知识产权资产清单和知识产权资产评价及统计分析体系，提出知识产权重大资产处置方案；⑥审查合同中的知识产权条款，防范知识产权风险；⑦培养、指导和评价知识产权专员；⑧负责知识产权日常管理，包括知识产权培训，知识产权信息备案，知识产权外部服务机构遴选、协调、评价工作等。

高校可以建立知识产权服务支撑机构，将其设在图书馆等高等学校负责信息服务的部门，或聘请外部服务机构。知识产权服务支撑机构主要承担以下 5 项职责：①受知识产权管理机构委托，提供知识产权管理工作的服务支撑；②为知识产权重大事务、重大决策提供服务支撑；③开展重大科研项目专利导航工作，依需为科研项目提供知识产权服务支持；④受知识产权管理机构委托，建设、维护知识产权信息管理平台，承担知识产权信息利用培训和推广工作；⑤承担知识产权信息及其他数据文献情报收集、整理、分析工作。

高校知识产权管理不仅在校级层面要设置管理机构，更要在微观层面推进知识产权管理工作。在学院维度，高校各学院知识产权管理人员，协助院系、科研机构负责人进行知识产权日常管理；在具体的项目组维度，要明确项目组长、知识产权专员（顾问）的职责，要组织知识产权管理措施的实施，开展专利导航，定期报告科研项目的知识产权情况等。

3.3.1.4　高校知识产权资源管理

人力资源管理是高校知识产权资源管理的核心内容，包括人事合同、培训、激励与评价以及学生管理。在人事合同方面，应当在合同中明确知识产权相关内容，比如在劳动合同、聘用合同、劳务合同等各类合同中约定知识产权权属、奖励报酬、保密义务等。在培训方面，需要制订知识产权培训计划，组织科研人员、知识产权管理相关人员进行培训。在激励与评价方面，要建立符合知识产权工作特点的职称评定、岗位管理、考核评价制度，将知识产权工作状况作为对相关院系、科研机构及教职员工进行评价、科研资金支持的重要内容和依据之一。同时，建立职务发明奖励报酬制度，依法对发明人给予奖励和报酬，对为知识产权运用作出重要贡献的人员给予奖励。在学生管理方面，要加强学生的知识产权管理培训，增强学生的知识产权意识，同时可以面向学生开设知识产权相关课程。

财务资源是高校知识产权管理的重要支撑，要求在高校设立经常性预算费用。该预算费用可用于知识产权检索、分析、评估、申请、注册、登记、维持等活动，支撑知识产权管理机构运行，推进知识产权管理信息化，以及开展知识产权培训等工作。

加强基础设施建设是推进高校知识产权管理的重要保障。它包括三方面内容：一是在采购实验设备、软件、用品、耗材时明确知识产权条款，在处理实验用过物品时进行相应的知识产权检查，避免侵犯知识产权；二是国家重大科研基础设施和大型科研仪器向社会开放时，应保护用户身份信息以及在使用过程中形成的知识产权和科学数据，要求用户在发表著作、论文等成果时标注利用科研设施仪器的情况；三是明确可能造成泄密的设备，规定使用目的、人员和方式，明确涉密区域，规定参访人员的活动范围等。

此外，高校知识产权管理还需要建立知识产权信息管理系统，并明确信息资源的知识产权管理。首先，要建立信息收集渠道，及时获取知识产权信息。其次，根据管理需要对知识产权信息进行分类筛选和分析加工，并加以有效利用。再次，明确涉密信息，规定保密等级、期限和传递、保存、销毁的要求。最后，建立信息披露的知识产权审查机制，避免出现侵犯知识产权或造成知识产权流失的情况。

3.3.1.5 高校知识产权获取管理

高校知识产权获取管理分为两类：一类是人文社会科学类项目的知识产权获取管理，主要涉及创作过程中产生的职务作品的著作权管理；另一类是自然科学类科研项目的知识产权获取管理，包括选题、立项、实施和结题阶段的管理。

技术经理人需要掌握的主要是自然科学类科研项目的知识产权管理。

（1）选题阶段

在选题阶段，需要建立信息收集渠道，获取拟研究选题的知识产权信息，对信息进行分类筛选和分析加工，把握技术发展趋势，确定研究方向和重点。

（2）立项阶段

在立项阶段，技术经理人需要协助进行专利信息、文献情报分析，确定研究技术路线，提高科研项目立项起点，识别科研项目知识产权需求，进行知识产权风险评估，确定知识产权目标。

（3）科研项目合同签订阶段

在签订科研项目合同时，明确知识产权归属、使用处置、收益分配等条款，并对项目组人员进行培训。必要时可与项目组人员签订知识产权协议，明确保密条款。如果是重大科研项目，还应明确专人负责专利信息、文献情报分析工作。

（4）实施阶段

在实施阶段，需要做到以下六点：①跟踪科研项目研究领域的专利信息、文献情报，适时调整研究方向和技术路线；②及时建立、保持和维护科研过程中的知识产权记录文件；③项目组成员在发布与本科研项目有关的信息之前，应经项目组负责人审查；④使用其他单位管理的国家重大科研基础设施和大型科研仪器时，应约定保护身份信息以及在使用过程中形成的知识产权和科学数据等内容；⑤及时评估研究成果，确定保护方式，适时形成知识产权；⑥对于有重大市场前景的科研项目，应以运用为导向，做好专利布局、商业秘密保护等。

（5）结题阶段

在结题阶段，首先，技术经理人应提交科研项目成果的知识产权清单，包括但不限于专利、文字作品、图形作品和模型作品、植物新品种、计算机软件、商业秘密、集成电路布图设计等。其次，依据科研项目知识产权需求和目标，形成科研项目知识产权评价报告。最后，根据技术市场实况，提出知识产权运用建议。

3.3.1.6　高校知识产权运用管理

高校知识产权运用管理主要包括四方面：分级管理、策划推广、许可和转让、作价投资。

（1）分级管理

在分级管理方面，要基于知识产权价值分析，建立分级管理机制。结合项目组建议，从法律、技术、市场维度对知识产权进行价值分析，形成知识产权分级清单。最后根据分级清单确定不同级别知识产权的处置方式与状态控制措施。

（2）策划推广

在策划推广方面，要加强高校知识产权的策划推广，包括：①基于分级清单，对于有转化前景的知识产权，评估其应用前景，包括潜在用户、市场价值、投资规模等；②评估转化过程中的风险，包括权利稳定性、市场风险等；③根据应用前景和风险的评估结果，综合考虑投资主体、权利人的利益，制定转化策略；④通过展示、推介、谈判等建立与潜在用户的合作关系；⑤结合市场需求，进行知识产权组合并推广；⑥鼓励利用知识产权创业。

（3）许可和转让

在许可和转让方面，首先，要在许可或转让前确认知识产权的法律状态及权利归属，确保相关知识产权的有效性。其次，调查被许可方或受让方的实施意愿，防止恶意申请许可与购买行为。最后，许可或转让应签订书面合同，明确双方的权利和义务。

（4）作价投资

在作价投资方面，主要有三点需要注意：一是需要做好尽职调查，调查合作方的经济实力、管理水平、生产能力、技术能力、营销能力等实施能力；二是对知识产权进行价值评估，提高知识产权投资收益；三是明确受益方式和分配比例，减少投资后利益分配纠纷引发的知识产权风险。

3.3.2 企业知识产权管理

企业知识产权管理属于企业管理范畴，是为规范企业知识产权工作，充分发挥知识产权制度在企业发展中的重要作用，促进企业自主创新和形成自主知识产权，推动企业强化对知识产权的有效开发、保护、运营而对企业知识产权进行的有计划的组织、协调、谋划和利用活动。根据我国知识产权管理领域首个国家标准《企业知识产权管理规范》(GB/T 29490—2013)，知识产权管理应重点关注五个方面。

3.3.2.1　企业知识产权管理的原则

企业知识产权管理应坚持以下指导原则：①战略导向：统一部署经营发展、创新创造和知识产权战略，使三者互相支撑、相互促进；②领导重视：最高管理者的支持和参与是知识产权管理的关键，最高管理者全面负责知识产权管理，确保知识产权合规义务得到履行；③全员参与：知识产权涉及企业各业务领域和环节，所有人员应遵守知识产权合规义务；④全程管理：企业在产品或服务的全生命周期开展知识产权管理，全过程履行知识产权合规义务，防范知识产权风险，实现知识产权价值。

3.3.2.2　企业知识产权获取

企业应当建立高效的知识产权获取机制。首先，根据知识产权目标，制订不同类型的知识产权获取计划，明确获取途径。其次，企业要确保所获取的知识产权的数量和类型与企业的经营和发展相适应。再次，通过受让、许可等途径获取知识产权，应当在获取之前开展知识产权尽职调查，评价知识产权的价值和权利的稳定性。最后，企业应当保留有关知识产权获取的成文信息，并实施有效的管理。

3.3.2.3　企业知识产权维护

企业知识产权维护包括以下七个方面：①建立知识产权分类管理档案，进行日常维护；②关注知识产权权属变更与放弃；③企业应进行知识产权相关会计信息披露；④建立知识产权会计核算档案，有条件的企业定期对知识产权的成本和产出效益进行核算；⑤对涉及知识产权的产品或服务的资料加以妥善保管；⑥对企业知识产权实行分级管理；⑦保留有关知识产权维护的流程信息，并实施有效的管理。

3.3.2.4　企业知识产权运用

企业知识产权运用包括知识产权的实施和使用、知识产权的许可和转让、知识产权投融资、企业重组以及标准化五个方面。

（1）知识产权的实施和使用

在知识产权的实施和使用方面，应重点关注以下四点：①积极开展实施场景、成熟度、所需配套条件等方面的调查，对于已实施和使用的知识产权，企业可评估知识产权对企业的贡献；②被许可实施知识产权时，应清楚许可实施的类型，在相应的范围内实施；③明确知识产权实施和使用的管理要求，建立实施和使用的管理过程，监控知识产权的合规实施和使用；④对知识产权（专利）密集型产品进行备案管理。

（2）知识产权的许可和转让

在知识产权的许可和转让方面，应重点关注以下三方面的内容：①许可和转让前，应当制订许可或转让方案，并履行审查、备案或登记程序，适当时可自由进行知识产权开放许可；②知识产权进行许可时，对许可使用中的增值部分可以进行预先评估或约定权属；③国有企业的知识产权，在转让时应遵循国有资产的管理规定，避免造成国有资产流失。

（3）知识产权投融资

在投融资方面，应注意以下两方面的内容：①开展投融资活动前，对投融资活动对象涉及的知识产权开展尽职调查，评估其风险和价值；②在境外投资前，针对相关知识产权法律、政策及其执行情况，进行风险分析和排除。

（4）企业重组

在企业重组方面，应注意以下两方面的内容：①企业重组并购前，开展知识产权尽职调查，并进行知识产权评估；②在企业出售或剥离资产前，对相关知识产权开展调查和评估，分析相关知识产权对企业未来竞争力的影响。

（5）标准化

在标准化方面，应注意以下两方面的内容：①企业参与标准化组织前，了解该组织的知识产权政策，在将包含专利和专利申请的技术方案向标准化组织提案时，按照知识产权政策要求披露并作出许可承诺；②牵头制定标准时，组织制定标准工作组的知识产权政策和工作程序。

3.3.2.5　企业知识产权保护

企业知识产权保护包括风险管理和争议处理两部分。

（1）风险管理

风险管理需要关注的内容有：①采取措施避免或降低生产经营活动中所涉及的设备、软件、作品和 / 或作品元素侵犯他人知识产权的风险；②定期监控产品及工艺可能涉及他人知识产权的状况，分析可能发生的纠纷及其对企业的损害程度，提出防范与应对预案；③将知识产权纳入企业风险管理范围，对知识产权风险进行识别、分析和监测，采取相应风险控制措施；④提出涉密人员、涉密载体、涉密设备、涉密区域、涉密信息的管理要求，并按要求开展商业秘密管理工作；⑤对外信息披露前，开展必要的知识产权合规、保密审查，并保留成文信息。

（2）争议处理

争议处理需要关注的内容有：①及时发现和监控知识产权被侵犯的情况，适时提出应对方案，运用自力救济、行政和司法救济等途径保护知识产权；②在处理知识产权纠纷时，评估通过协商、诉讼、仲裁、调解等不同处理方式对企业的影响，选取适宜的争议解决方式。

3.4　知识产权的风险识别和控制

3.4.1　知识产权的风险识别

知识产权的转移是科技成果转化项目中重要的一环，知识产权是否有效、权属是否清晰、许可是否完整、权利是否稳定都关系到整个项目能否顺利进行。因此，知识产权风险主要包括知识产权权属风险、知识产权许可风险和知识产权侵权风险。

3.4.1.1 知识产权权属风险

知识产权权属清晰且明确是其能够顺利转移转化的前提。知识产权权属不清易引发纠纷，构成阻碍科技成果转化的重要风险。知识产权原则上归属于对该智力产品的创造作出实质性贡献的人，即不同的智力成果创造行为影响了知识产权权属划分。依据智力成果创造行为的不同，知识产权权属风险主要有合作行为中的权属风险、委托行为中的权属风险、职务行为中的权属风险、国家资助行为中的权属风险以及知识产权转移行为中的权属风险五大类。

（1）合作行为中的知识产权权属规定及风险

合作行为中的知识产权权属相关法律规定见表 3-5。

表 3-5 合作行为中的知识产权权属相关法律规定

相关法律	条款	具体内容
《专利法》	第八条	两个以上单位或者个人合作完成的发明创造，除另有协议的以外，申请专利的权利属于完成或者共同完成的单位或者个人；申请被批准后，申请的单位或者个人为专利权人
	第十四条	专利申请权或者专利权的共有人对权利的行使有约定的，从其约定。没有约定的，共有人可以单独实施或者以普通许可方式许可他人实施该专利；许可他人实施该专利的，收取的使用费应当在共有人之间分配。除此之外，行使共有的专利申请权或者专利权应当取得全体共有人的同意
《著作权法》	第十四条第一款	两人以上合作创作的作品，著作权由合作作者共同享有。没有参加创作的人，不能成为合作作者
《计算机软件保护条例》	第十条	由两个以上的自然人、法人或者其他组织合作开发的软件，其著作权的归属由合作开发者签订书面合同约定
《集成电路布图设计保护条例》	第十条	两个以上自然人、法人或者其他组织合作创作的布图设计，其专有权的归属由合作者约定；未作约定或者约定不明的，其专有权由合作者共同享有
《植物新品种保护条例》	第七条第二款	委托育种或者合作育种，品种权的归属由当事人在合同中约定；没有合同约定的，品种权属于受委托完成或者共同完成育种的单位或者个人

合作行为中的知识产权权属风险：交易过程未考虑共同权利人。

一方面，在科技成果转化过程中，若进行交易的知识成果权利同时归属多方主体，而仅与其中一个或部分权利主体达成一致，签订交易协议，其他权利主体对知识产权的交易内容不认可，根据不同的知识产权客体类型，可能对交易产生合同无法履行、资金投入亏损等不利后果，影响科技成果转化的顺利进行。

另一方面，若在科技成果转化利益分配中，仅考虑了一个或部分权利主体的收益，但法律规定权利行使所得收益应当合理分配给所有共同权利人，后期可能由于总利润不够或分配不均影响合同的继续履行。

（2）委托行为中的知识产权权属规定及风险

委托行为中的知识产权权属相关法律规定见表 3-6。

表 3-6　委托行为中的知识产权权属相关法律规定

相关法律	条款	具体内容
《专利法》	第八条	单位或者个人接受其他单位或者个人委托所完成的发明创造，除另有协议的以外，申请专利的权利属于完成或者共同完成的单位或者个人；申请被批准后，申请的单位或者个人为专利权人
《著作权法》	第十九条	受委托创作的作品，著作权的归属由委托人和受托人通过合同约定。合同未作明确约定或者没有订立合同的，著作权属于受托人
《计算机软件保护条例》	第十一条	接受他人委托开发的软件，其著作权的归属由委托人与受托人签订书面合同约定；无书面合同或者合同未作明确约定的，其著作权由受托人享有
《集成电路布图设计保护条例》	第十一条	受委托创作的布图设计，其专有权的归属由委托人和受托人双方约定；未作约定或者约定不明的，其专有权由受托人享有
《植物新品种保护条例》	第七条第二款	委托育种或者合作育种，品种权的归属由当事人在合同中约定；没有合同约定的，品种权属于受委托完成或者共同完成育种的单位或者个人

委托行为中的知识产权权属风险之一：委托发明创造未约定权利归属和后续权利行使方式。

在委托行为中，无论是《专利法》，还是《著作权法》，都是约定优先。在没有约定的时候，权利归属受托人，即实际完成人。根据《著作权法》相关规定，著作权归属于受托人，委托人在约定的使用范围内享有使用作品的权利；双方没有约定使用作品范围的，委托人可以在委托创作的特定目的范围内免费使用该作品。根据《民法典》第859条的规定，委托开发完成的发明创造，除法律另有规定或者当事人另有约定外，申请专利的权利属于研究开发人。研究开发人取得专利权的，委托人可以依法实施该专利。研究开发人转让专利申请权的，委托人享有以同等条件优先受让的权利。委托人往往为实现开发（创作）目的投入了大量时间精力和资金成本，提供了技术资料、原始数据并准备了后续知识产权转化流程，自然会对知识产权归属和实施具有预期。因此，必须要在委托合同签订时便约定知识产权权利归属。如果委托人和受托人对知识产权归属没有事先约定或约定不清，则知识产权归属受托人。这可能导致委托人行使权利需额外付出成本，降低科技成果转化效率和收益。此外，作为受托人不能仅凭借法律规定无约定时权利归属自己而放松警惕，放任委托人拟定格式条款，在约定优于法定的情况下，若约定内容不合理，可能导致受托人收益不及付出，丧失创新积极性。

委托行为中的知识产权权属风险之二：技术交易中委托发明创造涉及权属诉讼。

在进行知识产权转移和科技成果转化过程中，若不对交易对象是否为委托发明创造进行确认，可能出现交易对象是委托人，但是缺乏完备的委托合同，导致权利归属受托人，受托人提出异议；若交易对象是受托人，也可能存在委托合同中明确规定权利归属委托人，但受托人自行申请专利的情况，委托人可能向法院提起专利权权属之诉，影响科技成果的顺利转化。

（3）职务行为中的知识产权权属规定及风险

职务行为中的知识产权权属规定见表3-7。

表3-7　职务行为中的知识产权权属规定

相关法律	条款	具体内容
《专利法》	第六条第一款和第三款	执行本单位的任务或者主要是利用本单位的物质技术条件所完成的发明创造为职务发明创造。职务发明创造申请专利的权利属于该单位，申请被批准后，该单位为专利权人。该单位可以依法处置其职务发明创造申请专利的权利和专利权，促进相关发明创造的实施和运用。 利用本单位的物质技术条件所完成的发明创造，单位与发明人或者设计人订有合同，对申请专利的权利和专利权的归属作出约定的，从其约定

续表

相关法律	条款	具体内容
《著作权法》	第十一条第三款	由法人或者非法人组织主持，代表法人或者非法人组织意志创作，并由法人或者非法人组织承担责任的作品，法人或者非法人组织视为作者
	第十八条	自然人为完成法人或者非法人组织工作任务所创作的作品是职务作品，除本条第二款的规定以外，著作权由作者享有，但法人或者非法人组织有权在其业务范围内优先使用。作品完成两年内，未经单位同意，作者不得许可第三人以与单位使用的相同方式使用该作品。 有下列情形之一的职务作品，作者享有署名权，著作权的其他权利由法人或者非法人组织享有，法人或者非法人组织可以给予作者奖励：主要是利用法人或者非法人组织的物质技术条件创作，并由法人或者非法人组织承担责任的工程设计图、产品设计图、地图、示意图、计算机软件等职务作品；报社、期刊社、通讯社、广播电台、电视台的工作人员创作的职务作品；法律、行政法规规定或者合同约定著作权由法人或者非法人组织享有的职务作品
《计算机软件保护条例》	第十三条	自然人在法人或者其他组织中任职期间所开发的软件有下列情形之一的，该软件著作权由该法人或者其他组织享有，该法人或者其他组织可以对开发软件的自然人进行奖励：针对本职工作中明确指定的开发目标所开发的软件；开发的软件是从事本职工作活动所预见的结果或者自然的结果；主要使用了法人或者其他组织的资金、专用设备、未公开的专门信息等物质技术条件所开发并由法人或者其他组织承担责任的软件
《植物新品种保护条例》	第七条第一款	执行本单位的任务或者主要是利用本单位的物质条件所完成的职务育种，植物新品种的申请权属于该单位；非职务育种，植物新品种的申请权属于完成育种的个人。申请被批准后，品种权属于申请人

职务行为中的知识产权权属风险：技术交易的职务发明创造权属不清或利益分配不均。

在职务发明创造中，不同法律对职务作品、职务发明创造等规定有所区别。对于普通的职务作品，著作权归属作者，但法人或者其他组织有权优先使用，且两年内，作者权利行使有所限制，同时可以约定著作权归属单位。对于特殊的职务作品，部分代表法人意志的作品著作权归属单位，部分利用法人或者其他组织的物质技术条件创作，并由法人或者其他组织承担责任的工程设计图、产品设计图、地图、计算机软件等职务作品，作者仅有署名权和获得报酬的权利，对于计算机软件的职务作品，著作权只能由单位享有，不能进行约定。

在技术成果创造中，科研人员多为执行单位的任务或者主要是利用单位的物质技术条件完成发明创造，发明创造权属多归于高校或者其他单位。利用本单位物质技术条件完成的发明创造，可以进行权属约定，但执行本单位任务完成的发明创造，发明权应当归单位所有，不适用约定。职务创造权属规定较为复杂，在进行科技成果转化的过程中，若对交易对象的权属未进行充分的审查，忽略发明创造实际完成人的权利保障，后期容易因为权属争议或利益分配不均影响科技成果转化的顺利进行。

（4）国家资助行为中的知识产权权属规定及风险

国家资助行为中的知识产权权属相关法律规定见表 3-8。

表 3-8　国家资助行为中的知识产权权属相关法律规定

相关法律	条款	具体内容
《科学技术进步法》	第三十二条	利用财政性资金设立的科学技术计划项目所形成的科技成果，在不损害国家安全、国家利益和重大社会公共利益的前提下，授权项目承担者依法取得相关知识产权，项目承担者可以依法自行投资实施转化、向他人转让、联合他人共同实施转化、许可他人使用或者作价投资等。 项目承担者应当依法实施前款规定的知识产权，同时采取保护措施，并就实施和保护情况向项目管理机构提交年度报告；在合理期限内没有实施且无正当理由的，国家可以无偿实施，也可以许可他人有偿实施或者无偿实施。 项目承担者依法取得的本条第一款规定的知识产权，为了国家安全、国家利益和重大社会公共利益的需要，国家可以无偿实施，也可以许可他人有偿实施或者无偿实施。 项目承担者因实施本条第一款规定的知识产权所产生的利益分配，依照有关法律法规规定执行；法律法规没有规定的，按照约定执行
《计算机软件保护条例》	第十二条	由国家机关下达任务开发的软件，著作权的归属与行使由项目任务书或者合同规定；项目任务书或者合同中未作明确规定的，软件著作权由接受任务的法人或者其他组织享有

国家资助行为中的知识产权权属风险主要是技术交易成果涉及国家安全或国家和社会公共利益。若交易成果涉及国家安全或国家和社会公共利益，可能在权利行使过程中受到突发事件的影响，影响各方收益。

（5）知识产权转移行为中权属约定的风险

知识产权转移行为中的权属风险主要是权属约定不明或超越法律规定。在特殊职务作品著作权、完成单位任务的专利权和不能分割的合作作品著作权这三类知识产权成果中，我国知识产权相关法律明确规定了其知识产权或直接归属于单位所有或归属于合作人共有，当事人不可以通过合同约定进行权属的变更。除上述三类知识产权成果，我国相关法律均规定了权属以约定为准。各方当事人在科技成果转化中对于知识产权权属约定不明或违背法律规定，都可能出现预料之外的知识产权权属纠纷，影响科技成果转化的正常进行，产生不必要的损失。尤其是对科技成果转化过程中新产生的知识成果未进行约定，可能导致后续产生的科技成果权属不清，利益分配不均，转化困难。

3.4.1.2　知识产权许可风险

知识产权是排他权，除法定例外情形外，未经许可实施他人知识产权构成侵权。科技成果转化中，签订知识产权实施许可合同是合法实施他人知识产权的重要方式，具体可实施的行为范围受到许可协议的限制。

因专利权是技术转移中常见的许可标的，本部分内容主要以专利许可作为分析对象。具体来说，许可的类型主要有三种：第一类是独占实施许可，是指专利权人在约定许可实施专利的范围内，将该专利仅许可一个被许可人实施，专利权人依约定不得再实施该专利，被许可人可以获得在约定的范围内实施专利的独有的垄断优势；第二类是排他实施许可，是指专利权人在约定许可实施专利的范围内，将该专利仅许可一个被许可人实施，但专利权人依约定可以自行实施该专利，即专利权人和被许可人都可以实施专利，互相之间可能存在竞争；第三类是普通实施许可，是指专利权人在约定许可实施专利的范围内许可一个或多个被许可人实施该专利，并且可以自行实施该专利，此种许可费用应相对较低，竞争也可能更大。

如果当事人对专利实施许可方式没有约定或者约定不明确的，认定为普通实施许可。被许可人不能擅自许可合同约定以外的任何人实施该专利。

我国《专利法》还规定了专利开放许可制度。根据《专利法》第五十条的规定，专利权人可以自愿以书面方式向国家知识产权局声明愿意许可任何单位或者个人实施其专利，并明确许可使用费支付方式、标准。开放许可制度省去了专利权人与被许可人进行逐一谈判的麻烦，有利于降低交易成本，促进专利的实施与推广。在开放许可期间，专利权人不得再实施独占实施许可和排他实施许可，在撤回开放许可后，此前依据开放许可的条件自动给予的开放许可的效力不受影响。

综上所述，结合知识产权的许可类型，知识产权许可风险可分为四类。

（1）许可类型选择错误或出现认识偏差

独占实施许可中，专利权仅允许一个被许可主体在约定范围行使权利，专利权人本人都不能实施专利，故此种实施许可方式往往价格较高，且在短时间内是一次性交易。被许可人在约定期间内可以排除合法实施的竞争对手，抢占市场，但一次性投入成本较大。排他实施许可方式与独占实施许可方式区别不大，被许可主体仅多了专利权人一个竞争对手，在科技成果转化合作中较少出现专利权人与被许可人竞争的情况。普通实施许可需要投入的资金较少，但被许可主体可能面临多方竞争，增加转化风险。若在合同中未约定独占实施许可或排他实施许可，但被许可人理所当然认为仅自己获得了专利使用权利，可能对后续转化进程和转化投入产生误判，进而造成损失。

（2）许可内容约定模糊

专利许可的边界即专利许可范围涵盖许可期限、许可对象、许可内容等各方面内容，是专利许可的核心问题。任何一个环节约定不明，都会导致专利许可边界模糊，埋下争议隐患。专利许可期限包括起始期限与终止期限。起始期限和终止期限往往不是一个确定的日期，被许可人在固定期限内可能不能完全顺利地完成科技成果的转化，且具体的哪些行为是起始行为，哪些行为是终止行为也可能存在争议。一旦约定不明，被许可人难以有效地实施被许可的专利，将导致科技成果转化失败。如果被许可对象不够明确，可能出现多个被许可人同时生产、销售的情形，权利人难以监督许可合同的履行，也有可能出现权利人竞争对手通过控制某一被许可人的股权或者与某一被许可人进行合作间接获得许可授权的情形，从而损害权利人的利益、违背权利人的许可初衷。权利人不合理地限制被许可人实施专利的地域，也可能导致该合同限制条款无效或是影响成果转化。

（3）许可合同未登记

对于独占实施许可的专利，如果没有进行备案登记，权利人违反约定再次向第三方授权许可的，第三方以善意第三人抗辩，在先被许可人不得追究其侵权责任，只能追究权利人违约责任。甚至权利人再次向第三方发放独占实施许可，同时进行了备案，在后独占实施许可的被许可人可以对抗在先被许可人，从而禁止在先被许可人实施专利技术方案，在先被许可人只可通过追究权利人违约责任获得救济，但不能再继续完成成果转化，造成大量损失。

（4）许可条款因违反法律规定而无效

我国法律规定非法垄断技术、妨碍技术进步或者侵害他人技术成果的技术合同无效。许可合同中不得限制被许可人再研发也不得要求被许可人将自行改进的技术无偿提供给权利人、非互惠性转让给权利人或自行无偿独占或者共享该改进技术的知识产权、不得限制获得替代技术、阻碍实施、非法搭售、限制交易、禁止有效性质疑等。同时，若许可协议涉及搭售其他产品或者服务、强制性一揽子许可、限制采购原料、限制与其他竞争对手交易、歧视性差别收费等构成滥用专利权，还可能被认定为非法垄断行为，不仅可能导致合同条款无效，还可能面临其他法律风险。

3.4.1.3　知识产权侵权风险

未经权利人许可不得对其所有的知识产权实施法律所规定的行为，否则需要承担相应的法律责任。这是确保符合要求的知识成果成为一种财产的基础。知识产权法为权利人规定了一系列受保护的专有权利和侵权可能承担的法律后果。每一项专有权利都控制着一种特定行为。如果未经权利人许可实施了这些受专有权利控制的行为，又缺乏合法合理的抗辩理由，将构成对知识产权的直接侵害。换言之，专有权利划定了一个只有知识产权人或经其授权的主体才能享有的特定领域，未经知识产权人或法律的许可而擅自闯入这一领域即构成侵权。至于行为人的心理状态如何、是否具有主观过错，只影响损害赔偿数额或救济方式，并不影响对行为构成直接侵权的认定。

综上所述，知识产权侵权风险主要包括以下三类。

（1）研发的技术侵犯他人知识产权导致损失

科技研发不可避免地学习和借鉴已有的科技成果，并在此基础上获得有创造性的知识成果申请专有权利。如果项目在立项和研发阶段没有进行相关技术领域的专利布局研究工作，或是因为缺乏相应的调研意识和调研人员，就可能在专利产品生产阶段陷入竞争对手已经设定的专利雷区，侵犯他人已有的知识产权，影响专利的顺利申请，同时也影响该科技成果的顺利转化。同时，未经专利权人许可实施他人专有权利所控制的行为，侵犯他人专利权的应按照权利人因被侵权所受到的实际损失或者侵权人因侵权所获得的利益确定赔偿数额，难以确定的参照该专利许可使用费的倍数合理确定。对故意侵犯专利权，情节严重的，还可以在按照上述方法确定数额的一倍以上五倍以下确定赔偿数额。转化中的项目若需要承担如此高额的赔偿，将导致项目功亏一篑。即便是之后申请宣告对方专利权无效，并作出了无效决定，也对在宣告专利权无效前人民法院作出并已执行的专利侵权的判决、调解书，不具有追溯力。

（2）交易的知识产权稳定性较差，可能被宣告无效

专利权无效宣告是指自国务院专利行政部门公告授予专利权之日起，任何单位或个人认为该专利权的授予不符合《专利法》规定的，可以请求专利复审委员会宣告该专利权无效。《专利法实施细则》第六十九条第六款详细规定了请求宣告专利权无效的理由包括：客体不适格；授予的发明创造不具备新颖性、创造性和实用性；授予专利的外观设计属于现有技术或不具有明显区别；授予专利权的发明创造违反国家法律、社会公德或者妨害公共利益；专利说明书、权利要求书不清楚完整；申请文件的修改超出了原说明书和权利要求书记载的范围，外观设计专利申请文件的修改超出了原图片或者照片表示的范围；属于不授予专利权的对象；专利申请不以真实发明创造活动为基础，存在弄虚作假等。若专利授权后，存在瑕疵，任何人都可以向国家专利行政部门提起宣告该专利无效的申请，如果项目成员疏于应对或应对不当，将会丧失专利权，进而丧失科技成果转化基础。

（3）转化过程中的知识产权被他人侵犯但救济缓慢，损失难以追回

知识成果不同于传统的物，不能直接占有，公开后任何人都可以获取。因此，知识成果未经许可而被他人免费使用的风险较大，即便此时知识产权法对此类行为定为侵权

行为并规定相应的法律责任。但是因为前期准备不足可能导致诉讼周期长，获得救济较慢，进而错过成果转化抢占市场的黄金时期。当出现以下情形时：①科技成果未及时申请专利；②科技成果已经申请了专利但专利申请书权利要求等撰写质量差，未能较好地全面保护科技成果；③专利权利要求虽全面保护了某一产品或技术，但范围较小容易被规避；④没有及时获得侵权人的信息和侵权证据提起诉讼，导致损害扩大；⑤被对方提起专利无效，导致诉讼过程较长等，都无法要求对方立即停止侵权赔偿损失，造成极大的风险。

3.4.2　知识产权风险控制

3.4.2.1　知识产权权属风险控制

（1）理顺基础关系，避免权属纠纷

前文述及知识产权权属明晰且确定是技术转移的前提，而实践中通过合作行为、委托行为、职务行为、国家资助行为而产生的作品或发明创造往往涉及多方主体，若未能理顺基础关系，可能会出现技术转移项目未能关照部分权利主体利益的情形，导致部分权利主体不认可交易内容，从而影响合同继续履行。

因此，各方主体在合作前应充分审查拟转移技术的权属状况，对相关技术各方法律地位和各方法律关系进行明确，确定创造人、发明人与权利行使人的基础法律关系，进而通过协商约定或适用不同的法律进一步确定知识产权权属与后续权利利用方式，避免权属纠纷。

（2）事前约定，预防权属划分风险

前文述及除特殊职务作品著作权、完成单位任务的专利权和不能分割的合作作品著作权这三类知识产权成果外，其余各种情形我国法律都赋予约定在知识产权权属划分方面的优先适用权。因此，科技成果转化的当事人各方应充分协商，在平等互信的基础上完成明确而完整的权属分配，并且对后续可能出现的知识产权成果归属与利益分配作出约定，避免纠纷发生，影响科技成果转化目的实现。

3.4.2.2 知识产权许可风险控制

（1）提高知识产权市场运营能力

技术转移涉及科技与各类生产要素间的资源整合与集成，知识产权转化过程中的任何一方决策主体都应该对被许可知识产权的技术、法律、财务及其相关市场等方面具有充分的认识，增强法律风险防范意识与提高市场运营能力。如有必要，还可以寻求专业律师或法律人员的帮助，从而降低知识产权许可风险。

第一，相关工作人员应全面认识与评估被许可知识产权的价值，充分了解各类许可形成的权利义务关系，根据自身需要选择并约定许可类型。在评估知识产权价值时，对于成本与收益相匹配的知识产权成果可以采取成本法；对于具有活跃交易市场的知识产权成果可以采取市场价值法；对于生命周期相对固定，各周期收益率相对稳定的知识产权成果可以采取收益法。交易各方当事人应在估值后通过协商确定知识产权价值，在充分尊重意思自治的基础上选择合适的许可方式。

第二，应当加强工作人员的法律意识，研判目标市场的宏观市场环境与知识产权法律法规，梳理拟许可知识产权目标市场的技术贸易政策与知识产权法律法规，深入研究可能存在的法律、政策方面的风险，提高知识产权许可程序与内容合法性，就国家资助行为产生的知识产权成果而言，尤其要注意避免损害国家安全或国家与社会公共利益，尽可能减少许可条款因违反法律规定而无效的情形。

第三，要提高工作人员的合同订立与审查能力，明确知识产权许可范围、许可期限、许可对象、许可内容，创新知识产权许可方式，建立开放许可模式或专利开源模式等新型许可机制，充分尊重知识产权许可中的意思自治，尽量减少或避免订立格式合同，或提高合同审查能力，避免产生明显不合理的情形。

（2）防范知识产权泄密风险

无论是国家秘密还是商业秘密，在技术转移过程中都应加强内部人员管理，加强涉密人员培训，增强保密意识，提高保密能力。对于涉密设备和材料，应交由专人管理，授权处理和接触，全方位避免知识产权许可过程中因管理疏漏而造成的泄密风险，为科技成果转化保驾护航。

因此，知识产权许可协议中一定要对保密义务进行约定，同时完善对保密对象、保密范围、保密时间、保密责任的规定，提高保密条款的可行性。另外，合同各方应公平协商，各自承担与权利相对应的保密责任，做到公平合理。保密期限应涵盖项目全过程，为项目平稳运行提供良好的基础。此外，应对保密义务规定严格的违约责任，以防止泄密行为的发生。同时，与保密条款类似的竞业禁止条款也可以预防和救济商业秘密泄密行为，并且在违约行为发生后，提供了守约方减少自己损失的途径，所以建议参与技术转移项目的各方当事人与工作人员签订保密条款与竞业禁止协议，以预防和弥补科技成果转化中的知识产权泄密风险及其损失。

3.4.2.3　知识产权侵权风险控制

（1）构建“诉前—诉中—诉后”全流程知识产权侵权诉讼预防和应对策略

技术转移作为知识产权市场运营的重要环节，往往面临侵权诉讼风险。因此需要在诉前环节积极防御，在诉中、诉后环节积极应对，降低知识产权侵权风险与诉讼成本。

在诉前防御阶段，通过对与拟转移技术相同或高度相关的已有专利布局进行侵权风险检索和分析，并对该领域主要竞争对象进行定期专利监控，了解其专利申请、布局的最新动态，分析拟转移技术的侵权风险。若不存在侵权风险或风险较低，则可继续进行技术转移工作；若侵权风险较高则需要采取规避设计、诉前无效请求等方式避免侵权，同时建立完备技术研发档案，通过诉前证据保存与申请自有专利为诉讼、和解或交叉许可提供筹码。

在诉中应对阶段，在收到对方律师函或诉讼通知后，应将诉方专利与被诉侵权技术进行比对，制定应对与抗辩策略。首先，在收到对方侵权警告后，为消除潜在诉讼风险对生产经营行为造成的不稳定状态，可以主动提起不侵权之诉；其次，评估诉前救济程序启动的可能性，提前做好生产经营预案，减少损失；最后，根据比对分析结果及时制定抗辩策略，以不侵权抗辩为首要方案，积极准备专利无效抗辩、先用权抗辩、合法来源抗辩、诉讼时效抗辩等策略。

在诉后应对阶段，若败诉概率较大，则需要提前准备应对策略减少损失，包括获得对方专利许可转让、赔偿损失、达成和解。其中，制定和解策略为诉后止损的重要应对措施，可以通过交叉许可或专利互换等方式降低损失。若涉诉专利仅被诉侵权技术的个别部件时，可以采取更换部件或直接采购的方式。若研发成本较低，也可以重新设计相关技术以规避专利权人的专利。

（2）构建知识产权价值评估机制

在技术转移项目中，无论是作为受让方收购技术，还是作为许可方、转让方对外输出技术，若在交易前对该技术涉及的技术先进性、专利稳定性、专利状态等因素评估不足，易引发知识产权侵权风险。因此，应当构建知识产权价值评估机制，对拟转移的技术进行评估，降低运营过程的侵权风险，同时为决策者提供参考，根据评估结果选择合适的许可类型。

就评估因素而言，需要考虑影响知识产权价值的法律因素、企业因素、技术因素、市场因素、成本因素、收益因素等。①法律因素，即被评估技术的权利和法律状况，如专利权的法律状况、权利状况、保护时间、保护地域、保护范围以及可能有效利用的年限；②企业因素，对现在或曾经与该技术有关的企业，包括当前权利人、原始权利人、与当前权利人形成竞争关系的企业进行分析；③技术因素，即分析技术的先进性、独创性、实用性以及成熟程度；④市场因素，包括相关技术的过往交易情况；⑤成本因素，即知识产权在开发过程中所需要的人力、物力、财力的总投入；⑥收益因素，即能为使用人产生经济效益的能力水平。就知识产权侵权风险管理而言，前四项评估因素更具有相关性，尽可能减少收购不稳定或存在侵权风险技术的风险；后两项评估因素旨在确定拟交易技术的市场价值，辅助决策人选择合理的技术转移价格与模式。

3.4.2.4 善用公共服务平台规避风险

作为知识产权高质量发展和科技创新的底层支撑，从国家到地方都高度关注知识产权公共服务体系建设，构建知识产权公共服务网络平台，为知识产权创造、运用、保护、管理全链条提供公共产品与服务。除借助知识产权公共服务平台所开展的各种知识产权培训，提升相关工作人员知识产权理论与实践能力外，技术转移各方当事人还可以依托信息化平台基础设施，通过科技成果转移转化平台、知识产权运营平台与技术交易市场等服务平台及时办理各项知识产权业务，降低违约风险。

其一，可以利用公共服务平台办理交易、转让、融资、孵化等各项知识产权业务。在区块链、大数据等技术的加持下，信息化平台具有数据全程留痕的特点，能够为信息公开透明机制、智慧监督机制的有效运行提供可靠的信息来源和数据支撑，降低知识产权交易存证成本。一站式、多元化的知识产权公共服务也使得办理知识产权业务的时间、人力和物力成本大幅缩减，技术转移各方当事人应当及时登记备案技术转移合同，降低相关权利交易的不确定状态，保障合同的顺利履行。

其二，可以利用公共服务平台提供的专利检索、信息咨询、导航预警、快速维权、维权援助等服务，减少知识产权侵权风险管理工作中专利挖掘、制定专利布局策略的成本，降低知识产权侵权风险，提高知识产权维权效率，避免被侵权所造成的损害进一步扩大。

3.5 本章小结

知识产权是企业重要的无形资产，是企业在市场竞争中保持竞争优势的重要支撑。技术经理人在技术转移项目中应重点关注以下问题：

第一，明确企业拥有的知识产权种类，把握技术转移项目相关知识产权的价值性以及有效性。

第二，加强高校和企业技术转移项目中的知识产权管理。在知识产权获取方面，明确各类型知识产权的获取要求和保护优势；在知识产权维护方面，应注重企业以及技术转移项目相关的知识产权档案建设，规范化知识产权管理流程；在知识产权运用方面，应当加强知识产权实施和使用、许可和转让、投融资、企业重组以及标准化中的知识产权尽职调查；在知识产权保护方面，需要重点识别和管理知识产权风险，以及在发生知识产权纠纷时采取适当的争议解决方式。

第三，强化企业知识产权风险的识别和控制。关注技术转移项目中企业知识产权的权属风险、许可风险以及侵权风险，通过事前约定权属划分、规范知识产权泄密以及积极应对知识产权侵权诉讼等方式强化企业知识产权风险控制。

思考题

1. 技术经理人在企业知识获取中应关注的要点有哪些？

2. 技术转移项目中知识产权权属风险有哪些？

3. 在知识产权侵权诉讼后应对阶段，减少技术转移项目损失的策略有哪些？

第 4 章

技术要素市场与科技成果转化机构

技术要素市场是科技成果转化的主战场，发展技术要素市场是健全市场化科技成果转化制度体系的必经之路。本章首先介绍技术要素市场的发展历程并分析科技成果转移转化机构与技术要素市场的关系；其次介绍科技成果转化机构的主要类型及概念验证中心、中试基地、科技企业孵化器、大学科技园和新型研发机构等科技成果转化机构的概念与功能；最后通过分析科技成果转化的特点，介绍典型的技术转移机构及案例。

4.1 技术要素市场概述

技术市场作为重要的生产要素市场，是我国现代市场体系和国家创新体系的重要组成，是各类技术交易场所、服务机构和技术商品生产、交换、流通关系的总和。促进科技成果转移转化是实施创新驱动发展战略的重要任务，是加强科技与经济紧密结合的关键环节，对于推进结构性改革尤其是供给侧结构性改革、支撑经济转型升级和产业结构调整，以及促进大众创业、万众创新，打造经济发展新引擎具有重要意义。本节主要介绍我国技术市场的发展历程及其与科技成果转移转化机构的关系。

4.1.1 从技术市场到技术要素市场

从 20 世纪 70 年代末开始，随着全国科学大会的召开，技术市场应运而生。1984 年，国务院常务会首次提出“技术市场”的概念。1985 年发布的《中共中央关于科学技术体制改革的决定》指出，“要改革拨款制度，开拓技术市场”，技术市场进一步开放。

1993 年，《科学技术进步法》以法律形式规定“国家建立和发展技术市场，推动科学技术成果的商品化”。同年，上海技术交易所成立，技术市场逐步成熟。1996 年，《促进科技成果转化法》颁布，进一步肯定了技术交易场所的作用。

进入 21 世纪，技术市场继续发展壮大。2006 年，科技部印发《关于加快技术市场发展的意见》，提出了技术市场新一轮发展目标。2013 年，党的十八届三中全会提出，“发展技术市场，健全技术转移机制，促进科技成果资本化、产业化”。2015 年，新修订的《促进科技成果转化法》颁布实施，进一步推动了技术市场的法治化环境建设。2018 年，科技部关于印发《关于技术市场发展的若干意见》的通知，指出：“改革开放以来，我国技术市场从无到有，功能逐步完善，制度环境不断优化，对健全技术创新市场导向机制、促进科技和经济融通发展、完善社会主义市场经济体系等发挥了重要作用。”2020 年，中共中央、国务院发布《关于构建更加完善的要素市场化配置体制机制的意见》，指出要加快发展技术要素市场。技术市场的发展与技术要素市场的形成密切相关。技术要素市场是重要的生产要素市场，是技术交易场所、服务机构和技术商品生产、交换、流通关系的总和。随着技术市场体系的不断完善，技术要素市场化程度逐渐提高，技术要素市场逐步成为科技成果转化的主战场。技术要素市场的发展，是技术市场概念的进一步扩展和深化。它不仅仅是技术交易的场所，更是市场机制配置科技资源的场所，有利于科技成果的转移和产业化。2022 年，科技部关于印发《“十四五”技术要素市场专项规划》的通知指出技术要素市场的发展目标:“‘十四五’期间，技术要素市场化配置改革不断深化，现代化技术要素市场体系和运行制度基本建立，市场在科技创新资源配置中发挥决定性作用，技术交易规模持续扩大，统一开放、竞争有序、制度完备、治理完善的高标准技术要素市场基本建成。”中国技术市场已经形成了较为完善的市场体系，不断推动科技成果的转移转化，为经济社会发展提供了重要支撑。

4.1.2　技术要素市场的发展现状及特点

技术市场是重要的生产要素市场，具有统筹配置科技创新资源、健全技术创新市场导向机制、促进技术转移和成果转化的重要使命。它为技术交易双方提供知识产权、法律咨询、技术评价、中试孵化、招标拍卖等综合配套服务。

4.1.2.1　技术要素市场的发展现状

根据科技部印发的《“十四五”技术要素市场专项规划》可以看出，在“十三五”规划期间，我国在技术要素市场化配置改革方面取得了显著成就，市场机制和需求导向得到加强，创新资源配置效率显著提升。科技成果转化机制不断创新，技术要素市场管理和服务体系逐步完善，技术交易活动日益频繁，市场发展环境明显优化，运行效率持续提高。

第一，技术要素市场相关法律政策体系日益完善。《民法典》的颁布，为技术合同提供了全面升级的法律基础。《专利法》的修订，强化了技术要素知识产权保护，促进了技术要素的转化运用。科技部印发的《关于技术市场发展的若干意见》，对技术要素市场发展、健全技术转移机制、促进科技成果产业化等进行了全面部署。

第二，技术要素市场规模显著扩大。“十三五”时期，科技创新在国家发展中的核心地位进一步巩固，成果转化和创新创业激励政策密集出台，技术要素市场活力得到充分释放。2020 年，全国技术合同登记数量和成交金额均实现大幅增长，技术合同成交额占 GDP 的比重稳步提升，技术要素市场对经济发展的贡献日益增强。企业作为创新资源配置的主导力量，继续保持技术交易的主体地位，高校和科研院所的技术输出也实现了显著增长。2023 年，按照《中共中央 国务院关于构建更加完善的要素市场化配置体制机制的意见》要求，各级技术市场管理部门积极引导技术要素市场体制机制创新，加快推进全国统一大市场建设，科技创新资源的市场化配置效率显著提高，技术市场交易质效持续提升，在服务国家重大战略，促进科技成果转化和产业化，支撑经济高质量发展等方面取得显著成绩。2023 年，全国共登记技术合同 945946 项，成交金额 61475.66 亿元，分别比上年增长 22.5% 和 28.6%。

第三，技术要素市场管理和服务体系更加完善。“十三五”时期，技术要素市场管理和服务体系快速发展。我国已经建立了较为完善的国家、省、市、县四级技术要素市场管理体系，有效促进了技术要素自由流动和高效配置。国家技术转移区域中心、示范区、技术转移机构、国际技术转移中心、人才培养基地等建设取得显著成效，技术转移人才职称晋升通道得到畅通。科技创业孵化载体快速发展，为科技型企业提供了良好的孵化环境。

第四，技术要素与资本要素融合紧密。“十三五”时期，技术要素市场的多元化投融资体系快速发展，资金供给和金融服务更加丰富。政府资金的支持力度加大，财政资金的杠杆和引导作用日益显著。国家科技成果转化引导基金的设立，带动了省市科技成果转化引导基金的设立，为科技企业提供了精准有效的金融支撑。科技部与金融机构联合实施的金融服务行动，为初创科技企业提供了有力的金融支持。

“十三五”时期我国技术要素市场化配置改革取得了重要进展，市场活力得到充分激发，为经济高质量发展提供了有力支撑。

4.1.2.2　技术要素市场的特点

技术要素市场对我国经济增长具有至关重要的作用，它与科技的繁荣发展形成了正向互动，有助于科研成果快速转化为生产力，促进科学研究与产业应用的紧密结合。同时，它还有助于科技人才的有序流动和最优配置，减少了人才资源的无效损耗。技术要素市场具有以下特点。

第一，企业交易活力增强。技术要素市场化配置改革促进了创新要素向企业集聚，企业在研发活动和成果转化方面的内生动力显著增强。企业组织形式的卖方和买方主体数量显著增长，大中小企业之间的技术交易更加紧密，大企业向中小微企业输出技术，带动创新，而中小企业则将创新成果输回大企业，形成了互补性的发展格局，共同推动产业链和技术链的融合。

第二，高新技术产业发展得到有力支撑。技术市场为高新技术产业化提供了重要支撑，特别是在数字化支撑领域，技术交易活跃，成交额大幅增长，促进了新产业和新业态的发展。

第三，经济社会数字化发展。关键核心技术领域的市场需求旺盛，流动性增强，特别是大数据、人工智能和网络安全等数字技术领域，交易合同增速加大，推动了经济社会的数字化转型升级。

第四，技术交易绿色化发展。随着对“双碳”目标的追求，固碳、控碳、减碳、低碳相关核心技术领域的合同规模快速增长，推动了区域产业的低碳转型升级。

第五，高校院所技术产出持续提升。高校和科研院所的技术供给能力和转化效率持续提升，技术合同数量和成交额同步增长，特别是技术研发和技术服务合同，体现了高校院所服务经济社会发展的能力。

第六，科技创新创业生态萌芽初现。企业、孵化器和技术转移机构等成为科技成果转化的重要载体和平台，产学研合作平台高速发展，形成了大量专注于战略性新兴产业的孵化器，成为区域经济高质量发展的助推器。

第七，技术要素跨区域流动。京津冀、长三角、粤港澳大湾区等区域技术交易活跃，为全国技术交易贡献了大部分份额，显示出区域一体化协同发展的潜能。

技术要素市场作为现代市场体系和国家创新体系的重要组成部分，在新时代肩负着推动科技创新和经济社会发展的重要任务。通过建立健全的技术市场体系，可以促进技术要素市场化配置，提升科技创新供给质量，推动经济高质量发展。

4.1.3 企业在技术要素市场中的作用

企业是科技创新的主体，是提供高质量科技供给的主要载体。能够有效连接技术和市场，以最快速度和最大力度将科学发现和技术发明转化为生产力，从而更好地将科技力量转化为产业竞争优势。这种转化不仅促进了技术的实际应用，还推动了产业升级和结构调整。科技部、财政部印发的《企业技术创新能力提升行动方案（2022—2023年）》的通知中，进一步强调了支持企业在基础前沿研究的布局，鼓励企业通过不同方式参与国家实验室建设，并对企业建设的全国重点实验室给予支持。此外，该方案还提出了促进中小企业成为创新的重要发源地，加大科技人才向企业集聚的力度，强化对企业创新的金融支持，以及加快推进科技资源和应用场景向企业开放等多项措施。

随着我国科技成果转移转化机制的日益健全与营商环境的不断优化，企业作为技术市场的核心驱动力，稳固占据了技术要素市场的主体地位，为我国经济的高质量发展注入了强劲动力。相较于 2017 年，2021 年技术市场中的企业数量实现了跨越式增长，技术合同成交额也实现了同步扩张。此外，大企业间的技术研发合作成为市场中的亮点，它们通过强强联合，共同推动技术创新与产业升级。在技术需求侧，至 2021 年，超过 25.1 万家企业积极寻求新技术、新产品与新服务的引入，彰显了企业在面对新发展格局与市场竞争压力时对提升自身技术实力与创新能力的迫切需求。这些企业所吸纳的技术合同成交额占据了全国总额的 81.5%，进一步凸显了企业在技术要素市场中的主导地位与强劲吸纳能力。

企业在技术要素市场中不仅是技术商品的重要购买者，也是技术商品的重要提供者。通过吸收、消化新技术，并广泛开展技术改造、技术组合和新产品开发，提高了生产效率，降低了产品成本，积累了更多的利润和资金。这种转化能力使得企业在技术市场中占据了重要地位。企业作为市场的行为主体，是创新知识生产和成果转化的中心。

它能够推动产学研深度融合，与高校、科研院所等创新主体建立紧密的合作关系，共同开展技术研发和创新活动。这种合作模式不仅有效利用了高校和科研机构的存量资源，还促进了创新要素的集聚和协同效应的发挥。在破解关键核心技术“卡脖子”难题方面，企业发挥着不可替代的作用。通过牵头组织队伍攻关、搭建产学研合作平台等方式，集中力量攻克了一批关键核心技术，推动了我国科技自立自强的进程。企业不仅是技术市场上的重要买家，也是重要的卖家。它们通过技术转让、技术许可等方式，将自身的先进技术成果提供给其他企业或机构，推动了技术的扩散和应用。这种双向主体的角色使得企业在技术市场中更加活跃和具有影响力。

4.1.4　科技成果转移转化机构与技术要素市场的关系

科技成果转移转化机构和技术市场之间存在着密切的关系。从科技部印发的《关于技术市场发展的若干意见》中可以看出，技术市场是科技成果转移转化的重要平台，它为各类技术交易场所、服务机构和技术商品的生产、交换、流通提供了一个综合环境。科技成果转移转化机构则在这个市场中扮演着关键角色，它们提供专业化服务，促进高等学校、科研院所和企业之间的技术交易和成果转化。技术市场的发展需要依托专业化的服务机构，这些机构采取市场化运营机制，吸引高端专业人才，提供包括知识产权、法律咨询、技术评价等在内的专业化服务，从而促进科技成果的转移转化。

科技部印发的《“十四五”技术要素市场专项规划》中提到，技术要素市场的发展应当将强化高质量科技成果供给作为重点任务，“大力发展各类新型研发机构。聚焦国家战略需求，支持科技型企业与高校院所合作建立产学研用深度融合的技术创新中心、产业创新中心、产业技术研究院、中试基地等高水平新型研发机构，创新新型研发机构市场化运行机制。”同时，要通过开展高校专业化国家技术转移机构建设试点来推动专业化技术转移机构建设，从而提升技术要素市场专业化服务效能。

科技成果转移转化机构是技术市场的重要组成部分，它们通过提供专业化服务来促进科技成果的有效转化，而技术市场则为这些机构提供了一个广阔的运作空间和多种可能性。两者相辅相成，共同推动科技创新和经济社会发展。

4.2 科技成果转化服务机构的主要类型

科技成果转化具有鲜明的全流程参与性，具体体现在政府、产业界、学术界、科研机构和资金方在整个过程中的积极参与。“政产学研用金”是指政府、产业界、学术界、科研机构、产品使用者以及资金方等各方在科技创新和技术转移过程中扮演着不同的角色，彼此之间相互合作、互相支持，共同推动科技成果向市场转化。

政府通过制定政策、提供资金支持、建立科技成果转化平台等方式推动科技成果向市场转化。产业界作为科技成果的最终应用和落地方，参与性体现在对科技成果的需求驱动、技术需求反馈、市场推广等方面。学术界在科技成果转化中发挥着技术创新和理论支撑的作用，可以提供技术咨询、人才支持、技术改进等方面的支持。科研机构是科技成果的主要来源，其参与性主要体现在科技成果的孵化、技术转让、产业化合作等方面。产品使用者是科技成果的实际应用对象，这些用户可能包括企业、机构、个人等，通过使用新产品或技术来获取经济或社会效益。资金方的参与性主要体现在对科技成果的投资支持，促进科技成果的商业化和市场化。这种全流程参与性的模式有助于促进科技成果的快速转化和应用，推动科技创新不断走向市场，实现科技成果的最大化价值。

4.2.1 公共部门技术转移服务机构

4.2.1.1 高校 / 科研机构技术转移办公室

技术转移中心 / 办公室在高校科技成果转化过程中发挥着核心作用，其工作流程涵盖从项目筛选与评估到成果保护与知识产权管理，再到市场推广与合作伙伴寻找、合同谈判与签订、成果转化与跟踪服务，以及监督与评估等多个环节。目前技术转移中心 / 办公室模式大致可以分为传统模式和技术孵化模式两大类。

传统模式——点对点的高校与企业直接合作模式：这种模式是指通过科研人员和管

理人员的努力，寻找到合适的企业；或者企业在高校找到合适的科技成果，将其在企业产业化。以技术的提供方（高校）为点，对应另一个点——技术的接纳方（企业）。目前，大多数高校设有科技开发部门，负责科技成果转化和推广工作，是最广泛、最典型且至今仍在沿用的转化模式。

技术孵化模式——点对线的过程推进模式：这种模式是近年来迅速发展的新模式，以大学为点，对应技术转移的孵化过程这条线。这种模式可以通过多种技术转移机构实现，包括大学科技园、国家工程中心、省校研究院和校企联合研发机构等。

4.2.1.2　科研机构技术转移部门

科研机构技术转移部门是指负责将科研成果转化为商业化产品或服务，并促进与产业界合作的机构或部门。其主要职责包括评估科研成果的商业化潜力、推动知识产权保护和管理、开展技术转让与许可、寻求资金支持、促进产学研合作等。其主要功能和作用包括科研成果评估、知识产权管理、技术转让与许可、产学研合作、提供资金支持、进行市场推广、绩效评估等。

科研机构技术转移部门的建设和运作有助于促进科研成果的价值实现，推动科技创新与产业发展的深度融合，提升科研机构的社会影响力和经济效益。

4.2.1.3　医疗机构技术转移部门

医疗机构技术转移部门指研究型医院等专门建立的科技成果转移转化机构，旨在根据医疗科技创新与成果转化的客观规律与行业特色，建立符合医疗成果创新与转移转化的服务链条。

以某医院专设的医药技术转移中心为例，其在普遍意义上的技术转移服务机构职能范围基础上，专门建立了临床研究协调团队，其职能主要基于医疗成果必经临床研究才能实现产业化的行业特色。通过招募具有生物医药领域专业背景的技术经理人，在医院内部组建临床研究协调员团队，参与临床研究项目以加速注册临床研究及研究者自发的创新研究工作。

4.2.1.4 科技社团组织

自欧洲文艺复兴时期最早的科技社团诞生以来，意大利、英国、法国、德国、美国等相继成为科技社团发展的沃土。随着世界科技文明互动，科技社团这一学术共同体的组织形式逐渐扩展到全球范围。经过几个世纪的运作发展，英国、美国、德国、日本等发达国家科技社团已经趋于成熟和稳定，加上其特定的政治、经济、社会、文化等外在条件的综合作用，形成了大批在国际上具有较大影响力的科技社团。这初步成为各国创新体系形成的基础和条件，对科技进步起到了较大推动作用。

在推动科技成果转移转化方面，科技社团的主要工作包括开展学术交流、开展科技奖励和人才评价、从事科学传播和推动科学教育、制定行业标准等。

优秀的科技社团集中了各个学科领域众多的科技工作者，具有突出的智力密集优势。这使其可以专注发展核心科研技术，对学术生态产生重要影响。据统计，当前中国科协管理的全国学会包括理、工、农、医交叉学科共计 210 家，地方科协总计 3141 个。其中，省级科协 32 个，副省级、省会城市科协 32 个，地市级科协 381 个，县级科协 2696 个；乡镇科协（科普协会）3.1 万多个、农村专业技术协会 9.4 万多个、企业科协 1.3 万多个、街道科协近 8400 多个、高校科协 550 个。这些科技团体联络了大量科技工作者，构成了我国的科技社团交流生态，是科技交往的重要窗口。

4.2.2 私营部门技术转移服务机构

在当今竞争激烈的市场环境下，产业端的技术转移服务机构在我国科技成果转化过程中起着至关重要的作用。它们不仅有助于企业将研发成果转化为商业收益，还能促进技术创新和产业升级。了解这方面的知识可以帮助技术经理人更好地与技术转移服务机构合作，实现技术的有效转移和应用，从而提升企业的竞争力和创新能力。在当前的经济形势下，技术转移服务机构的角色更加重要，尤其是在推动科技创新与产业结合、提升企业竞争力方面具有不可替代的作用。因此，深入了解技术转移服务机构的运营与管理对于技术经理人而言具有极其重要的意义。技术转移服务机构是指专门从事促进科技成果向市场转化的组织或机构，其主要任务是协助科研机构和企业之间加强合作，促进技术转移和创新成果的应用，推动科技成果的转化，促进科技进步与经济发展的良性循环。这些机构通常提供技术评估、知识产权咨询、市场营销、资金支持、孵化器服务等各种形式的支持，旨在帮助科技成果更好地走向市场，推动科技创新与产业融合，促进经济发展。

4.2.2.1　科技金融类服务机构

科技金融类服务机构可以协助企业进行技术项目管理，提供相关资金支持和政策指导，推动技术转移项目的顺利实施，其与科技成果转移转化相关的职能主要包括项目融资支持、风险评估与管理、金融工具创新、产业并购与重组、知识产权融资、跨境科技金融服务等。

4.2.2.2　平台类服务机构

平台类服务机构可以通过促进技术需求方与技术提供方之间的合作与交流，实现技术的有效匹配和转移，其主要功能包括举办国内外交流会议、举办创新创业大赛、设立社群协作机制、开展人才培养项目、促进产学研交流合作等。

4.2.2.3　供需对接服务机构

供需对接服务机构致力于连接技术供应方和需求方，促进科技成果的转化和应用。通过这些机构的服务，技术供应方可以将研究成果、专利技术或其他知识产权资源有效地转移到市场需求方，如企业、创业者等，从而实现科技成果的最大化利用和商业化价值的实现，其职能包括需求挖掘和分析、技术资源整合、对接平台搭建、筛选匹配、谈判协调等。

4.2.2.4　要素服务类机构

技术转移服务机构在服务技术要素市场发展方面扮演着重要的角色，包括且不限于概念验证中心、孵化器、加速器、众创空间、中试熟化基地、科技咨询机构、法律和知识产权咨询机构等。

目前，我国产业端即私营部门建立的技术转移服务机构发展时间较短，主要运作方式仍以传递信息和消除制度障碍为主。然而，仅仅依靠信息对接难以提高实现技术转移的效率和质量。基于市场需求，技术转移服务机构需要提供更深层次的服务。作为知识密集型服务企业的代表，技术转移服务机构需要将自身的知识融入服务中，即提供知识服务，并促进技术转移上中游技术出让方和下游技术受让方的知识交接和共融。技术作为具有特殊属性的商品，有着复杂、专用、不确定、模糊等特点，不适合简单的支付、转移交易过程。只有上下游客户和技术转移服务机构共同参与，才能提高技术转移的成功率。

此外，提供数字化服务可以帮助技术转移服务机构更好地实现其使命和目标，推动技术创新和产业升级。数字化服务可以提高服务的效率和便捷性，使技术转移的过程更加顺畅和高效，还可以拓展服务的范围，使更多的企业和科研机构可以享受到技术转移服务，促进技术创新和产业发展。另外，数字化服务可以提升服务的质量和用户体验，通过数据分析和智能化技术，为客户提供更加个性化和精准的服务，满足不同客户的需求，数字化还可以促进技术转移服务机构的内部管理和运营水平的提升，提供更透明、高效和具有竞争力的服务。

4.3 科技成果转化机构简介

2020 年 5 月，为创新促进科技成果转化机制，进一步提升高校科技成果转移转化能力，科技部、教育部研究制定了《关于进一步推进高等学校专业化技术转移机构建设发展的实施意见》。该文件指出，高校专业化技术转移机构（以下简称技术转移机构）是为高校科技成果转移转化活动提供全链条、综合性服务的专业机构。在不增加本校编制的前提下，高校可设立技术转移办公室、技术转移中心等内设机构，或者联合地方、企业设立的从事技术开发、技术转移、中试熟化的独立机构，以及设立高校全资拥有的技术转移公司、知识产权管理公司等方式建立技术转移机构。

2021 年 1 月，中共中央办公厅、国务院办公厅印发了《建设高标准市场体系行动方案》，指出要发展知识、技术和数据要素市场，创新促进科技成果转化机制，完善国家技术转移体系，培育发展国家技术转移机构，建立国家技术转移人才培养体系，提高技术转移人员的技术评价与筛选、知识产权运营、商业化咨询等专业服务能力。同时，设立知识产权和科技成果产权交易机构，支持中国技术交易所、上海技术交易所、深交所等机构建设国家知识产权和科技成果产权交易机构，在全国范围内开展知识产权转让、许可等运营服务，加快推进技术交易服务发展。技术转移机构和技术产权交易机构都是科技创新体系中不可或缺的部分，二者侧重点不同，技术转移机构侧重技术的转移和推广应用，而技术交易机构则更专注技术的产权交易和相关的监管服务，着重技术的市场化和资本化过程。

随着我国科技成果转化体系的日益健全和完善，科技成果转化已经逐渐成为科技创新和经济增长的核心引擎，催生了众多科技成果转化机构的崛起。这些机构不仅作为科技成果转化的核心阵地，更是连接科研创新与企业需求的桥梁，积极推动科技成果的转化与应用，从而加快了科技成果向产业实践的转化速度，进一步推动了科技成果的产业化进程。国务院于 2017 年印发的《国家技术转移体系建设方案》指出，应通过技术转移机构来优化国家技术转移体系基础架构。其中，概念验证中心、中试基地、科技企业孵化器、大学科技园与新型研发机构各自扮演着独特的角色，共同推动着科技成果从理论走向实践，从实验室迈向市场。本节将对这些机构的概念、功能及其发展趋势进行深入的探讨。

4.3.1　概念验证中心

当前，不同地区对概念验证中心的定义略有不同。《杭州市概念验证中心建设工作指引（试行）》中指出："概念验证中心是依托高等院校、科研院所、新型研发机构、医疗卫生机构和企业，为科技成果转化提供原理或技术可行性研究、原型制造、性能测试、市场竞争分析、二次开发、中试熟化等验证服务，加速创新链与产业链融合的新型载体。"《深圳市概念验证中心和中小试基地资助管理办法》定义："概念验证中心是指依托具备基础研究能力的高等院校、科研机构、医疗卫生机构、企业和社会组织，聚集成果、人才、资本和市场等转化要素，营造概念验证生态系统，加速挖掘和释放基础研究成果价值的新型载体。”《成都市概念验证中心和中试平台资助管理办法（试行）》中提到“概念验证中心，是指围绕科技成果商业化价值验证，对早期科技成果实施技术和市场化、产业化可行性评估论证的新型载体。主要功能包括：面向社会提供科技成果遴选识别、可行性评估、商业化价值分析等概念验证服务。”综合来看，概念验证中心的依托单位主要有高等院校、科研院所、新型研发机构、医疗卫生机构和科技孵化器公司等；主要提供的验证服务包括为科技成果转化提供原理或技术可行性研究、科技成果评估、工程样机生产、小批量试制、性能测试、产品与场景体系验证、二次开发、中试熟化等；主要功能包括营造概念验证生态系统，减少转化风险，吸引投资，提高科技成果转化率，聚焦当地产业发展布局和科技成果方向，围绕高校院所科技成果转化和企业技术需求，加速挖掘和释放基础研究成果价值，加速创新链与产业链融合，畅通科技成果转移转化“最初一公里”，助力科研团队跨越科技成果转化“死亡之谷”。上述定义向我们介绍了概念验证中心的主要依托单位、所提供服务的内容及所达成的效果，展示了不同地区对概念验证中心建设的要求。

与其他孵化载体相比，概念验证中心更关注早期科技成果的技术和商业可实现性，重点针对高技术、高商业价值的成果，开展“产品与场景体系验证”“原型制备与技术可行性验证”“商业前景验证”等概念验证服务及关联服务，形成显现其潜在商业价值的技术（产品、服务、系统）雏形。主要表现为以下四种模式：依托高校技术转移机构建设的模式、依托新型研发机构建设的模式、依托企业法人建设的模式和依托社会资本建设的模式。

2017 年，我国首次在中央政策文件中提及概念验证，国务院发布的关于《国家技术转移体系建设方案》的通知提出，强化创新创业载体的技术转移功能，支持技术概念验证、商业化开发等技术转移活动。2020 年，科技部和教育部联合印发《关于进一步推进高等学校专业化技术转移机构建设发展的实施意见》，其中明确指出，技术转移机构应逐步形成概念验证、科技金融、企业管理、中试熟化等服务能力。2022 年，科技部印发《“十四五”技术要素市场专项规划》文件指出，“探索对科技成果概念验证、中试、产业化等不同阶段采取差异化的金融支持方式”。在相关政策的引导下，各地开始探索概念验证中心建设。武汉市科技创新局为推动武汉市概念验证中心建设和高质量发展，构建更加健全的科技成果转化链条，于 2024 年 4 月 13 日印发《武汉市概念验证中心管理办法（试行）》。广州市科学技术局于 2024 年 5 月 23 日印发的《广州市概念验证中心资助管理办法（试行）》指出，概念验证中心的主要职责是制定遴选评审、成果收益、绩效评价、科研诚信、科技伦理、安全生产和科技保密等内部管理和运营制度；建立概念验证项目库，开展概念验证服务工作，挖掘早期科技成果的潜在商业价值，增强其对社会资本的吸引力，提高科技成果转化质效；编制概念验证中心年度报告和下一年度工作计划等。海南省科学技术厅于 2024 年 6 月 6 日印发《海南省概念验证和应用验证中心认定和管理暂行办法》，该办法是为了进一步促进科技成果产业化，支持和引导企业等科创主体加大研发投入，加快推动科技成果转化为现实生产力。

4.3.2　中试基地

中试基地是指新产品中间试验的场所，是进行中间性试验的专业试验基地。在科研生产领域，中试基地拥有进行中间试验所必需的技术支撑、专业人才团队和先进的设备配置。其独立完善的管理体系可以保证科研成果能够在此得到充分的中间试验环境，为成果的二次开发奠定了坚实基础。此外，中试基地还为科研生产机构提供了进行一定规模试生产的平台，从而促进了科研成果的转化与应用。

湖南省科学技术厅于 2023 年 8 月 28 日印发的《湖南省科技成果转化中试基地认定管理办法（试行）》的通知中指出中试基地是指“聚焦科技成果转化关键环节，以行业优势科教资源或企业科研平台为依托、由法人单位建设或运营、聚集中试设施设备、具备专业人才资源、对小试研发成果进行二次放大和熟化研发，进而为企业规模生产提供成熟、适用、成套技术的成果转化服务实体，是支撑引领产业创新发展，加速科技成果产业化的重要平台。”“中试基地的主要任务包括中试项目遴选开发、性能工艺改进、工艺放大熟化、小批量试生产、产品性能检测、仪器开放共享、提供技术咨询服务等。”工业和信息化部、国家发展改革委于 2024 年 1 月 16 日印发的《制造业中试创新发展实施意见》中指出:“到 2025 年，我国制造业中试发展取得积极进展，重点产业链中试能力基本全覆盖，数字化、网络化、智能化、高端化、绿色化水平显著提升，中试服务体系不断完善，建设具有国际先进水平的中试平台 5 个以上，中试发展生态进一步优化，一批自主研发的中试软硬件产品投入使用，中试对制造业支撑保障作用明显增强。”工业和信息化部办公厅 2024 年 9 月 14 日发布的《关于加快布局建设制造业中试平台的通知》指出:“围绕国家战略与产业发展急需的关键领域，引导有条件的建设主体因地制宜采取相应的建设模式、发展策略和举措，‘一类一策’推进中试平台建设。”并进一步指出应当按照“成熟一个、启动一个”“一平台一方案”的原则，推动平台建设升级，发挥溢出效应，贯通概念验证、实验室研发、中试验证、产业化应用全链条，汇聚各类产业资源，推动科技成果转化应用，提供专业化服务和系统化解决方案。计划到 2027 年，在有条件的地方培育建设一批省部级制造业中试平台，并遴选认定若干个具有国际先进水平的国家制造业中试平台。

中试基地行业发展历程可以分为以下三个阶段。在起步期，中试基地的概念开始出现，但在此阶段规模较小，技术和经验还不够成熟，之后中试基地随着科技创新和产业发展的推进得到了更多的关注和推广。在创新期，中试基地行业经历了快速的创新和发展，新的科技创新和研发成果不断涌现，中试基地的功能和应用范围不断扩大。在应用期，由于中试基地应用范围的不断扩大，越来越多的项目得以实施并取得了显著的成果。未来，中试基地行业有望进一步发展，随着科技的进步和经验的积累，新的科技创新、研发和产业转型将为中试基地的实现提供更多的可能性。中试基地的发展不仅有助于推动科技创新和产业升级，还能促进经济发展和社会进步。

4.3.3 科技企业孵化器

根据《科技企业孵化器服务规范》(GB/T 39668—2020)，科技企业孵化器是指“为促进科技成果转化和培育科技企业，提供物理空间、共享设施和专业化服务的科技创业服务机构”。科技企业孵化器作为高新技术中小企业成长的重要支撑平台，致力于扶持和培育这些新兴企业。对于新创立的科技型中小企业而言，孵化器提供的不仅是物理空间和基础设施，更是一个降低创业风险、减少创业成本、提升创业成功率的强大后盾。这一系列的服务举措，不仅有助于科技型中小企业的稳步成长，更在推动高新技术产业发展、完善国家及地区创新体系、促进经济繁荣等方面发挥着不可或缺的作用，从而彰显出其深远的社会经济价值。

2006 年，国务院印发了《国家中长期科学和技术发展规划纲要（2006—2020 年）》，表明国家层面高度重视科技企业孵化器发展的制度化建设进程，各地按照国家顶层设计要求深入推动地方科技企业孵化器建设，形成了显著的规模优势与规模效应，取得巨大成就。截至 2022 年 12 月 31 日，国家级科技企业孵化器 1425 家，国家备案众创空间 2441 家。健全和完善科技企业孵化器政策成为推动科技企业孵化器发展的重要路径。为此，国家颁布了《国家科技企业孵化器“十三五”发展规划》《科技企业孵化器管理办法》等文件，通过发挥政策指导作用，最大化发挥科技企业孵化器在促进科技型中小企业成长中的功能。

我国孵化器事业发展经历了三个阶段。第一阶段是 1987—2000 年，这一时期是科技企业孵化器的初创和示范阶段，此时政府发挥主导和引领的作用，以高新区和科委为主导的综合技术孵化器成为主体，多数为自筹经费的事业单位。在这一阶段，中国科技企业孵化器数量逐步增长到 100 家左右，为后续的快速发展奠定了坚实的基础。第二阶段是 2001—2013 年，在此期间科技企业孵化器的地位得到了进一步的提升，成为国家科技创新体系的核心组成部分。营利型孵化器开始崭露头角，形成了包括全额拨款、自筹经费事业单位、差额拨款、国有企业及民营企业等多样化的孵化器形态。在此阶段，孵化器的数量和实力均有了显著的增长，我国成功跻身全球企业孵化器强国之列。第三阶段自 2014 年起，中国科技企业孵化器进入了一个全新的发展阶段。为了满足时代的需求，孵化器的形式不断进行创新，以适应日益变化的市场环境。此外，基于孵化器的理念，我国还创建了许多面向大学生的科技创业见习基地，支持年轻一代的创新与创业。

4.3.4 大学科技园

根据国家级科技创新平台基地清理规范工作的有关部署，国家大学科技园被列为成果转化与产业化类国家级科技创新平台，由教育部牵头组织实施，是国家创新体系的重要组成部分和中国特色、世界一流大学建设的重要任务，是有组织推动成果转化与产业化的国家级科技创新平台，是高校产教融合引领地、师生创新创业实践地、技术转移承载地、科技企业孵化地和产业生态培育地，主要任务是充分发挥运行机制灵活、结合市场紧密、创新资源汇聚等方面的优势，畅通高校科技成果转移转化链条，以技术转移转化为纽带，推动创新链、产业链、资金链、人才链深度融合。

自 1991 年以来，国家大学科技园历经了 2001 年的首批认定，至今已走过 30 余年的建设之路。截至 2023 年 6 月底，全国范围内共有 139 家国家大学科技园，其背后依托的高校超过 250 所。这些科技园在促进科技成果转化、科技企业孵化、培育创新创业人才等方面成效显著，为我国的高质量发展提供了坚实的支撑。

大学科技园积极吸引财务、法律、风投等机构入驻，可提供包括工商、税务、法律及网络等基本服务，并汇聚校内外资源，构建从研究开发、中试熟化到工业化试生产的各类公共技术服务平台，推动高校科技成果工程化和产业化。2020—2024 年，大学科技园累积转化科技成果超过 23 万项，转化专利数达到 1.8 万余个，其中横向技术合同签订的数量约为 5.7 万个，合同金额累计近 500 亿元。目前，大学科技园的场地面积近 700 万平方米，累计吸引了师生创业企业 10959 家，孵化的企业数量达到 21475 家。其中，高新技术企业 2994 家，毕业企业数量达到 5669 家。此外，大多数大学科技园建立了高校学生科技创业实习基地，可以为学生提供一定的创业实践机会，并通过校企共建创业学院、举办学生创新大赛、开设创新创业课程等多种方式开展多层次创新创业教育活动。

4.3.5 新型研发机构

新型研发机构是聚焦科技创新需求，主要从事科学研究、技术创新和研发服务，投资主体多元化、管理制度现代化、运行机制市场化、用人机制灵活的独立法人机构，可依法注册为科技类民办非企业单位、事业单位和企业。发展新型研发机构有助于优化科研资源配置，增强产业技术创新能力，加快科技成果转化，实现科技创新与经济社会发展的紧密结合，提升科技成果转化质量，加速科研成果的产业化进程。这些机构能够作为高校、研究机构与市场、企业、政府需求之间的桥梁，推动地区经济的增长。以国家和社会需求为导向，整合社会资源，促进学科发展、科技成果转化和创新人才的培养，新型研发机构正成为高校和研究机构协同创新的新引擎。该类机构主要进行中试放大、工程化试验、二次开发、检验检测、集成创新、深度融合、技术推广、产学研合作、产业培训等。

新型研发机构有以下三种属性：一是事业单位属性，享受地方政府政策性资金补助的便利性，有利于对高层次人才的吸引招募，还可申请享受进口科研仪器设备减免税等政策红利；二是企业性质属性，按照《中华人民共和国公司登记管理条例》进行登记管理，可申请高新技术企业认定，享受相应税收优惠，机构运营所得利润不进行分红，主要用于机构管理运行、建设发展和研发创新；三是民办非企业性质属性（社会服务机构），依法进行登记管理，可享受相应税收优惠，运营所得利润主要用于机构管理运营、建设发展和研发创新等，出资方不得分红。

2016 年，中共中央、国务院颁布《国家创新驱动发展战略纲要》，着重强调了面向市场的新型研发机构的重要性。2019 年，科技部发布的《关于促进新型研发机构发展的指导意见》中指出，“要通过发展新型研发机构进一步优化科研力量布局，强化产业技术供给，促进科技成果转移转化，推动科技创新和经济社会发展深度融合，提升国家创新体系整体效能，实施创新驱动发展战略”，进一步从国家层面对新型研发机构的内涵与外延进行了界定和规范。自此，新型研发机构的发展进入了一个崭新的阶段。据科技部的连续监测统计，2019 年到 2020 年，各省推荐上报的新型研发机构数量呈现出稳定的增长态势。到 2020 年年底，我国新型研发机构的数量已超过 2100 家。这一现象的涌现，既源于科学研究技术累积到一定程度后，科技成果转化速度与效率无法匹配产业发展需求的供给侧结构性改革需求，也反映了高新技术产业持续演进升级过程中知识密集型产业对可产业化技术供给的迫切需求，进而推动了创新需求侧的改革。

通过上面的介绍可以看出，概念验证中心、中试基地、孵化器、大学科技园与新型研发机构在科技成果转化中发挥着不可或缺的作用，为科技创新提供了强有力的支撑和保障。

4.4 科技成果转化典型机构案例

案例：斯坦福大学技术许可办公室

一、案例背景

斯坦福大学技术许可办公室（Office of Technology Licensing，OTL）成立于1970年，是世界上首个专门从事大学科研成果转化的机构，开创了高校的技术转移模式。它的成立标志着斯坦福大学开始重视科研成果的社会转化价值，也反映了当时美国高校对科研成果商业化的初步尝试。斯坦福大学技术许可办公室的成功经验不仅对斯坦福大学自身技术成果的转化产生了重要作用，也为全美乃至全球高校的技术转移提供了宝贵的经验和示范。

二、典型做法

斯坦福大学技术许可办公室的核心理念是让技术最有效地服务于社会，而不是追求最大化的经济利益。因此，在对待具体的技术项目上，其优先选择不是待价而沽，而是与那些具备商业化能力的企业开展许可谈判。在谈判过程中，斯坦福大学技术许可办公室要求被许可企业提供商业计划书，并在合同中设置里程碑条款，规定若未达到约定的产品开发、生产和销售等指标，则有权收回许可。斯坦福大学科研人员利用学校资源进行的研发活动所产生的技术发明所有权归属于学校，由斯坦福大学技术许可办公室统一管理和对外许可。

斯坦福大学技术许可办公室在开展科技成果转移转化方面主要遵循以下操作流程：①发明披露。发明人向技术许可办公室在线提交《发明和技术披露表》，提供技术信息及可能感兴趣的公司信息。技术披露后，斯坦福大学技术许可办公室指派一名技术经理人全程负责并与发明人保持沟通。②价值评估。斯坦福大学技术许可办公室收到披露申请后1～3周内，技术经理人会召开与发明人的首次会议，了解发明的技术要点、资助来源等信息，并进行专利检索，评估是否申请专利。③专利申请与维护。若评估认为适当，斯坦福大学技术许可办公室会委托专利事务所申请专利。专利申请和维护费用由斯坦福大学技术许可办公室承担，将来通过许可费收回。④市场营销。技术经理人会主动联系潜在客户，并考察其技术市场化能力。⑤选择被许可人。如有多个客户对同一项技术感兴趣，斯坦福大学技术许可办公室会尽量选择非独占许可或细分领域许可。如果发明人自己成立初创公司申请技术许可，斯坦福大学技术许可办公室通常会给予优先考虑。⑥技术许可。斯坦福大学技术许可办公室代表学校与客户谈判、签订和执行许可协议。许可费通常包括专利申请维护成本、入门费、最低年费、提成费和股权。⑦合同执行与关系管理。斯坦福大学技术许可办公室会跟踪监督被许可方的商业化进展，收取和分发年度许可费，并维护客户关系。

三、案例启示

斯坦福大学技术许可办公室模式的成功激励了许多其他大学纷纷效仿，如麻省理工学院和加州大学曾邀请当时的斯坦福大学技术许可办公室主任 Niels Reimers 帮助改进它们的技术转移工作。这些做法显示了技术许可办公室模式的强大影响力及其在全球范围内的推广潜力。其成功经验表明，通过构建以技术许可为基础的模式、加强技术转移能力建设、强化科技成果披露和技术价值评估、引导建立全球性技术转移联盟等举措，能够有效促进科研成果的转化，为社会创造更多价值。高校在通过展会、交流活动或技术披露将某项技术发明引入技术转移办公室的视野时，首要任务是对该技术进行评估，以确定如何进行知识产权保护。接下来，基于技术的核心价值、发明人的意愿、新技术或产品的市场推广路径、营销策略，以及市场上现有产品和竞争对手的情况，决定是将技术进行转让或许可，还是建立相应的初创公司。

案例：德国弗劳恩霍夫应用研究促进协会

一、案例背景

弗劳恩霍夫应用研究促进协会（Fraunhofer-Gesellschaft，以下简称协会）总部位于德国，是面向新工业技术研究的世界领先组织。它专注于与未来相关的关键技术，并利用工商业成果，在创新过程中发挥着核心作用。该组织成立于 1949 年，目前在德国设有 74 个研究所和研究机构。据披露，协会有 28000 名员工，每年研究经费总计超过 28

亿欧元，其中超过 23 亿欧元研究经费来自科研合同。开展与全球顶尖科研机构和创新型企业的国际合作，不仅可以确保紧跟科技和经济领域的最新进展，还有助于展望和准备未来的发展。

二、典型做法

协会是公助、公益、非营利的科研机构，为企业特别是中、小企业开发新技术、新产品、新工艺，协助企业解决自身创新发展中的组织、管理问题。在国际合作方面，协会在美国设有研究中心，在亚洲若干国家设有代表处。通过这些机构协会，在世界范围内促进业务与合作，展现未来科学的进步和经济的发展。据悉，协会早在 1999 年就在北京设立了弗劳恩霍夫应用研究促进协会北京代表处。

协会下设各细分领域研究所具有高知名度与行业影响力。例如德国弗劳恩霍夫光电、系统技术及图像处理技术研究所（以下简称 IOSB），成立于 1956 年，位于德国卡尔斯鲁厄市及埃特林根市，专门从事信息光电信息处理、系统技术及图像融合技术领域的研究和研发，目前是欧洲最大的图像采集、处理和分析领域的研究机构。其核心领域是系统理论和系统技术，并具有对大型复合学科系统的分析能力、建模能力，以及设计与实施能力。其主导的光电、系统技术及图像处理研究所工业自动化应用中心（IOSB-INA）与东威斯特法伦 - 利普应用技术大学（OWL）合作成立了一家智慧工厂，享誉全球。

此外，弗劳恩霍夫协会生产设备和设计技术研究所（Fraunhofer IPK）是德国推进工业 4.0 的重要研究机构，也是中国政府为实施“中国制造 2025”聘请的五个德国专业机构之一。弗劳恩霍夫协会生产设备和设计技术研究所总部位于柏林，研究人员 370 多名，提供的服务从产品创意到产品开发、设计、生产直到回收利用，曾为宝马、西门子、拜耳、柏林航空和欧宝等各行业世界知名企业提供了智能制造整体解决方案。

三、案例启示

建立专注于特定领域的研究机构，使协会能够根据客户和合作伙伴的具体需求定制其研究工作。凭借明确的市场定位和实际价值，这些研发活动有助于提升协会的长期竞争力。协会致力于在经济考量与资源效率之间找到平衡点，同时确保可持续性与环境兼容性。除承接委托研究项目外，协会还积极从事前沿研究项目，旨在为未来的生产提供创新理念，并与合作伙伴紧密协作，将基础研究成果转化为市场上的可销售产品。

4.5 本章小结

随着我国科技成果转化体系的日益健全和完善，科技成果转化机构在促进科技创新和经济发展中扮演着至关重要的角色，推动了专利技术的应用和产业化。此外，不同类型的技术转移机构在技术转移转化方面有着不同的职责和特点，为科技企业提供技术支持和人才支持，推动科技与经济的深度融合，促进科技成果的共享和共用，为全社会提供更加丰富和多样化的科技创新服务。

思考题

1. 我国科技成果转化服务机构的主要类型有哪些？
2. 简述技术要素市场的特点。
3. 列举并简要介绍不少于 3 个国际技术转移专业机构。
4. 新型研发机构的属性有哪些？

第 5 章
科技金融基础知识

金融创新与科技创新紧密配合，才会构成科技进步和经济增长源源不断的动力。科技金融的作用机制是凭借发达的金融体系和完善的风险控制系统实现金融集聚，通过输送科技创新资金、分散科技创新风险等促进科技成果转化，驱动科技创新项目的开展与执行。在科技创新体系中，科技金融对于激活创新要素、加速研发和应用进度、分担创新风险、优化创新资源配置、放大创新效益等起着关键的支撑、激励和杠杆作用。因此，技术经理人必须了解科技金融的相关政策和相关基础知识。

本章首先阐述科技金融的基本概念和科技金融的多个参与主体，然后说明我国多层次资本市场体系，最后阐述科技金融为科技创新和技术成果转化提供金融支持的主要产品与服务。

5.1 科技金融的基本概念与制度

5.1.1 科技金融的概念

《国家“十二五”科学和技术发展规划》指出，科技金融是指通过创新科技财政投入方式，引导银行业、证券业、保险业金融机构，以及创业风险投资等各类资本，创新金融产品及金融服务模式，搭建金融服务平台，实现科技创新链条及金融资本链条有机融合，为处于不同发展阶段科技型企业提供资本支撑及金融服务的一系列政策及制度的系统性安排。发展科技金融不仅有助于充分发挥科技对经济社会发展的推动作用，也为金融业的长远发展注入新动力。

2023 年 11 月举行的中央金融工作会议提出，做好科技金融、绿色金融、普惠金融、养老金融、数字金融五篇大文章。2023 年 12 月举行的中央经济工作会议提出，引导金融机构加大在科技创新、绿色转型、普惠小微、数字经济等方面的支持力度。2024 年 1 月，国家金融监管总局发布《关于加强科技型企业全生命周期金融服务的通知》，提出支持初创期科技型企业成长壮大，丰富成长期科技型企业融资模式，提升成熟期科技型企业金融服务适配性，助力不同阶段科技型企业加大研发投入。2024 年 6 月 24 日，习近平总书记在全国科技大会上提出，要扎实推动科技创新和产业创新深度融合，助力发展新质生产力。融合的途径是要促进科技成果转化应用，做好科技金融这篇文章，引导金融资本投早、投小、投长期、投硬科技。同月，中国人民银行等七部门联合印发《关于扎实做好科技金融大文章的工作方案》，提出推动金融机构和金融市场全面提升科技金融服务能力、强度和水平，为各类创新主体的科技创新活动提供全链条全生命周期金融服务，精准支持国家重大科技任务、科技型企业培育发展、战略性新兴产业发展和未来产业布局、传统产业技术改造和基础再造、国家和区域科技创新高地建设等重点领域。

5.1.2 科技金融的参与主体

我国科技金融逐步形成包括企业、资本市场、创业风险投资机构、科技银行、科技保险机构、中介服务机构和政府部门等参与主体在内的多渠道、多视角的科技金融体系。这些参与主体在科技金融的发展中各自扮演着不同的角色，共同推动科技与金融的深度融合，提升金融服务的效率和质量，支持科技产业的发展和转型升级。

从科技金融参与主体的视角看，科技金融体系是在科技金融环境下，由科技金融需求方、科技金融供给方、科技金融服务机构、政府和科技金融生态环境等科技金融要素构成的综合体。

科技金融的需求方包括高新技术企业、高校、科研院所和个人，其中高新技术企业是科技金融的主要需求方，高校和科研机构主要是财政性科技投入的需求方。

科技金融的供给方主要是指银行、创业风险投资机构、科技保险机构和科技资本市场，另外个人也是科技金融的供给方，如天使投资人、民间金融和高新技术企业内部融资等。

科技金融服务机构包括传统的担保机构、信用评级机构、律师事务所、会计师事务所，以及新兴的创业孵化机构、科技服务机构、财务顾问公司等，这些机构在减少金融市场的信息不对称方面起到了积极的作用。

此外，政府是科技金融体系中特殊的参与主体，因为政府既是科技金融的供给方、需求方，又是科技金融的服务机构，还是科技金融市场的引导者和调控者。

5.1.3 我国多层次资本市场基本制度

我国资本市场从 20 世纪 90 年代发展至今，遵循错位发展、功能互补的市场定位，目前已经形成了包括主板、科创板、创业板、北京证券交易所（以下简称北交所）、新三板和区域性股权市场等在内的成熟体系。多层次资本市场对于实体经济直接融资的支持涵盖了不同行业与企业的不同生命周期：主板主要服务于成熟期大型企业；科创板突出“硬科技”特色，发挥资本市场改革“试验田”作用；创业板主要服务于成长型创新创业企业；北交所与新三板则共同打造服务创新型中小企业主阵地。不同阶段的企业需要不同形式的金融产品，以匹配不同投融资诉求。多层次资本市场则需要分工面对不同阶段的企业，以不同的金融产品进行差异化服务。

5.1.3.1　主板市场

主板主要指传统的股票市场，是一个国家或地区证券发行、上市及交易的主要场所。我国目前的主板市场有上海证券交易所（以下简称上交所）和深交所。上交所市场代码以 60 开头，深交所市场代码以 00 开头。主板市场在很大程度上反映了国民经济发展运行水平，被称作“国民经济的晴雨表”。

主板市场上市条件较为严格，对企业的营业期限、股本大小、盈利水平和最低市值等方面都做了明确规定。主板市场上市条件主要包括：依法设立且合法存续的股份有限公司，持续经营时间在 3 年以上；在以营业期限、股本大小、盈利水平、最低市值为主的 4 个方面要求标准较高，且企业已经具备资本规模和已经稳定的盈利能力；最近 3 年内没有发生重大变化，最近一期末无形资产（扣除土地使用权、水面养殖权和采矿权等后）占净资产的比例不高于 20%，且不存在未弥补亏损，主板发行前不少于 3000 万股，上市股份公司股本总额不低于人民币 5000 万元，公众持股至少 25%。

5.1.3.2　创业板市场

创业板市场是指主板市场以外的专门为新兴公司和中小企业提供筹资渠道的市场板块。创业板深入贯彻创新驱动发展战略，适应发展更多依靠创新、创造、创意的大趋势，主要服务成长型创新创业企业，支持传统产业与新技术、新产业、新业态、新模式深度融合，是对主板市场的重要补充。截至 2024 年 7 月 1 日，创业板有 1349 家上市公司，总市值 92275.98 亿元。

创业板市场对上市公司经营业绩和资产规模要求较宽，主要关注公司的发展前景和成长空间，以及良好的战略计划与明确的主体概念，但对信息披露和主业范围的要求相当严格。很多高科技企业和中小企业常常利用它为所投资的项目筹集资金。

《深圳证券交易所创业板企业发行上市申报及推荐暂行规定（2024 年修订）》规定：“支持和鼓励符合下列标准之一的成长型创新创业企业申报在创业板发行上市：（一）最近三年研发投入复合增长率不低于 15%，最近一年投入金额不低于 1000 万元，且最近三年营业收入复合增长率不低于 25%；（二）最近三年累计研发投入金额不低于 5000 万元，且最近三年营业收入复合增长率不低于 25%；（三）属于制造业优化升级、现代服务业或者数字经济等现代产业体系领域，且最近三年营业收入复合增长率不低于 30%。”

5.1.3.3 科创板市场

科创板是独立于现有主板市场的新设板块，面向世界科技前沿、经济主战场和国家重大需求，主要服务于符合国家战略、突破关键核心技术、市场认可度高的科技创新企业。重点支持新一代信息技术、高端装备、新材料、新能源、节能环保以及生物医药等高新技术产业和战略性新兴产业，推动互联网、大数据、云计算、人工智能和制造业深度融合，引领中高端消费，推动质量变革、效率变革、动力变革。未盈利企业也可以根据实际情况和条件在科创板申请上市。

《上海证券交易所科创板企业发行上市申报及推荐暂行规定（2024 年 4 月修订）》第六条规定：“支持和鼓励科创板定位规定的相关行业领域中，同时符合下列 4 项指标的企业申报科创板发行上市：（一）最近三年研发投入占营业收入比例 5% 以上，或者最近三年研发投入金额累计在 8000 万元以上；（二）研发人员占当年员工总数的比例不低于 10%；（三）应用于公司主营业务并能够产业化的发明专利 7 项以上；（四）最近三年营业收入复合增长率达到 25%，或者最近一年营业收入金额达到 3 亿元。”

《上海证券交易所科创板企业发行上市申报及推荐暂行规定（2024 年 4 月修订）》第七条规定：“支持和鼓励科创板定位规定的相关行业领域中，虽未达到本规定第六条指标，但符合下列情形之一的企业申报科创板发行上市：（一）拥有的核心技术经国家主管部门认定具有国际领先、引领作用或者对于国家战略具有重大意义；（二）作为主要参与单位或者核心技术人员作为主要参与人员，获得国家自然科学奖、国家科技进步奖、国家技术发明奖，并将相关技术运用于主营业务；（三）独立或者牵头承担与主营业务和核心技术相关的国家重大科技专项项目；（四）依靠核心技术形成的主要产品（服务），属于国家鼓励、支持和推动的关键设备、关键产品、关键零部件、关键材料等，并实现了进口替代；（五）形成核心技术和应用于主营业务，并能够产业化的发明专利（含国防专利）合计 50 项以上。”

5.1.3.4　北京证券交易所

北交所主要服务创新型中小企业，重点支持先进制造业和现代服务业等领域的企业，推动传统产业转型升级，培育经济发展新动能，促进经济高质量发展。

《北京证券交易所股票上市规则（试行）》规定：“发行人申请公开发行并上市，应当符合下列条件：（一）发行人为在全国股转系统连续挂牌满 12 个月的创新层挂牌公司；（二）符合中国证券监督管理委员会（以下简称中国证监会）规定的发行条件；（三）最近一年期末净资产不低于 5000 万元；（四）向不特定合格投资者公开发行（以下简称公开发行）的股份不少于 100 万股，发行对象不少于 100 人；（五）公开发行后，公司股本总额不少于 3000 万元；（六）公开发行后，公司股东人数不少于 200 人，公众股东持股比例不低于公司股本总额的 25%；公司股本总额超过 4 亿元的，公众股东持股比例不低于公司股本总额的 10%；（七）市值及财务指标符合本规则规定的标准；（八）本所规定的其他上市条件。本所可以根据市场情况，经中国证监会批准，对上市条件和具体标准进行调整。

发行人申请公开发行并上市，财务指标达到下列四项要求之一即可：（一）预计市值不低于 2 亿元，最近一年净利润不低于 1500 万元，且最近一年营业收入不低于 1 亿元；（二）预计市值不低于 3 亿元，最近一年净利润不低于 3000 万元；（三）预计市值不低于 5 亿元，最近一年营业收入不低于 1 亿元，且最近三年累计研发投入占最近三年累计营业收入的比例不低于 8%；（四）预计市值不低于 15 亿元，最近一年营业收入不低于 1 亿元，且最近三年累计研发投入占最近三年累计营业收入的比例不低于 8%。”

5.1.3.5 新三板市场

新三板又称全国中小企业股份转让系统，是继上海证券交易所（简称上交所）、深交所之后由国务院批准，证监会统一监管的第三家全国性的证券交易场所。新三板市场是高科技企业初创期的助推器，主要针对创立初期，有一定产品、模式处于发展初期的股份制公司。新三板市场可以通过多种方式增强挂牌企业融资能力。挂牌新三板并不进行融资，但新三板可以通过价格发现、引入风险投资、私募增资、银行贷款等方式增强挂牌企业融资能力。

截至 2024 年 7 月 19 日，新三板市场的挂牌公司数量为 6148 家，新三板市场的挂牌公司市值为 11751.82 亿元，排名前三的行业分别为计算机、通信和其他电子设备制造业、专用设备制造业和软件和信息技术服务业。

5.1.3.6 区域性股权市场

区域性股权市场也称四板市场，是为特定区域内的企业提供股权、债券转让和融资服务的私募市场，是公司规范治理、进入资本市场的孵化器，也提供股权转让的交易及配套服务。区域性股权市场的特点包括：一是区域性定位。这些市场开展业务的范围仅限于地区，为当地企业提供融资服务，促进当地经济发展。二是服务中小微企业。区域性股权市场通常重点支持中小微企业，帮助它们获得融资支持，促进企业成长和创新。三是政府支持。地方政府通常会支持和推动区域性股权市场的发展，包括推出相关政策和措施，促进市场的健康运行。四是专业化服务。区域性股权市场可以提供专业化的服务，包括公司融资顾问、投资机构等，帮助企业实现融资需求，促进企业规范发展。总的来说，区域性股权市场在我国多层次资本市场体系中扮演着基础的角色，为中小微企业和早期企业提供了多样化的服务，促进了地方经济的发展和创新。

按照一省一市场的原则（计划单列市另算），目前全国共有 35 家区域性股权市场。截至 2023 年年底，共有挂牌公司 4.49 万家（其中股份公司 1.72 万家），展示企业 12.40 万家，托管公司 6 万家（其中纯托管公司 1.19 万家）；投资者总数 231.35 万户，其中合格投资者 12.09 万户。2023 年全年实现各类融资 2240 亿元，累计实现各类融资 2.42 亿元，其中股权融资 7700 亿元；累计转让成交额 5951 亿元。区域性股权市场提供服务的企业中，累计转沪深北交易所上市 128 家，转新三板挂牌 950 家，被上市公司和新三板挂牌公司收购 61 家。

5.2 科技金融的主要产品与服务

我国金融支持科技创新的强度和水平持续提升，金融产品和服务推陈出新。目前，我国已经初步形成银行信贷、资本市场、债券市场和创业投资等多层次、多元化的科技金融服务。不过，我国科技金融仍处于发展过程中，融资结构以间接融资为主，难以充分满足科技创新以及科技成果转化的资金需求。为此，中国人民银行等七部门文件《关于扎实做好科技金融大文章的工作方案》要求为科技型企业提供“天使投资—创业投资—私募股权投资—银行贷款—资本市场融资”的多元化接力式金融服务。

本部分主要讲述风险投资（包括天使投资、创业投资、私募股权投资）、科技贷款、科技债券、科技保险、股票融资等科技金融产品和服务。此外，财政科技投入是政府财政对科技领域的直接投入，旨在引导和鼓励科技创新与应用，为科技金融产品和服务发挥作用提供重要保障。

5.2.1 财政科技投入

财政科技投入是指政府及其相关部门为支持科技活动而进行的经费投入，一般来说是指国家财政预算内安排的科研投入。2023 年《国民经济和社会发展统计公报》数据显示，科技经费投入力度加大，研究与试验发展（R&D）经费投入保持较快增长，国家财政科技投入稳步增加，如表 5-1 所示。

表 5-1　2021—2023 年我国研究与试验发展经费支出表

研究与试验发展经费	2021 年	2022 年	2023 年
政府资金支出 / 亿元	5299.70	5470.90	暂无数据

续表

研究与试验发展经费		2021 年	2022 年	2023 年
总支出	金额 / 亿元	27956.31	30782	33278
	增长率 /%	14.61	10.11	8.11
	占 GDP 的比重 /%	2.54	2.72	2.79

在科技创新领域，中央及地方政府采用了一系列政策工具以促进战略性新兴产业的发展，其中包括专项资助、税收减免、信用担保、设立公共创业投资引导基金及风险补偿基金等。这些措施旨在降低创新活动的资金成本，缓解创新企业融资难的问题，从而加速科技成果的商业化过程。

政府引导基金，尤其是采取政府母基金的形式，成为近年来支持科技创新的核心策略之一。政府母基金主要通过资金注入，引导社会资本投资于科技创新领域，以此优化和提升产业创新发展的质量和效率。政府引导基金在中央政府层面和地方政府层面均有设立，中央政府层面包括国家科技成果转化引导基金、国家中小企业发展基金等，地方政府层面比较典型的是深圳市设立的深圳市天使投资引导基金等。

5.2.1.1 国家科技成果转化引导基金

2011 年 7 月，为贯彻落实《国家中长期科学和技术发展规划纲要》，加速推动科技成果转化与应用，充分发挥财政资金的杠杆和引导作用，带动金融资本和民间投资向科技成果转化集聚，进一步完善多元化、多层次、多渠道的科技投融资体系，财政部和科技部发布了《国家科技成果转化引导基金管理暂行办法》。转化引导基金主要用于支持转化利用财政资金形成的科技成果，包括国家（行业、部门）科技计划（专项、项目）、地方科技计划（专项、项目）及其他由事业单位产生的新技术、新产品、新工艺、新材料、新装置及其系统等。2014 年 8 月，科技部、财政部发布了《国家科技成果转化引导基金设立创业投资子基金管理暂行办法》。2021 年 10 月，财政部、科技部对《国家科技成果转让引导基金管理暂行办法》2011 版进行了修订，调整了转化基金的支持方式，突出以创投子基金的方式支持科技成果转化，新增鼓励符合条件的创新创业载体参与设立子基金，加强投资和孵化协同，促进科技成果转化。

国家科技成果转化引导基金通过创新传统财政投入模式，发挥出财政资金的引导作用和杠杆效应，促进了大规模社会资本向科技创新领域的流动。基金创新性的财政投入方式和风险分担机制不仅直接为科技成果转化提供资金支持，还通过激励措施，促进了私营部门和地方政府对科技创新项目的关注和投入。此外，国家科技成果转化引导基金的运作机制也成功激活了科技成果资源，通过提供必要的资金支持和激励措施，鼓励科研人员将研究成果转化为具体产品和技术。这不仅加快了科技成果的商业化进程，还促进了科技与经济的深度融合，对国家科技进步和经济社会发展产生了积极影响。根据《中华人民共和国 2023 年国民经济和社会发展统计公报》显示，国家科技成果转化引导基金累计设立 36 只子基金，资金总规模 624 亿元。

5.2.1.2　国家中小企业发展基金

根据《中小企业促进法》的规定，国家中小企业发展基金（以下简称“中小企业发展基金”）于 2015 年 9 月经国务院常务会议批准设立，旨在通过发挥中央财政资金的杠杆作用和乘数效应，吸引社会资本共同扩大对中小企业股权投资的规模，从而支持实体经济、促进创新和创业活动。该基金的成立，标志着国家对于中小企业发展支持力度的加强，以及对创新创业环境改善的重视。中小企业发展基金主要通过母基金模式进行运作，即基金本身不直接投资于中小企业，而是投资于多个子基金，这些子基金再对具体的中小企业或创新项目进行投资。这种方式使得基金能够与国内多家优秀的创业投资（VC）和私募股权（PE）管理机构建立战略合作关系，实行市场化的投资策略，有效提高资金使用的效率和效果。此外，中小企业发展基金还具备融资担保功能，为中小企业提供更为多元化的融资解决方案。

为进一步扩大服务范围和深化服务效果，中小企业发展基金通过国家中小企业公共服务示范平台、小微企业创业创新示范基地以及国家“双创”（即创新创业）特色载体等，集成服务资源，加强对有潜力的中小企业的分层次培育。这些措施不仅促进了子基金生态体系的形成，还聚焦于推进中小企业发展的政策目标，通过促进区域协同发展与产业升级，引导更多的社会资本支持中小企业的创新和发展。

5.2.1.3 深圳市天使投资引导基金

除中央政府外，地方政府也纷纷推出具有地方特色的科技创新支持政策，以吸引和培育科技企业。2018 年，深圳市人民政府投资发起设立深圳市天使投资引导基金。深圳天使母基金由深圳市引导基金出资成立，目前规模 100 亿元，是国内规模最大的天使投资类政府引导基金。深圳天使母基金专注投资培育战略性新兴产业和未来产业，致力于引领天使投资行业，培育优秀初创企业，完善“基础研究 + 技术攻关 + 成果产业化 + 科技金融 + 人才支撑”的全过程创新生态链，成为全球领先的天使母基金，为深圳打造国际风投创投中心和国际科技、产业创新中心提供了有力支撑。

成立 5 年来，深圳天使母基金已与 83 支子基金签订了合作协议，投资了 910 余家初创企业，这相当于每两天就为一家初创企业带去“天使资金”。子基金交割项目中，估值超 1 亿美元的“潜在独角兽”项目 161 个，其中估值超 10 亿美元的“独角兽”项目 6 个。

5.2.2 风险投资

风险投资作为一种特殊的投资机制，其本质在于在承担一定风险的条件下追求投资利润的最大化，与传统投资行为在目的上具有共性。然而，它在投资对象选择、收益来源及实现方式等方面展现出独有的特征。风险投资的核心在于对高风险、高科技及高成长潜力的创新型企业的投资，以及通过退出机制实现资金的循环增值。在促进科技成果的商业化转化、支持创新型企业成长以及推动国家乃至全球经济发展的过程中，风险投资发挥着至关重要的作用。通过提供资金支持，风险投资加速了科技成果从理论到市场的转化过程，促进了技术创新与经济价值的结合。此外，风险投资不仅限于资金的提供，还包括为被投资企业提供咨询、管理顾问等一系列增值服务，这些服务对于企业的管理提升和制度创新具有重要影响。

广义的天使投资、创业投资、私募股权投资都可以被认为是风险投资。从严格意义来说，私募股权投资指投资于未在证券交易所公开上市交易的公司，私募股权投资涵盖了天使投资和风险投资，并具有更广阔的范畴。简单来说，三者是根据被投资企业所处的阶段来划分的。天使投资是种子期（成果验证阶段），风险投资是早期 / 成长期（企业初创阶段），私募股权投资则是成熟期（企业发展阶段）。同时，三者的区别并不仅仅体现在时间的先后，不同阶段的投资往往是由不同的投资者进行的，投资的金额、来源及投资者的关注点都有差别。

5.2.2.1　天使投资

根据《国务院关于促进创业投资持续健康发展的若干意见》，天使投资是指除被投资企业职员及其家庭成员和直系亲属以外的个人以其自有资金直接开展的创业投资活动。也就是说，天使投资是由个人以自有资金直接进行的创业投资活动，这些个人投资者在企业的早期阶段即介入，为创新型企业提供资金支持。天使投资作为风险投资体系的重要组成部分，通常是企业获得的首轮外部资金，对于帮助这些公司快速启动具有至关重要的作用。

天使投资人主要由曾经的创业者、高净值个人以及大型高科技或跨国公司的高级管理者构成。这些投资人不仅提供资金支持，还能利用自身的经验、专业技能和资源网络帮助初创企业快速成长。他们对创业项目具有深刻理解，能够提供战略规划、人才招聘、市场营销及融资对接等方面的支持。在科技成果转化项目成活率不足 10% 的项目早期，社会资本由于项目风险的考虑而可能持观望态度。天使投资人的高决策效率和强抗风险性特质，使其成为这一阶段科技成果转化项目获得投资的最佳渠道之一。此外，天使投资人的介入不仅为创业企业带来资金，还可能通过其声誉提高企业的知名度。

尽管我国天使投资的总量和投资规模相对较小，并面临投资风险大、回报周期长等挑战，但天使投资在我国仍呈现出逐年增长的趋势。

5.2.2.2　创业投资

创业投资（Venture Capital，VC），指向处于创建或重建过程中的、未上市的成长型创业企业进行股权投资，以期所投资创业企业发育相对成熟后，通过股权转让获取资本增值收益的股权投资基金，具有高风险、高潜在收益的特点。创业投资起源于 20

世纪六七十年代的美国，它是指“由职业金融家投入新兴的、迅速发展的、具有巨大竞争潜力的企业中的一种权益资本”。

创业投资具有三个核心特征：一是主要针对那些传统投资者或金融机构不太愿意资助的企业，这些企业通常是高科技领域中具有较高风险但增长潜力迅速的创新型公司。二是投资的目标是为了获得股息和资本收益，而不是为了获得对被投资公司的控制权。投资者愿意面对与创业相关的高风险，目的是实现更高的投资收益。三是投资者通常不会直接涉及被投资公司的产品开发、生产和销售等业务活动。他们通过提供资金支持，同时给予财务监管和专业咨询服务，帮助企业实现规范运作和价值提升。

在我国，目前做科技成果转化创业投资基金主要有四类：有高校或科研院所背景创投基金、政府直投基金、第三方创投基金，以及融服务与投资于一体的科技服务机构。我国第一家真正意义上的风险投资机构是 1985 年成立的中国新技术创业投资公司，此后，以“火炬计划”、高新技术园区、大学科技园等为依托建立的官方或半官方背景的各类科技企业孵化器都兼备了风险投资的职能。

创业投资主要投资阶段包括种子轮、天使轮、A 轮以及后续轮次的融资，是职业金融从业者为创业者提供持续的资金融资服务。科技成果转化从实验室技术到实现产业化需要一定时间周期，对于主要投资科技类项目的创业投资来说，通常存续期为 5 ~ 15 年。一般来说投资存续期越长，对项目的持续发展做大做强越有利，投资收益也更理想。

5.2.2.3 私募股权投资

私募股权投资（Private Equity，PE），指通过私募基金对具有成熟商业模式的未上市企业进行的股权投资。投资者专注于寻找具有高增长潜力的非上市公司，偏向企业发展后期成熟的投资，其目标并非获取股息分配，而是在进行投资时就已经规划好了未来的退出策略。这些策略包括通过企业上市、企业并购或管理层收购等途径实现资本退出并获取利润。

私募股权投资普遍采取有限合伙制的组织形式，较少采用公司制，并且一般以基金的形式运作。在这种模式下，投资者的责任限于其出资额，对合伙企业的债务仅承担有限责任。而基金的管理方，即普通合伙人，负责基金的日常管理，并对该合伙企业的债务承担无限责任。这种结构能够减少投资者面临的风险，同时激励基金管理人更加勤勉和审慎地为基金资产的增长提供服务。

私募股权投资的企业具有以下特点：①具有广阔的市场发展空间，所处行业发展前景好、产品和服务处于市场导入期或成长期；②战略定位准确，有明显的竞争优势和较强的盈利能力；③具有优秀的管理团队。

私募股权投资在为中小微企业提供资金支持方面展现出以下优势。

一是相较于传统银行贷款，私募股权投资的门槛更低。中小微企业众多，对资金的需求量巨大，而传统银行的贷款审批流程通常较复杂，门槛设置较高。相比之下，私募基金能够迅速把握时机，简化审批流程，专门针对中小微企业的需求，有效填补了资本市场和传统银行服务之间的空缺，特别是为科技型小微企业提供了一种创新的外部融资途径。另外，私募股权投资对中小微企业的成长具有积极的推动作用。私募基金的参与有助于优化企业的治理结构。拥有丰富经验的基金投资者通过持有企业的股份，不仅为企业描绘了发展蓝图，还能在不分散企业原有控制权的前提下，为企业带来资金支持。与公开市场的股权融资不同，私募股权投资的股权变动较小，不会削弱企业管理层的控制力。通过这种方式，私募股权投资有助于解决中小微企业在控制权分散方面的困境，并通过完善激励机制实现融资方和投资方的共同利益。

二是私募股权投资在缓解信息不对称问题上发挥着关键作用。鉴于企业通常规模较小，信息较为封闭，私募股权的投资者在投资前会进行详尽的调查和评估，以确保对企业有充分的了解。由于私募股权投资团队由行业经验丰富的专业人才组成，他们对行业动态和商业模式有深入的认识，能够运用专业的评价手段来准确把握企业的运营状况，并通过有效沟通解决中小微企业面临的信息不对称难题。

三是私募股权投资有助于提升中小微企业的管理水平。私募基金不仅提供资金支持，还与企业建立了共同的利益关系，这促使私募基金在财务监管和人才培养等方面为企业提供实质性的帮助。随着企业的成长，私募股权的专业和战略指导将不断优化企业的经营管理，推动其向更高水平发展。

5.2.3 科技贷款

科技贷款是为科技型企业发展和各种科技活动的开展而提供的债务性金融支持，是科技型企业融资的重要途径之一。

目前，我国科技贷款主要由银行等金融机构提供，覆盖科技项目建设、运营、管理、技术改造及流动资金周转等多个领域。科技贷款的审批过程综合考虑了企业的注册时间、知识产权状况、资产及经营状态、高管背景及信用记录等因素。

科技贷款根据提供者的不同，可以分为商业银行科技贷款、民间金融科技贷款和政策性银行科技贷款三种类型，各自拥有独特的运作机制和服务特点。在融资性质上，科技贷款属于债务融资和间接融资的范畴，其中知识产权质押融资模式尤为创新。该模式允许企业或个人将其合法拥有并经评估的专利权、商标权、著作权等知识产权作为质押物，以获得金融机构的贷款支持。这种以知识产权为质押的融资方式，不仅为资产规模较小的科技型企业开辟了新的融资渠道，还通过金融手段激励技术创新和专利技术的产业化应用，实现从“知识资本”到“金融资本”的转换。综合来看，科技贷款为科技型企业提供了一条灵活高效的融资途径，对促进科技创新、加速科技成果转化以及推动经济发展具有重要意义。

目前，科技信贷业务持续深入推广，各大银行应国家促进科技与金融结合的号召，陆续设立多家专门服务于科技企业的科技支行，并组建专业团队为科技型中小企业提供专属服务。

5.2.4 科技债券

科技债券是政府、金融机构、科技企业等为科技活动或科技产业直接向社会筹措资金而向投资者发行，承诺按一定利率支付利息并按约定条件偿还本金的债权债务凭证。科技债券融资具有资本成本低、筹资渠道宽、数额大等优点，但由于科技成果应用具有不确定性，导致财务风险较大。此外，科技债券资金使用缺乏灵活性，债券的借入资金其用途都是服务于科技活动或科技产业。

近年来，随着科技创新的重要性日益凸显，科技债券也开始作为支持科技创新的重要金融工具。

5.2.5　知识产权证券化

知识产权证券化是指发起机构（通常为创新型企业）将其拥有的知识产权或其衍生债权（如授权的权利金）作为基础资产，移转到特设载体，再由此特设载体以该等资产作担保，经过重新包装、信用评价等，以及信用增强后发行在市场上可流通的证券，达到为发起机构进行融资的目的。简单来说，知识产权证券化就是投资者可以在不直接拥有知识产权的情况下，通过购买证券而获得知识产权所产生的未来收益，而知识产权的拥有者在融资的过程中依然可以保留对知识产权的自主性。知识产权证券化，作为一种重要的金融创新，对于建设多层次金融市场、发展自主知识产权具有重要意义。

1997 年，美国以英国歌手大卫 · 鲍伊音乐版权的未来收益为基础资产，开发了知识产权资产支持证券，被视为知识产权证券化的率先实践。2018 年 12 月，随着“第一创业 - 文科租赁一期资产支持专项计划”在深交所获批，我国首个知识产权证券化标准化产品诞生，实现“零的突破”。此后，政府部门、市场机构和交易所等持续合作创新，积极探索可推广可复制的模式，推动知识产权证券化规模化发展。

知识产权证券化产品的基础资产类别丰富。根据中国证监会《证券公司及基金管理公司子公司资产证券化业务管理规定》，基础资产是指符合法律法规规定，权属明确，可以产生独立、可预测的现金流且可特定化的财产权利或者财产。对于知识产权证券化来说，专利、商标、版权、知识产权质押贷款债权、知识产权许可债权、知识产权融资租赁债权等都可以作为基础资产。根据《深圳证券交易所资产支持证券挂牌条件确认业务指引第 3 号——特定品种》的规定，知识产权资产支持证券应当符合下列条件之一：一是基础资产现金流 70% 以上来源于知识产权转让、许可等方式所形成的收入，或者基础资产 70% 以上为知识产权融资所形成的债权；二是转让基础资产所得资金 70% 以上用于取得知识产权。

5.2.6 科技保险

科技保险，是指运用保险作为分散风险的手段，对科技企业或研发机构在研发、生产、销售、售后以及其他经营管理活动中，因各类现实面临的风险而导致科技企业或研发机构的财产损失、利润损失或科研经费损失等，以及其对股东、雇员或第三者的财产或人身造成现实伤害而应承担的各种民事赔偿责任，由保险公司给予保险赔偿或给付保险金的保险保障方式。国家金融监督管理总局办公厅 2024 年 1 月发布的《关于印发科技保险业务统计制度的通知》明确提出，科技保险是指服务国家创新驱动发展战略，支持高水平科技自立自强，为科技研发、成果转化、产业化推广等科技活动以及科技活动主体提供风险保障和资金支持等经济行为的统称。

高科技产业往往拥有较高的技术壁垒，试错成本高、投入大、风险高，亟须建立风险分担机制。科技保险是分散科技创新风险的重要科技金融工具，是科技创新支持体系的重要组成部分。

科技保险根据其经营者和运营机制的不同，可以分为政策性科技保险和商业性科技保险两大类。政策性科技保险是政府为了支持科技创新，运用商业保险的原理并给予扶持政策而开办的保险，一般具有非营利性、政府提供补贴与免税以及立法保护等特征。目前，我国科技保险仍处于发展阶段，其健康发展依赖政府的支持和引导，政策性科技保险仍然占据重要地位。

保险业目前正在探索根据科技型企业的全生命周期，为从“实验室”到“生产线”的一系列科技活动提供一揽子保险服务。在科技研发阶段，保险机构通过科技项目研发费用损失保险、研发中断保险、产品研发责任保险等险种，分散企业研发风险；在成果转化阶段，通过知识产权被侵权损失保险、侵权责任保险等保险服务，为科技成果转化提供风险保障；在产业化推广阶段，利用网络安全保险、首台（套）重大技术装备保险、新材料首批次应用保险、软件首版次保险等险种护航科技成果市场应用等。据不完全统计，目前我国科技保险险种超过 20 个，覆盖科技企业产品研发、知识产权保护、贷款保证等多个方面，助力提高科技企业的风险保障水平。中国保险行业协会数据显示，2017—2020 年，科技保险为相关企业和机构提供风险保障超 1.79 万亿元，累计支付赔款超 22.63 亿元。

2024 年 2 月，国家金融监督管理总局上海监管局发布的《上海科技保险创新发展报告（2023 年度）》提出，鼓励保险机构开发标准化的中小型科技企业服务方案，解决企业在经营发展初期普遍面临的知识产权保护、产品责任等方面的共性问题，有效满足初创期科技型企业风险保障需求。在风险可控前提下，引导保险资金投资科技型企业和面向科技型企业的创业投资基金、股权投资基金等，推动更多资金投早、投小、投科技。尝试探索科创风投领域的“保投联动”，以“保”发挥风险保障功能，以“投”分享企业成长红利，综合运用保险投资和风险保障支持科技企业发展。

5.2.7　上市融资

上市融资，作为一种通过发行股票在资本市场上筹集资金的方式，对科技型企业及其成果转化至关重要。这种融资模式依托于资本市场，利用科技资源作为主要内容和动力，旨在加速科技成果向生产力的转化，并推进其产业化进程。股票市场，作为风险投资之外的直接融资渠道，根据企业面临的风险程度和企业规模的不同，被分为多个层次，如主板、创业板、科创板、北交所、新三板，以及区域股权交易市场，每个板块针对不同类型的企业提供融资服务。

股票市场不仅为科技型企业提供了资本，还与科技金融体系的其他要素紧密相连，为风险投资提供了退出机制，为科技贷款的证券化提供了平台，并支撑了科技保险的发展。这些互动作用加速了科技成果的商业化过程，为科技创新企业的成长提供了坚实的金融支持基础。

5.3　本章小结

本章内容主要聚焦三个方面：一是科技金融的基本概念以及参与主体，其参与主体包括企业、资本市场、创业风险投资机构、科技银行、科技保险机构、中介服务机构和政府部门等；二是我国多层次资本市场基本制度，已经形成包括主板、科创板、创业板、北交所、新三板和区域性股权市场等在内的成熟体系；三是我国科技金融的主要产品与服务，主要有财政科技投入、风险投资、科技贷款、科技债券、知识产权证券化、科技保险以及上市融资七类。

思考题

1. 我国科技金融的参与主体主要有几类？
2. 简述我国多层次资本市场基本制度。
3. 我国科技金融的主要产品与服务有哪些？

第 6 章 技术发展态势

随着全球科技革命和产业变革的加速演进，一些新兴技术正不断涌现，这些技术不仅推动了社会生产力的变革，也促进了全球经济的深度融合和发展。信息技术的突破性应用已成为驱动社会生产力变革的主导力量，同时材料技术、能源技术、生物技术等也取得不同程度的突破性进展。在这样的背景下，我国现代化产业体系发展趋势也呈现积极的态势。我国在传统产业中加大研发投入，推动智能制造、工业互联网、绿色制造等关键技术的突破和应用，提高了传统产业的效率和品质，降低了生产成本，增强了竞争力。同时，自动化和智能化技术的广泛应用推动了生产方式的变革及产业结构的优化升级。本章简要介绍全球科技革命和产业变革基本态势及我国传统产业、战略性新兴产业及未来产业的发展情况。

6.1 全球科技革命和产业变革态势

在全球科技的不断创新和演进中，一场规模空前的科技革命和产业变革正在迅速发展。这场革新不仅深度改变了创新的边界、方式与模型，更为我国新质生产力的创新发展带来了前所未有的战略机遇。在追求技术创新的同时，我们还需努力提升我国在突破性技术领域的全球影响力，以期在这场变革中占据领先地位。科技革命和产业变革不仅加速了新兴技术的蓬勃发展，更在深层次上改变了人们的生产方式、生活方式以及经济发展形态。因此，本章将深入剖析科技革命和产业变革的历史脉络、当前动态、显著特征以及其对社会的深远影响。

6.1.1 科技革命和产业变革的历史背景

2013 年，习近平总书记指出:“当今世界，新科技革命和全球产业变革正在孕育兴起。”此后，在国内国际很多场合中，他反复提到了新科技革命和产业变革正在“孕育兴起”“孕育成长”，并在这一观点基础上进行了一系列相关的重要论述。2018 年 5 月，习近平总书记在两院院士大会上发表的重要讲话中指出:“现在，我们迎来了世界新一轮科技革命和产业变革同我国转变发展方式的历史性交汇期，既面临着千载难逢的历史机遇，又面临着差距拉大的严峻挑战。我们必须清醒认识到，有的历史性交汇期可能产生同频共振，有的历史性交汇期也可能擦肩而过。”能否紧握这一科技革命和产业变革的重大历史机遇，将直接关系到我国产业竞争力的重塑与提升，突破经济发展瓶颈，进而实现中华民族的伟大复兴梦想。2024 年，习近平总书记在全国科技大会、国家科学技术奖励大会、两院院士大会上的讲话中指出:“当前，新一轮科技革命和产业变革深入发展。科学研究向极宏观拓展、向极微观深入、向极端条件迈进、向极综合交叉发力，不断突破人类认知边界。技术创新进入前所未有的密集活跃期，人工智能、量子技术、生物技术等前沿技术集中涌现，引发链式变革。”在全球视野下，我们正经历着前所未有的深刻变革期，这一时代特征显著地表现为世界格局的加速重构与科技革命的迅猛推进相互交织。大国间的战略博弈日益聚焦于高科技领域，使得该领域已成为国际竞争的核心舞台与前沿阵地。这一趋势不仅加剧了全球竞争的激烈程度，更在深层次上重塑了国际秩序与各国的发展路径，引领着全球发展格局的深刻变革。

科技革命和产业变革的演变历史源远流长，但真正具有里程碑意义的科技革命主要发生于近代。从工业革命开始，人类社会迎来了多次科技革命和产业变革，每一次都深刻推动了社会生产力的飞跃和经济的发展。从蒸汽机的发明到电力的广泛应用，再到信息技术的迅猛发展，科技革命和产业变革不断推动着人类社会的进步。工业革命以来，产业更新的节奏越来越快。首次技术革命历经约 100 年，而第二次技术革命则持续了约 70 年时间，进入 20 世纪末，信息技术革命与产业革命更是呈现出加速度，持续时间不足 50 年。特别是在近 20 年，许多新技术迅猛崛起，掀起了新一轮的技术与产业变革浪潮。因此，在巩固当前支柱产业的同时，我们更需前瞻性地规划面向未来的新兴产业领域，以把握产业发展的新赛道。

6.1.2　当前科技革命和产业变革的动态

随着信息、生命、能源、材料等前沿领域技术的持续突破，跨学科融合已成为不可逆转的趋势。回顾历史，蒸汽机革命、电力革命及信息革命等均为重大技术突破所引领的科技革命和产业变革。如今，我们正处于新一轮科技革命和产业变革的浪潮中，其中人工智能和大数据等新一代信息技术取得了里程碑式的进展。在基因组学、脑科学、干细胞及合成生物学等生命科学领域也取得了革命性的突破。同时，量子信息、机器人技术、工业互联网以及新材料等领域的基础研究和原创性成果层出不穷。科学与技术之间的界限正日益模糊，跨学科技术的融合与创新不断涌现。人工智能与生物技术的深度融合与广泛应用正在极大地加速抗体设计与药物生产的周期，为生物医药领域带来了前所未有的创新动力。

数字和智能技术已成为全球前沿和颠覆性技术突破的重点。北约科技组织于2020年发布了一份题为《科技趋势：2020-2040》的报告。该报告认为，人工智能、自主技术、高超音速、生物技术和材料等关键技术将对全球产生颠覆性影响，并将揭示出智能化和数字化、互操作性和分散化不断增强的总体趋势。高德纳公司发布了《2022年重要战略技术趋势》报告，认为数据编织、云原生平台、隐私增强计算、超自动化、人工智能工程化等12项前沿技术将成为重要趋势。

在科技与产业深度融合的新时代背景下，创新模式发生了显著变革，数据创新和场景创新正成为推动新一轮科技革命和产业变革的重要力量。在追求科技自立自强的战略指导下，国家战略工程、重点科技基础设施等场景的构建，对于促进创新链与产业链的深度融合、推动重大工程技术迭代升级，以及培育具有全球竞争力的新技术、新产品都起到了至关重要的作用。

随着全球科技竞争的日益激烈，科技创新生态系统正经历着深刻的变革。前沿技术对传统科技体系产生重大冲击，世界进入了以科技为核心的战略竞争时代。许多发达经济体正在积极开展面向中长期的科技战略研究，强化前沿科技部署，旨在在新一轮科技创新中掌握主动权，并占据竞争优势。2017年，韩国发布的《第五次科学技术预测调查结果》报告明确了包括人工智能、能源供求不平衡等未来社会值得关注的40个发展趋势，确定了五大发展方向及未来需要大力发展的267项技术。2018年欧洲议会发布的《全球趋势2035》报告，从人口与经济增长、全球化、产业与技术转型、气候变化与能源和资源竞争等方面分析了到2035年经济和社会领域的全球趋势及其潜在政策影响。2019年，欧盟委员会发布了《未来新兴技术旗舰计划与大型研究计划》报告，针对欧洲面临的重大科技挑战，提出了数百个大规模长期研究计划。2022年3月，美国参议院通过了《2022年美国竞争法案》，批准了高达1600亿美元拨款，旨在推动量子技术、人工智能、纳米技术等前沿科技的研究与发展。日本也在同年4月发布了《AI战略2022》和《量子未来社会愿景（草案）》，彰显了其在未来科技领域的雄心壮志。

6.1.3　科技革命和产业变革的特征

习近平总书记曾多次就新一轮科技革命和产业变革的主要特征发表观点，在 2014 年中央财经领导小组第七次会议上的讲话中就谈到，“当今全球科技革命发展的主要特征是从‘科学’到‘技术’转化”。2016 年，在省部级主要领导干部学习贯彻党的十八届五中全会精神的专题研讨班上，习近平总书记更进一步提出，“当前，新一轮科技和产业革命蓄势待发，其主要特点是重大颠覆性技术不断涌现，科技成果转化速度加快，产业组织形式和产业链条更具垄断性”。新科技革命和产业变革是以人工智能、量子信息、生物技术等为代表，其中人工智能更是重要驱动力量。2024 年 6 月 20 日，习近平总书记在向“2024 世界智能产业博览会”的致贺信中提出：“人工智能是新一轮科技革命和产业变革的重要驱动力量，将对全球经济社会发展和人类文明进步产生深远影响。”具体来说，新科技革命和产业变革的主要特征从以下两个维度来看。

从时间上，当前的科学研究正以前所未有的速度转化为技术开发。同时，技术成果也更为迅速地转化为产业应用。这一新的科技革命和产业变革是建立在过去产业革命丰硕成果的基础上，在此过程中，传统意义上的基础研究、技术开发和产业化之间的界限日益模糊，基础研究与应用开发的联系更加紧密，技术创新的先进性与成果转化的效率均显著提升，从而推动了产业先进性的快速发展。当前，全球数据积累的速度不断加快，数据量的激增正在逐步改变信息稀缺的状态，大幅缩短了信息收集与处理的周期，进而加速了技术迭代更新的历史进程。这一变化不仅为科学研究和技术开发提供了更为丰富的数据资源，也为产业应用提供了更为广阔的空间和可能。

从空间上，科技进步广泛而深入地影响着社会生产的各个领域和方面，随之将现实深度延伸到虚拟空间。当前，我们正经历着一场更为广泛而深刻的科技革命和产业变革。随着数字化和智能化的广泛发展，逐步形成了万物互联的网络空间，它渗透到经济、社会、文化的方方面面。与此同时，虚拟现实技术以及与之相关的产业正在逐渐成熟。在人与虚拟场景的互动中，逐步跨越现实空间的限制，扩展人的感知体验。

从科研范式转变角度来看，新科技革命和产业变革的主要特征是科研创新范式进一步变化。创新范式历经离散线性范式和网络式创新范式两个阶段，向整合化、系统化和生态化方向发展，正在进入生态系统性创新范式阶段。数据密集型科研范式变得越来越重要，开放协同融合成为科技创新的新趋势。研发路径不再单纯遵循从基础研究到应用研究再到产品开发的正向线性模式，从市场需求到技术需求再到科研突破的反向创新形式与扩散路径层出不穷，科技需求侧与供给侧的距离日益缩短，颠覆性创新呈现几何级渗透扩散，更加突出了创业活动、数据应用以及场景驱动在推动技术创新和跨学科、跨领域合作中的重要作用。集成创新趋势明显，包括技术融合加速、跨界合作增多、创新能力提升、全产业链资源整合等，强调人才、技术、资本、数据等要素的融合，追求整体效能的优化和突破。传统的科研体系正在被大科学装置、大科学工程、大科学计划等新模式重构，开放合作、协同创新正在成为新一轮科技革命趋势下的必然选择。

6.1.4　科技革命和产业变革的影响

前沿技术和颠覆性技术在新一轮科技革命和产业变革中的突破，正深刻影响着人们的生产、生活方式，重塑全球创新和经济结构，改变国际竞争和产业分工态势，因此必须予以高度关注。

人工智能技术的飞速发展可能会重塑国与国之间的竞争优势，以及不同产业部门的价值分配，加剧全球高端制造业的竞争。随着人工智能、互联网和智能制造技术的飞速进步，设计与制造正日益一体化，这不仅挑战了发展中国家在低成本制造业中的传统优势，还可能推动制造业回流至发达国家。这一趋势将促进全球产业链供应链的重组，向更加区域化、本地化、分散化和扁平化的方向发展，塑造出更为灵活和高效的全球产业生态。同时，智能制造的发展使制造业减少对简单劳动的依赖，改变了制造过程的技术和经济属性，将劳动密集型环节转化为资本和技术密集型环节，提升了制造过程的价值创造和盈利能力，从而激励各国加大对智能制造的投资和竞争，加剧了全球高端制造领域的竞争。

新一轮科技革命和产业变革正积极推动跨领域技术的融合，加速组织方式和形态的革新，深刻改变社会生产和生活方式。为此，政府在产业治理层面需作出适应性调整。随着新技术的不断涌现，产业发展边界日益模糊，创新活动更加聚焦于产业交叉融合地带。政府需从单纯支持特定成熟产业转向深入探索未知产业领域，并积极推动创新的交叉融合。同时，数据作为当代重要的生产资源，其价值化和产业化趋势不可逆转。需加快完善治理规则，应对信息技术及其引领的现代高新技术产业快速发展所带来的挑战。现实中，许多产业融合了制造业和服务业元素，使得两者界限模糊，产业融合发展成为引领新一轮产业变革的必然选择。

随着清洁能源及深海深空技术的进步，国际能源资源的格局和安全可能迎来新的变化。发展和安全的融合成为科技和产业发展的新课题。深海、深空技术与先进制造、人工智能、增材制造、通信等领域的融合将推动无人潜艇、航空、航海、交通、环境监测等领域的创新，强化技术领先国家的非对称战略优势。在应用新科技革命成果推动发展的同时，各国对产业安全和国家安全的关注也在不断提升。

6.2　我国现代化产业体系建设

“十四五”规划《纲要》指出，要“坚持把发展经济着力点放在实体经济上，加快推进制造强国、质量强国建设，促进先进制造业和现代服务业深度融合，强化基础设施支撑引领作用，构建实体经济、科技创新、现代金融、人力资源协同发展的现代产业体系。”我国加强国防和军队现代化，发展关键核心技术，确保国家安全和军事优势，推动重点区域、重点领域、新兴领域协调发展，集中力量实施国防领域重大工程。基于此，战略性产品是国之重器、安全之基。

“十四五”规划《纲要》提出，要通过数字化、智能化等新技术改造提升传统产业，实现产业升级。传统产业越来越多地应用新技术、新工艺、新材料、新设备创造出大量高质量、高性能、低消耗的新产品，技术含量和绿色含量明显提高。传统产业转型升级为新兴产业发展提供了必要支撑。

2020 年，国家发展改革委、科技部、工业和信息化部、财政部四部门联合印发了《关于扩大战略性新兴产业投资 培育壮大新增长点增长极的指导意见》，提出了战略性新兴产业要补齐短板、稳住优势。“十四五”规划《纲要》中，战略性新兴产业被视为推动经济结构优化升级的重要途径。通过政策支持和技术创新，中国旨在加强这些产业的国际竞争力，同时解决关键技术领域的短板问题。

2024 年，工业和信息化部等七部门发布了《关于推动未来产业创新发展的实施意见》，指出："未来产业由前沿技术驱动，当前处于孕育萌发阶段或产业化初期，是具有显著战略性、引领性、颠覆性和不确定性的前瞻性新兴产业。大力发展未来产业，是引领科技进步、带动产业升级、培育新质生产力的战略选择。""十四五"规划《纲要》指出："在类脑智能、量子信息、基因技术、未来网络、深海空天开发、氢能与储能等前沿科技和产业变革领域，组织实施未来产业孵化与加速计划，谋划布局一批未来产业。"这些产业被视为推动经济转型和升级的关键力量，有助于中国在全球科技竞争中占据有利地位（图 6-1）。

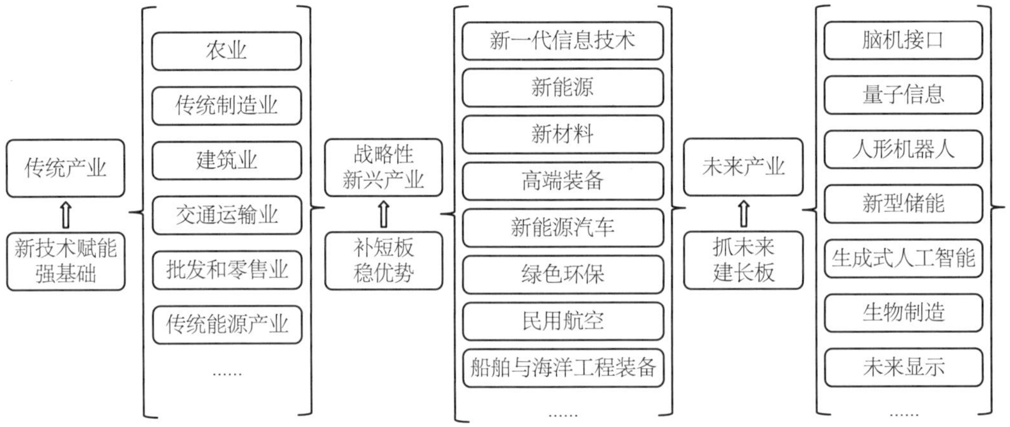

图 6-1　现代化产业体系示意图

总体来看，需要深入研究建设现代化产业体系，既大力发展战略性新兴产业、培育未来产业，又应用先进适用技术改造提升传统产业。同时，要充分发挥科技创新的作用，无论是培育新兴产业、布局未来产业，还是改造提升传统产业，都要着眼于突破关键核心技术难题上。

6.2.1　我国传统产业技术发展态势

数字技术作为推进经济发展和社会运行的主要动力，正逐渐进入经济社会的各个角落，成为推动传统产业转型升级的重要手段。习近平总书记在中共中央政治局第十一次集体学习时强调，要及时将科技创新成果应用到具体产业和产业链上，改造提升传统产业，培育壮大新兴产业，布局建设未来产业，完善现代化产业体系。传统产业不是低端产业和夕阳产业，传统产业更不意味着过剩产能，传统产业是经济高质量发展的基本支撑和基本动力，本节主要分析技术发展对促进传统产业转型升级的影响以及我国传统产业技术发展的趋势。

6.2.1.1　我国传统产业重要板块

传统产业也称传统行业，主要指劳动力密集型的、以制造加工为主的行业，是在工业化初级阶段和重化工业阶段发展起来的产业门类，对国民经济发展起到了重大的支持作用。这些产业主要包括石化化工、钢铁、有色、建材、机械、汽车、轻工、纺织等，其增加值占全部制造业的比重近 80%，是支撑国民经济发展和满足人民生活需要的重要基础。传统产业具有技术成熟性、成长趋缓性、概念动态性以及地域相对性的特征。传统产业在新时代背景下的转型升级是供给侧结构性改革和建设现代化经济体系的重要内容。转型升级的实质是以创新为动力，以适应竞争环境、提高经济附加值和竞争力为目标的产业演进和变迁过程。近年来，我国在推动传统产业向高值化、品牌化、服务化、平台化以及绿色化发展等方面取得了积极成效。

对于农业建设，国务院《“十四五”推进农业农村现代化规划》指出:“实现农业农村现代化是全面建设社会主义现代化国家的重大任务，要将先进技术、现代装备、管理理念等引入农业，将基础设施和基本公共服务向农村延伸覆盖，提高农业生产效率、改善乡村面貌、提升农民生活品质，促进农业全面升级、农村全面进步、农民全面发展。”2024 年中央一号文件指出:“推进中国式现代化，必须坚持不懈夯实农业基础，推进乡村全面振兴。”这就要求国家粮食安全，抓好粮食和重要农产品生产，严格落实耕地保护制度，加强农业基础设施建设，强化农业科技支撑，构建现代农业经营体系，增强粮食和重要农产品调控能力，持续深化食物节约各项行动。同时，要着力发展现代畜牧业、加快渔业转型升级、促进果菜茶多样化发展，以优化农业生产布局。

对于传统制造业，工业和信息化部等八部门印发的《关于加快传统制造业转型升级的指导意见》指出："传统制造业是我国制造业的主体，是现代化产业体系的基底。推动传统制造业转型升级，是主动适应和引领新一轮科技革命和产业变革的战略选择，是提高产业链供应链韧性和安全水平的重要举措，是推进新型工业化、加快制造强国建设的必然要求，关系现代化产业体系建设全局。"到 2027 年，传统制造业应实现高端化、智能化、绿色化、融合化发展水平的明显提升，有效支撑制造业比重保持基本稳定，并在全球产业分工中的地位和竞争力进一步巩固增强。

对于建筑业，2022 年住房和城乡建设部印发的《"十四五"建筑业发展规划》指出："建筑业作为国民经济支柱产业的作用不断增强，为促进经济增长、缓解社会就业压力、推进新型城镇化建设、保障和改善人民生活、决胜全面建成小康社会作出了重要贡献。"建筑业正逐步实现以智能建造技术为建造方式、以数字化推动全面转型、以绿色化实现可持续发展的创新发展。智能建造是提升产业发展质量、实现由劳动密集型生产方式向技术密集型生产方式转变的必经之路。

对于交通运输业，国务院印发的《"十四五"现代综合交通运输体系发展规划》指出："交通运输是国民经济中具有基础性、先导性、战略性的产业，是重要的服务性行业和现代化经济体系的重要组成部分，是构建新发展格局的重要支撑和服务人民美好生活、促进共同富裕的坚实保障。"应推动交通运输绿色发展，集约节约利用资源，加强标准化、低碳化、现代化运输装备和节能环保运输工具推广应用，实施"互联网 + 交通运输"行动计划，加快智能交通发展。

对于传统能源产业，国家发展改革委和国家能源局发布的《"十四五"现代能源体系规划》中指出："能源是人类文明进步的重要物质基础和动力，攸关国计民生和国家安全。加快构建现代能源体系是保障国家能源安全，力争如期实现碳达峰、碳中和的内在要求，也是推动实现经济社会高质量发展的重要支撑。"该规划还强调保障国家能源安全的重要性，提出要持续巩固"电力稳定可靠、油气底线可保、煤炭压舱兜底、新能源高质量跃升"的态势，保持能源生产能力的合理弹性，并强化储备能力建设。

6.2.1.2　技术发展对传统产业升级的影响

产业升级在传统产业中并非自然演进，而是受多种因素的交织影响，且各因素作用不尽相同。其中，技术发展对于传统产业升级的推动作用尤为显著。

（1）技术发展的首要影响体现在促进传统产业工艺升级上

技术进步不仅显著提升了传统产业中单一生产要素的效率，还优化了生产要素的组合方式。通过改造升级生产工具，新技术为传统产业带来了全新的生产工艺，即便产品种类与性能未发生根本性变化，生产效率却得到了显著提升。同时，技术发展也要求劳动者接受相应的教育和培训，以适应新技术带来的变化，从而提高了劳动者的整体素质。技术发展通过改进工艺流程、优化组织模式和提高管理水平，有效改变了生产要素的组合方式，进而提升了传统产业的整体生产效率。

（2）技术发展还促进了传统产业的产品升级

技术创新在提高产品质量的同时，也增加了产品的多样性。新技术带来的新产品在功能上与原有产品相近，但性能和品质有所提升，产品的品质和质量得以显著提高。同时，新产品的多样化也为消费者提供了更多的选择，延长了产品链条，实现了产品差异化，为开拓新市场、扩大市场份额创造了有利条件。

（3）技术发展也推动了传统产业的功能升级

随着技术创新能力的提升，传统产业的技术水平和技术引进消化吸收能力均得到显著提升。新技术成果的广泛应用，使得传统产业能够创造出更高附加值的产品，实现更高的经济利益。这不仅推动了传统产业向更高技术水平发展，还通过技术优势帮助传统产业占领市场，与其他产业相结合，逐步扩大生产规模，实现规模经济。

6.2.1.3　我国传统产业技术发展概况

（1）技术创新活跃，市场规模扩大

随着“中国制造 2025”等国家战略的推动，传统产业技术创新活跃，特别是在高端装备、新材料、新能源等领域取得了重要突破。传统手工技艺市场规模逐渐扩大，特别是在旅游业的发展中，传统手工艺品成为游客们追寻文化体验和纪念品的重要选择。这体现了传统产业在满足人们文化需求方面的独特价值。

（2）智能化与自动化水平提升

传统产业正逐步迈向智能化，智能制造和工业互联网等技术的应用更加广泛。智能工厂和智能生产线等新模式的逐步推广提高了产品的生产效率和质量。自动化技术在传统产业中的应用不断深入，工业机器人等智能装备的应用范围不断扩大，在提升生产效率的同时降低了生产成本。

（3）绿色发展与可持续发展

为了应对环保挑战和可持续发展要求，传统产业正逐步采用绿色制造技术，降低能耗和排放，提高资源利用效率。我国已累计推动建设绿色工厂数千家，这些工厂在生产过程中注重节能减排和资源循环利用，为实现可持续发展作出了积极贡献。

（4）政策支持与市场推广

政府出台了一系列税收优惠、资金扶持等政策措施来支持传统产业的转型升级和技术进步，这些政策为传统产业的技术创新提供了强大保障。为了扩大市场覆盖面，传统产业正积极发展网络销售渠道，利用电商平台进行销售，拓宽了传统产业市场推广的途径。

（5）人才培养与技术合作

为了加强传统产业的传承和创新，各级政府和工艺组织已经开始加强技艺的培训和传承工作。此外，为了推动传统工艺与现代技术的深度融合，也应加强传统产业与现代设计和科技等领域的合作。这种融合不仅可以为传统工艺注入新的力量，也能为企业带来更多的市场机会。

6.2.1.4 我国传统产业技术发展现状

我国已进入高质量发展阶段，未来应牢牢扭住自主创新的抓手，进一步巩固存量、拓展增量、延伸产业链和提高附加值，形成较为完善的产业集群和产业链，推动传统产业迈向高端化和智能化，推动传统产业绿色融合发展。

（1）传统产业向高端化迈进

从附加值率上看，传统产业正逐渐强化融入全球价值链各环节的增值能力，增加传统产品的出口附加值。从结构上看，传统产业正不断增强重点环节和核心部件的国内自给率，不断提升我国资本品和中间品市场占有率。从质量和产品上看，企业应聚焦于丰富产品线、提升产品品质及创新品牌策略，从而持续推动产品和服务在质量水平和层次上的跃升。具体而言，应加大高端产品的供应力度，加速产品的更新换代和技术升级。从动力上看，当前传统产业发展正转向创新驱动，推动传统制造业优势领域发展，加强新技术新产品创新迭代，聚焦消费升级需求和薄弱环节，加快攻关突破及产业化应用。

（2）传统产业向智能化迈进

传统产业发展把握数字化和智能化的发展方向，加快先进信息技术与传统产业的深度融合发展。逐步提升企业各环节的数字化水平，推动数字化的设计、控制、管理、服务的发展，节省设计和生产成本。通过应用网络技术，实现网络协同设计和远程设计，实现生产制造过程的信息共享和企业设备的监控运维，提高产品、管理和服务的精准性、协同性。通过引入人工智能，实现设计、生产、管理、服务等各个环节决策和执行的敏捷性，缩短设计周期，降低生产成本，化解劳动力成本上升带来的影响。

（3）传统产业向绿色化迈进

未来将进一步优化结构，坚决遏制高耗能和高排放项目的盲目发展，推动钢铁、石化、建材等重点基础行业实现绿色转型，加快绿色能源建设，推动煤炭等化石能源清洁高效利用，提高企业能效水平。推进产业链供应链全链条以及产品全生命周期的绿色化，加快建设绿色工厂、绿色园区和绿色供应链。

（4）传统产业向融合化迈进

从产业发展角度，传统制造业与现代服务业逐步融合发展，一、二、三产业融合发展，能够推进传统产业与新兴产业融合发展，深化业务关联、链条延伸和技术渗透。从资源利用角度，行业耦合发展推进能源资源梯级利用和产业衔接。从要素角度，新型要素与传统要素正在有机融合，新模式和新业态稳步发展。

6.2.2　战略性新兴产业和未来产业简介

根据工业和信息化部等四部门关于《新产业标准化领航工程实施方案（2023—2035 年）》的通知：“新产业是指应用新技术发展壮大的新兴产业和未来产业，具有创新活跃、技术密集、发展前景广阔等特征，关系国民经济社会发展和产业结构优化升级全局。”战略性新兴产业和未来产业是推动经济社会发展的重要力量，它们在技术创新、产业升级和经济增长方面发挥着关键作用。

6.2.2.1 战略性新兴产业发展概述

党中央高度重视战略性新兴产业发展。战略性新兴产业代表新一轮科技革命和产业变革的方向，是国家培育发展新动能、打造未来新优势的关键领域。习近平总书记一直高度重视战略性新兴产业的培育，在主持召开新时代推动东北全面振兴座谈会时强调，“积极培育新能源、新材料、先进制造、电子信息等战略性新兴产业，积极培育未来产业，加快形成新质生产力，增强发展新动能。”战略性新兴产业在我国经历快速发展后，其发展现状可以从以下几个方面进行描述。

（1）产业规模持续增长

2021 年我国战略性新兴产业增加值 15.3 万亿元，占 GDP 比重的 13.4%，比 2014 年提高 5.8 个百分点，高技术制造业占规模以上工业增加值比重从 2012 年的 9.4% 提高到 2021 年的 15.1%。我国战略性新兴产业增加值在 GDP 中的占比稳步提升，显示出强劲的增长势能和作为经济发展新引擎的潜力。

（2）创新能力不断增强

战略性新兴产业正逐步从模仿创新向自主创新转变，加大基础研究和关键核心技术攻关的投入，以促进创新成果的转化。面对全球竞争格局的深刻变化，战略性新兴产业将创新视为发展的根本基点，致力于构建以科技创新为引领的全面创新体系。这包括优化创新生态，完善促进创新的体制机制，加速创新成果向现实生产力的有效转化。通过强化基础研究，深化关键核心技术攻关，战略性新兴产业将不断激发自主创新活力，催生出一系列新兴增长点，进而在全球竞争中占据优势地位。

（3）国际竞争激烈

全球各主要经济体加强科技战略布局，各国对新兴产业发展主导权、控制权的争夺将更加激烈。由于战略性新兴产业事关未来各国产业国际竞争力的强弱和经济发展的潜力，世界各国特别是发达国家纷纷出台支持战略性新兴产业的战略举措。“十四五”规划期及更长时间内这种竞争态势将更为显著，各国将围绕新兴产业的关键领域、发展方向及政策支持展开更为激烈的博弈与争夺，以期在全球产业版图中占据领先地位，把握未来发展的主导权与主动权。这一趋势预示着新兴产业领域的国际竞争将步入一个全新的高强度、高策略性的阶段。

（4）产业融合趋势明显

战略性新兴产业之间的内部融合以及与传统产业的融合不断发展，催生新的增长点和产品。产业融合作为新一轮科技革命和产业变革的重要特性之一，正成为战略性新兴产业孕育新动能、塑造新业态、构建新模式的关键驱动力。“十四五”规划期及未来一段时间内，随着全球工业互联网、云计算等融合平台的日益成熟与普及，产业融合的浪潮将更加汹涌，其边界将不断拓宽，层次也将日益深化，战略性新兴产业内部将呈现出更为紧密的融合趋势。以新材料产业为例，其产业链正加速向下游应用领域拓展，通过上下游产业的深度融合与协同发展，新材料正朝着低维化、复合化、结构功能一体化、功能材料智能化、材料与器件集成化以及绿色制备与应用等方向演进，实现了产业内部的深度重构与价值提升。战略性新兴产业之间的跨界融合也将日益频繁。不同产业间的技术边界逐渐模糊，创新要素在更广泛的领域内自由流动与优化配置，催生出众多跨领域、跨行业的融合型新产品、新服务与新业态。这种跨产业的深度融合不仅促进了产业结构的优化升级，也为经济增长注入了新的活力与动力。

6.2.2.2　未来产业发展概述

未来产业作为新一轮科技革命和产业变革的先导力量，对全球创新版图与经济格局的重塑具有重大影响。我国高度重视未来产业的发展，从中央到地方都在积极布局，以期在未来产业中培育形成新的增长引擎。

（1）政策支持力度持续加大

国家有关部门和地方政府密集出台了促进未来产业发展的相关政策措施，针对细分领域制定更为具体和精准的政策，以支持未来产业的繁荣发展。工业和信息化部指出，应:“发挥新型举国体制优势，引导地方结合产业基础和资源禀赋，合理规划、精准培育和错位发展未来产业。”为推动政策体系逐步完善，地方政策体系将进一步落实，各地政府纷纷出台相关政策，加快布局未来产业。北京市、浙江省、江苏省等地已出台具体实施方案或指导意见，明确了未来产业的发展方向和重点。

（2）技术创新不断突破

全面激发未来产业创新潜力，聚焦元宇宙、人形机器人、脑机接口、通用人工智能等重点方向，推进技术创新研发，在量子信息、6G 等领域，我国已取得了一系列创新成果。未来产业创新体系的创新性特征显著，前沿技术的突破性和颠覆性是支撑未来产业发展的核心。这要求创新体系不仅要关注当前的科技进展，还要具有前瞻性，预见技术的应用前景，从而推动产业的不断发展和升级。

（3）产业生态构建

《关于推动未来产业创新发展的实施意见》指出：“加强产学研用协作，打造未来产业创新联合体，构建大中小企业融通发展、产业链上下游协同创新的生态体系。强化全国统一大市场下的标准互认和要素互通，提升产业链供应链韧性，构建产品配套、软硬协同的产业生态。”引导大中小企业在产业链上下游进行深度整合，形成优势互补、协同发展的产业生态。大企业可以发挥其在技术、资金、市场等方面的优势，为中小企业提供技术支持和市场拓展；中小企业则可以专注于细分领域的技术创新和产品研发，为大企业提供配套服务。

（4）市场应用加速拓展

基于未来产业的新产品、新服务不断涌现，如基于 AI 模型的消费电子产品、智能驾驶汽车、智能机器人等。随着技术的不断成熟和成本的降低，未来产业的市场需求将持续增长，为产业发展提供强大动力。

6.3 本章小结

在我国，科技革命和产业变革对传统产业升级产生了深远影响。技术创新促进了产业的转型升级和结构调整，提升了产业效率和品质，增强了竞争力和市场地位。目前，我国在智能制造、工业互联网、绿色制造等领域已取得显著成就，形成了一批具有国际竞争力的企业。全球科技革命和产业变革为我国传统产业发展提供了宝贵机遇。我们应积极把握这一机遇，加强技术创新和产业升级，推动传统产业向更高水平发展。同时，我们也需要清醒地认识到面临的挑战，加强国际合作与交流，共同推动全球科技事业的繁荣发展。

思考题

1. 简述科技革命和产业变革的特征。
2. 科技革命和产业变革带来了哪些影响？
3. 科研范式变化的阶段有哪些？

下篇　实践技能

第 7 章 科技成果转化流程与技术合同登记

科技成果转化的重要意义在于其能够推动科技创新成果转化为实际生产力，促进经济高质量发展，提升国家竞争力。本章依据科技成果转化相关法律法规，介绍科技成果转化的方式及其内涵，明晰不同类型科技成果转化的主要流程和关键环节。从推动科技成果转化政策落地的角度，阐述技术合同认定登记申请办理条件、办理程序，以及五技合同的基本概念与特点；根据不同科技成果转化方式特点，提出匹配技术合同签订建议。从国家相关部委或有关省市推荐的科技成果转化典型案例中，对不同类型的科技成果转化方式各选取典型案例，并分析其特点；提醒技术经理人依据不同科技成果转化方式确定关注要点和流程要求，提高科技成果转化的综合能力和整体素质。

7.1 科技成果转化概述

7.1.1 科技成果转化的定义和方式

科技成果转化是指为提高生产力水平而对科技成果进行的后续试验、开发、应用、推广直至形成新技术、新工艺、新材料、新产品，发展新产业等活动。《促进科技成果转化法》（2015 年修订）第十六条明确规定科技成果持有者可以采用下列方式进行科技成果转化：①自行投资实施转化；②向他人转让科技成果；③许可他人使用科技成果；④以科技成果作为合作条件，与他人共同实施转化；⑤以科技成果作价投资，折算股份或者出资比例；⑥其他协商确定的方式。

7.1.2 科技成果转化的内涵

自行投资实施转化：科技成果的所有者利用自身的资金、科研人才、生产设备、市场资源等优势进行科技成果自我转化。研发实力雄厚、生产条件完善、市场渠道畅通的企业经常通过该方式实施科技成果转化。研发部门研发符合高质量发展需要的科技成果，交由生产部门生产合格的产品，检测部门检验合格后交由销售部门进行市场推广和销售，从而获得市场回报和科技成果转化带来的利润。

向他人转让科技成果：指科技成果所有人将科技成果转让给科技成果受让人，由受让人对科技成果实施转化及产业化。合作双方一般通过签署转让协议来实施，交易标的是知识产权，也可以是技术秘密等形式。科技成果转让后，转让方获得转让费，不再是科技成果的所有人；受让方向转让方支付转让费，并成为科技成果新的所有人。转让协议一般要将拟转让成果的内容、范围界定清楚，对双方的权利义务事先进行约定。转让价格往往是双方谈判的焦点，而价格的确定及其支付方式与拟转让科技成果的技术创新性、先进性、成熟度、市场预测、经济效益前景、收益周期长短、投资风险大小等密切相关。

许可他人使用科技成果：指通过订立许可合同，科技成果所有人向被许可人授予科技成果的使用权，被许可人从而获得实施科技成果使用的权利。与转让科技成果相比较，许可使用科技成果后，科技成果的所有人没有发生变化。许可又分为普通许可、排他许可、独占许可、交叉许可等多种方式；科技成果许可费有多种支付方式，其中“入门费＋提成费”是常见的支付方式，而提成又可以分为产值提成、利润提成、数量提成等方式。

以科技成果作为合作条件，与他人共同实施转化：科技成果所有人与相关单位订立合作协议，发挥各自的优势，共同转化科技成果，并明确双方合作的责权利。常见的做法是，由高校院所提供具有较高先进性技术但成熟度不足的早期科技成果，并充分发挥科研、人才团队优势，负责持续研发；企业发挥资金、市场优势，负责提供中试熟化、生产线、实验场地等条件，围绕目标客户需求，开展后续试验、产品试制与定型、工艺开发和产品批量生产，同时负责市场推广和经营管理。

以科技成果作价投资，折算股份或者出资比例：科技成果所有人将科技成果作为资本投入企业，由入股的企业实施转化，科技成果的所有人成为企业股东，承担相应风险，获得转化收益。科技成果作价投资完成实缴后，入股的企业变更为科技成果新的所有人。科技成果作价投资，既可以是与相关合作方组建新企业（合作方等投入现金），也可以是投资到原本存在的企业。科技成果转化所有人直接成为企业股东，获得企业股东的各项权益，并以股东身份分享企业转化科技成果所取得的后续收益。对于高校院所取得的重大技术突破、具有广泛应用前景的重点科技成果，通过作价投资方式与合作单位、社会资本等结合实施转化，能够为科技成果所有人持续获得未来长远的市场收益提供保障。

其他协商确定的方式：本质上而言，科技成果转化并没有固定的方式和途径，既可以是上述方式的组合，也可以是其他符合实际需要的任何方式。

7.2 科技成果转化的流程

结合国内外高校和科研机构成功的科技成果转化模式和流程，简单介绍科技成果转让、科技成果许可、科技成果作价入股、科技成果自行实施、科技成果合作转化五类流程，分析其不同转化流程设置过程中关注的重点和要点。

7.2.1 科技成果转让流程

科技成果转让流程见图 7-1。

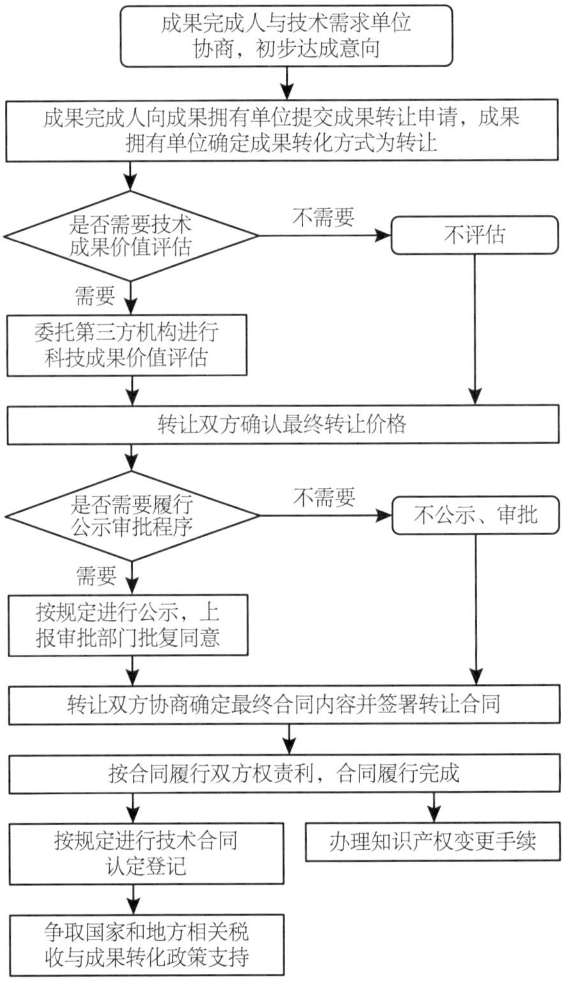

图 7-1　科技成果转让流程图

在科技成果转让中，技术经理人应重点关注价值评估、公示审批环节和知识产权变更环节，确保价值评估的公允性，不造成国有资产的流失，不给科技成果拥有方及其相关人员带来风险责任；提醒双方该公示和审批的，一定要完成公示和审批后再进行转让合同签订和履行；同时协助双方及时办理知识产权变更手续。

7.2.2　科技成果许可流程

科技成果许可流程见图 7-2。

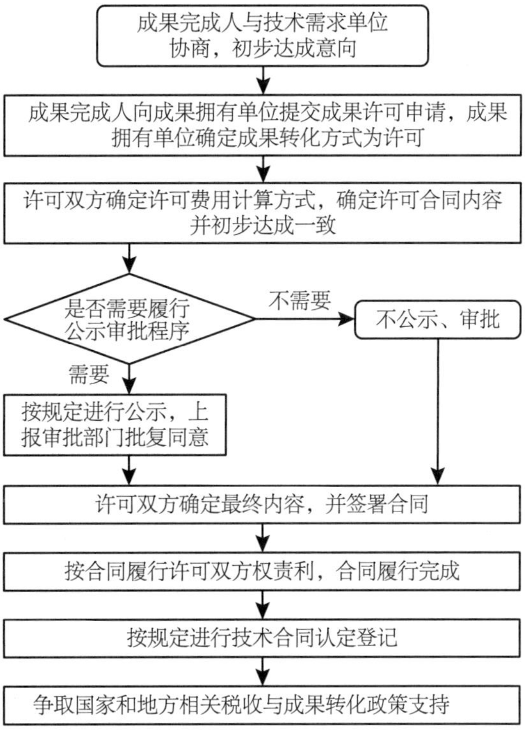
成果完成人与技术需求单位协商，初步达成意向
成果完成人向成果拥有单位提交成果许可申请，成果拥有单位确定成果转化方式为许可
许可双方确定许可费用计算方式，确定许可合同内容并初步达成一致
是否需要履行公示审批程序
不需要
不公示、审批
需要
按规定进行公示，上报审批部门批复同意
许可双方确定最终内容，并签署合同
按合同履行许可双方权责利，合同履行完成
按规定进行技术合同认定登记
争取国家和地方相关税收与成果转化政策支持

图 7-2　科技成果许可流程图

在科技成果转让中，技术经理人应重点关注以下内容：第一，应重点关注许可费用及支付方式和公示审批环节，确保许可费用支付方式合理，计算简便。从许可的方式来看，可分为独占许可、排他许可、普通许可、分许可以及交叉许可等。独占许可是指技术的接受方在协议的有效期内，在特定地区对许可协议规定的技术拥有独占的使用权；同时技术的许可方不得在该地区使用该技术制造和销售商品，更不能把该技术再授予该地区

的任何第三方。排他许可是许可人同意在同一时间内不仅向一个被许可人授予技术使用权，也不得再授权给其他第三方使用，但许可人自己保留该技术的使用权。被许可人获得了在指定区域和时间内对该技术的独家使用权，但许可人仍可自行使用。普通许可是指许可人向一个或多个被许可人授予使用权，没有数量限制，且许可人自己也可能继续使用该技术。在这种许可下，被许可人获得了在指定区域和时间内对该技术的使用权，但许可人可以自由决定是否向其他人授予相同的权利。分许可是指许可方同意在合同上明文规定被许可方在规定的时间和地区实施其专利、商标、著作权或者专有技术等的同时，被许可方还可以以自己的名义，再许可第三方使用该专利、商标、著作权或者专有技术等。交叉许可又称互换许可，是指合同当事人双方或当事人各方，均以其所拥有或持有的技术，按照合同所约定的条件交换技术的使用权，供对方使用。第二，同时提醒双方该公示和审批的，完成公示和审批相关流程。

7.2.3 科技成果作价入股流程

科技成果作价入股流程见图 7-3。

在科技成果作价入股过程中，技术经理人应重点关注价值评估、股份确定和公示审批环节，确保价值评估的公允性和股份的合理性，不造成国有资产的流失，不给科技成果拥有方及其相关人员带来风险责任；同时提醒双方该公示和审批的，完成公示和审批相关流程。

7.2.4 科技成果自行实施流程

企业是科技成果转化的主体，其基于技术应用需求，进行以技术商业化为目的的研究开发活动，是科技成果转化的具体行为表现。相对而言，高校、科研院所偏重于基础研究，较少存在科技成果自行实施行为。因此，科技成果的自行实施主要是由企业需求拉动转化，具体流程见图 7-4。

在科技成果自行实施中，技术经理人应重点关注以下内容：第一，在产品探索和发现阶段，要聚焦相关领域的技术专家、市场专家、投资专家等，讨论成果的技术可

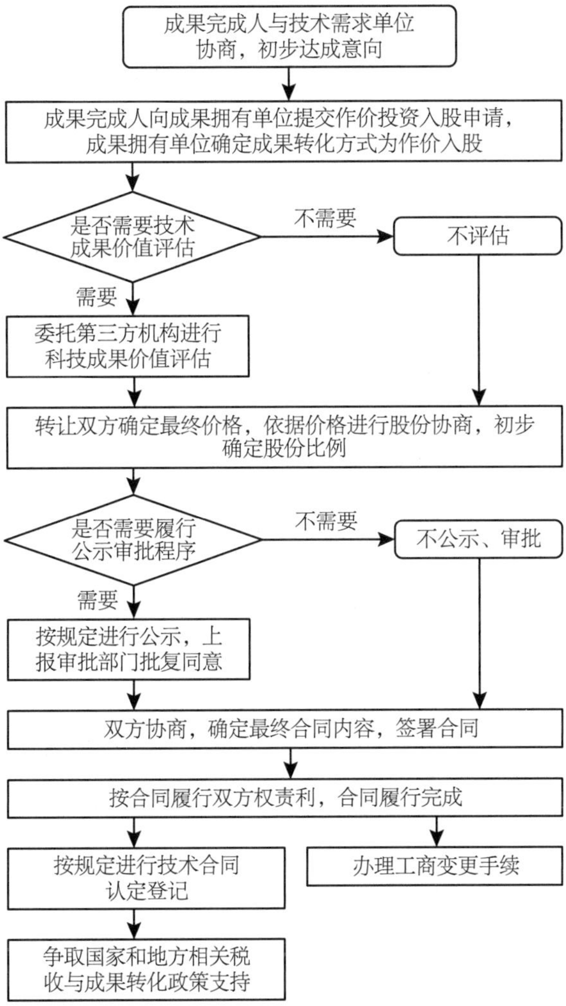

图 7-3　科技成果作价入股流程图

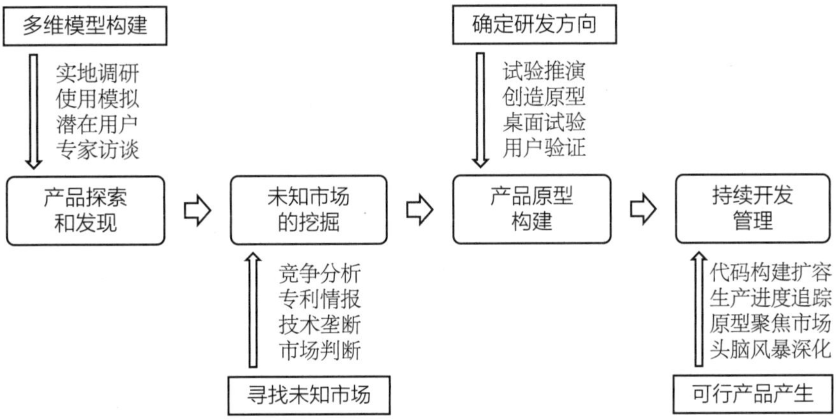

图 7-4　科技成果自行实施流程图

行性，最终确定研发方向；第二，在未知市场挖掘阶段，科研人员与技术相关市场、投资、经济结合起来，指导产品生产活动，以挖掘未知市场空间；第三，在持续开发管理阶段，与通常的研究开发活动的区别在于获取具有市场价值的多个模型，持续不断寻找合作伙伴进行知识、合作和商业模式创新。

7.2.5　科技成果合作转化流程

科技成果合作转化流程见图 7-5。

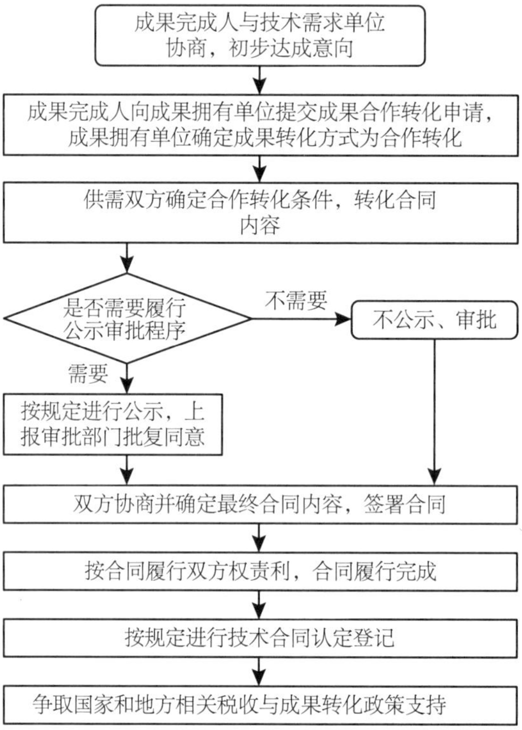
成果完成人与技术需求单位协商，初步达成意向
成果完成人向成果拥有单位提交成果合作转化申请，成果拥有单位确定成果转化方式为合作转化
供需双方确定合作转化条件，转化合同内容
是否需要履行公示审批程序
不需要
不公示、审批
需要
按规定进行公示，上报审批部门批复同意
双方协商并确定最终合同内容，签署合同
按合同履行双方权责利，合同履行完成
按规定进行技术合同认定登记
争取国家和地方相关税收与成果转化政策支持

图 7-5　科技成果合作转化流程图

在科技成果合作转化中，技术经理人应重点关注合作转化责权利的确定和公示审批环节，确保合作双方责权利尽量明晰，违约责任尽量明确，合同内容相关条款完整；同时提醒双方该公示和审批的，完成公示和审批相关流程。

7.3 技术合同登记流程与规范

7.3.1 技术合同概述

技术合同是科技成果转化中最常见的合同之一，是当事人就技术开发、转让、许可、咨询或者服务订立的确立相互之间权利和义务的合同。技术合同的内容一般包括项目的名称，标的的内容、范围和要求，履行的计划、地点和方式，技术信息和资料的保密，技术成果的归属和收益的分配办法，验收标准和方法，名词和术语的解释等条款。与履行合同有关的技术背景资料、可行性论证和技术评价报告、项目任务书和计划书、技术标准、技术规范、原始设计和工艺文件，以及其他技术文档，按照当事人的约定可以作为合同的组成部分。

根据《民法典》的规定，技术合同分为技术开发合同、技术转让合同、技术许可合同、技术咨询合同和技术服务合同五类。技术开发合同是当事人之间就新技术、新产品、新工艺、新品种或者新材料及其系统的研究开发所订立的合同，包括委托开发合同和合作开发合同。技术转让合同是合法拥有技术的权利人，将现有特定的专利、专利申请、技术秘密的相关权利让与他人所订立的合同，包括专利权转让、专利申请权转让、技术秘密转让等合同。技术许可合同是合法拥有技术的权利人，将现有特定的专利、技术秘密的相关权利许可他人实施、使用所订立的合同，包括专利实施许可、技术秘密使用许可等合同。技术咨询合同是当事人一方以技术知识为对方就特定技术项目提供可行性论证、技术预测、专题技术调查、分析评价报告等所订立的合同。技术服务合同是当事人一方以技术知识为对方解决特定技术问题所订立的合同，不包括承揽合同和建设工程合同。

7.3.2 技术合同登记流程

设定依据:《技术合同认定登记管理办法》和《技术合同认定规则》，具体流程如图 7-6 所示。

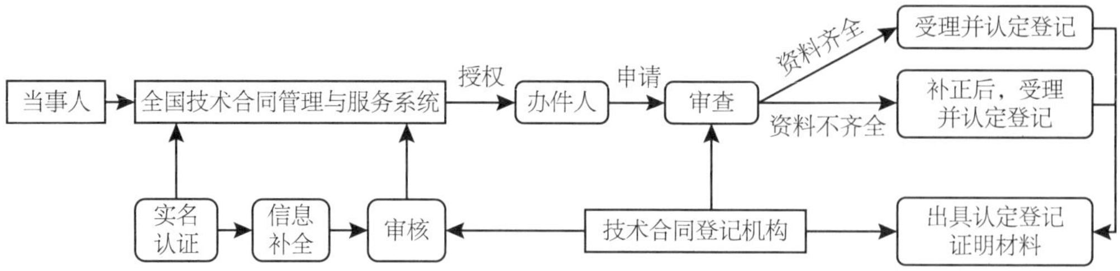

图 7-6　技术合同登记流程图

申请条件：法人、个人和其他组织依法订立的技术开发、技术转让、技术咨询、技术服务、技术培训和技术中介合同可申请认定登记；技术开发合同的研究开发人、技术转让合同的让与人、技术咨询和技术服务合同的受托人，以及技术培训合同的培训人、技术中介合同的中介人，应当在合同成立后向所在地区的技术合同登记机构提出认定登记申请；申请技术合同认定登记，应当向技术合同登记机构提交完整的书面合同文本和相关附件；同一项技术合同不得重复登记；技术交易卖方应按所在地域申请认定登记。

办理材料：登录“全国技术合同管理与服务系统”，在线填报完成技术合同登记申请表；上传技术合同及相关附件材料；法人、其他组织的内部职能机构或课题组订立的合同申请认定登记的书面授权书。

受理条件：申请登记的合同应当符合《民法典》合同编的相关规定，且是已经生效并在有效期内的技术合同；符合《技术合同认定规则》中技术开发、技术转让、技术咨询、技术服务合同等的认定条件。

办理流程：当事人通过科技部政务服务平台（https://fuwu.most.gov.cn/html/）完成实名认证，并通过全国技术合同管理与服务系统补全当事人信息，提交登记机构审核；登记机构审核通过后，当事人通过科技部政务服务平台授权事项办件人；事项办件人向所在地技术合同登记机构提出认定登记申请；技术合同认定登记人员对合同进行审查，对申请材料齐全的，予以受理并进行认定登记；对申请材料不齐全的，当事人补正后，予以受理并进行认定登记；技术合同认定登记机构出具认定登记证明材料。

7.3.3　科技成果转化方式与技术合同的关联性

向他人转让科技成果：建议签订技术转让合同，技术转让合同是合法拥有技术的权利人，将现有特定的专利、专利申请、技术秘密的相关权利让与他人所订立的合同。

许可他人使用科技成果：技术许可是技术拥有者向技术接受者授予使用其技术的权利，并向技术接受者收取相关费用。建议签订技术许可合同，技术许可合同是合法拥有技术的权利人，将现有特定的专利、技术秘密的相关权利许可他人实施、使用所订立的合同，包括专利实施许可合同和技术秘密使用许可合同。

以科技成果作为合作条件，与他人共同实施转化：建议签订合作开发合同，合作开发合同的当事人应当按照约定进行投资，包括以技术进行投资，分工参与研究开发工作，协作配合研究开发工作。合作开发合同是当事人各方就共同进行研究开发工作所订立的技术开发合同。合作开发合同的当事人应当按照约定进行投资，包括以技术进行投资，分工参与研究开发工作，协作配合研究开发工作。

以科技成果作价投资，折算股份或者出资比例：建议签订技术入股合同，技术入股是指技术拥有方将持有的技术成果作价，以资本的形式投资设立新企业或对已有企业进行增资的行为；实现了高校、院所与企业在人才、技术、资金、资源等方面的有效配置和聚集，以技术入股方式订立的合同可按技术转让合同认定登记。

7.4　科技成果转化典型案例

7.4.1　向他人转让科技成果

案例：枯草芽孢杆菌生物合成纳米硒的方法及其应用

“枯草芽孢杆菌生物合成纳米硒的方法及其应用”是中国农业大学资源与环境学院郭岩彬教授团队在国家公益性行业（农业）专项、国家自然科学基金的支持下，独立研发的枯草芽孢杆菌菌株生物纳米硒高效发酵工艺及分离与提取技术。学校技术转移中心在项目征集与评估阶段筛选出该项成果，依托科技成果展示与技术交易平台，广泛邀请相关领域的企业、投资公司参加该项成果的推介与路演活动，由技术经理人全程参与项目推介、企业对接、商业谈判、合同签订等关键环节，最终完成600万元的专利转让合同签约。因转化成效显著，该项目获评“中国农业大学校级代表性科研成果与重大社会服务贡献奖（2021年）”。在签订转化合同后，受让方企业新增投资1500万元，郭岩彬教授团队帮助该企业建设世界首个10吨级生物纳米硒发酵工艺及分离与提取生产线，新增就业45人，向农业农村部畜牧兽医总站申报国际上首个“纳米硒饲料添加剂”，并签订产品预售合同650万元。预计在获批新型饲料添加剂后年产值可突破2000万元，企业利润600万元，带动就业200人。

【案例启示】技术经理人作用得到充分发挥，参与项目推介、企业对接、商业谈判、合同签订等关键环节；项目成果权属清晰，为中国农业大学校级代表性科研成果；受让方选择通过项目路演方式，体现了科技成果转让价值，最终签订了600万元的专利转让合同；科技成果转化社会经济效益明显，年产值可突破2000万元，企业利润600万元，带动就业200人。

案例：北京大学建立规范化制度体系推进成果转化工作

北京大学依据相关法律规定，加强对科技成转化的组织领导和顶层设计，出台《北京大学技术转让管理办法》和《北京大学职务科技成果转化现金奖励管理办法》等一系列措施，对工作流程、决策机制和收益分配等问题进行了明确规定，形成了规范的组织架构和流程体系。例如北京大学王选计算机研究所技术团队经过近十年的研究，采用最新的人工智能与图形学技术解决了大规模个性化中文字库快速制作与自动生成中的一系列技术难题，并将该项目专利和专有技术转让给天津一家数字技术公司，转让费用为1998万元。按照转让金额高于800万元的流程，该项目由科技开发部报领导小组审核并报学校党委常委会批准后，给予项目团队现金奖励1399万元。

【案例启示】北京大学积极细化规定措施，通过规范流程、制度，在打通成果转化“最后一公里”方面做了积极的尝试。形成了清晰具体、权责分明的决策机制，细化规章制度，建立起科技成果转化涉及的审批、使用、收益等全套流程，科研人员在成果转化中有章可依、有据可查。

基于以上案例，在向他人转化科技成果时应重点关注以下几个方面。

一是转让标的的特殊性。科技成果转让标的为当事人订立合同时已经掌握的技术成果，包括专利、技术秘密、植物新品种权、集成电路布图设计专有权和计算机软件著作权等；合同标的具有完整性和适用性，相关技术内容应构成一项产品、工艺、材料、品种及其改进的技术方案；当事人对合同标的有明确的知识产权权属约定。

二是转让价值的公允性。科技成果转让在实际操作过程中面临价值评估难、审批程序复杂等一系列障碍。要发现其科技成果绝对真实价值相当困难，而且对其过高过低的评价均会损害出资方的利益，引起各种纠纷。技术经理人要重视转让价值的确定，科学、合理、真实、公平地确定科技成果的价值。在实践中，作价方式主要有三种：评估作价、协商作价以及两种作价方式的结合。评估作价是指专业的评估机构对出资人的科技成果的价值进行确定的作价方式，即将科技成果价值进行量化的过程。协商作价方式是不经评估，转让方和受让方自行商定作价金额的一种方法，这种作价方式是双方在诚信的基础上，通过协商来确定科技成果的价值。技术经理人要根据自己的知识、技能和所掌握的法律法规知识，协助转让方合理确定科技成果价值。

三是合同签订的复杂性。技术经理人一定要注意合同签订的完整性，精准确定让与人是提供技术的合法拥有者，细化技术具体目标和目标未达到的违约责任划分，同时协助双方采取补救措施，确保目标的实现。同时也要关注协助合同履行，合同履行牵涉到知识产权所有权的变更，牵涉到关键技术的移交和受让方专业技术人员和操作人员的接收程度。技术经理人要及时告知转让双方办理知识产权所有权的变更手续，并在具体办理过程中给予协助；及时掌握技术转让合同的关键节点和进展，协调处理双方在合同执行过程中的矛盾和纠纷。

四是免责机制的提醒。技术经理人应提醒参与方，严格按照国家和所在地区政策规定及程序签订技术转让合同，确保相关参与人员不会因程序不到位而被追责。

7.4.2 许可他人使用科技成果

案例：新型冠状病毒印度变异株许可使用

自新冠肺炎疫情暴发以来，浙江大学医学院附属第一医院传染病诊治国家重点实验室一直开展病毒分离及生物特性研究，于2021年5月从印度输入性感染者痰液样本中成功分离了2株新型冠状病毒Delta型变异株用于灭活疫苗的研发。经过新型冠状病毒样本采集、病毒分离、病毒鉴定及Vero细胞适应株筛选和毒株质量检定等环节约2个月的前期研发，2021年7月学校采用独占许可的方式将该成果许可给某国有全资企业进行进一步研发生产。由于该成果转化处在疫情防控的特殊时期，且根据赋权试点方案文件精神，试点单位将科技成果转让、许可或者作价投资给国有全资企业的，可以不进行资产评估。为加速推进项目转化，学校免去评估过程，校内主管部门委托学校技术转移中心开展尽职调查，并会同审批小组其他成员单位讨论审议，认为该技术不进行资产评估符合文件精神，报学校校务会议讨论通过，批准该技术以协议定价1000万元及合同生效日起25年内上市销售净利润10%的提成进行转化。转化收益扣除5%的成本（包括中介费、评估费、申请费和维护费）后，结余净收益在学校、院系、研究所、完成人之间按照15%、10%、5%、70%的比例进行分配，分别获得收益142.5万元、95万元、47.5万元、665万元。该成果应用于医药制造业领域，从感染者临床样本中分离出病毒株，对疾病诊断、病原确认、基因特征分析与溯源、特异性基因诊断技术研发、疫苗研究、药物筛选等至关重要，对全球疫情防控具有重要作用。

【案例启示】许可方式和许可费用选定较好，采用独占许可方式，许可费用采取许可费加提成的方式，协议定价1000万元及合同生效日起25年内上市销售净利润10%的提成进行转化；简化了成果转化流程，按照正常程序免去评估过程；分配机制完善，结余净收益在学校、院系、研究所、完成人之间按照15%、10%、5%、70%的比例进行分配，提高了参与单位和完成人成果转化的积极性。

案例：清华大学出台领导职务科研人员成果转化政策

清华大学车辆与运载学院长期从事氢燃料电池发动机研究，在电堆诊断技术、发动机构及控制技术和混合动力系统技术方面取得了重要研发成果，其主要完成人之一同时担任院系正职领导。2019 年，学校将氢燃料电池相关 45 项专利技术许可一家新能源公司实施转化。清华大学依据《清华大学科技成果评估处置和利益分配管理办法》，完成对车辆与运载学院正职领导的收益分配奖励。按照许可协议约定，学校每年依据专利许可费率以及公司销售收入收取专利许可费，科研团队获得当年专利许可费的 70% 作为成果转化奖励，其中该正职领导获得 21%。

【案例启示】提高领导干部带头开展科技成果转化的积极性，通过建立两级审批机制，实施路径清晰，使政策落地有据可依。

基于以上案例，在许可他人使用科技成果时应重点关注以下几个方面。

一是许可标的的有效性。许可标的除参照转让合同转让标的特殊性外，还应关注许可标的的有效性。《民法典》明确要求专利实施许可合同仅在该专利权的存续期限内有效，专利权有效期限届满或者专利权被宣告无效的，专利权人不得就该专利与他人订立专利实施许可合同。技术经理人要协助当事方明确科技成果许可标的的知识产权属性、知识产权有效期限，确保技术标的合法有效。

二是许可方式的多样性。科技成果许可分为普通许可、排他许可、独占许可、分许可以及交叉许可等多种形式，不同的形式有不同的要求和内容。同时科技成果许可还可以按地域或时间段许可，这给科技成果许可管理增加了更多的复杂性。

三是许可费用的复杂性。首先，评估科技成果许可费具有多元性和科学性，它高度依赖于对未来事件的假定，需要选择恰当的评估方法及合理的假定，是在精确程度和资源限制之间权衡的结果，有时还需借助复杂的计算公式和模型来确定。其次，科技成果许可支付方式多样且复杂。一般情况下许可费的支付方式分为一次总算支付、提成支付、混合支付等，也可以采取提成支付或者提成支付附加预付入门费的方式。约定提成支付的，可以按照产品价格、实施专利和使用技术秘密后新增的产值、利润或者产品销售额的一定比例提成，也可以按照约定的其他方式计算；提成支付的比例可以采取固定比例、逐年递增比例或者逐年递减比例；约定提成支付的，当事人可以约定查阅有关会计账目的办法。再次，科技成果许可费用应结合其自身价值和当事人技术需求综合判断，重点考量以下内容：一是借助专家的智慧，通过科技成果评价或专家论证等方式合理确定许可成果的科学、技术、经济、社会、文化五元价值，合理确定技术成果的创新性、先进性、成熟度和风险及成果的水平。二是协助当事方根据自身需要，经过友好协商，合理确定科技成果许可方式和范围。三是协助当事方确定科技成果许可的费用和支付方式。许可费用确定可以优选第三方评估机构进行合理评估，提出参考建议；同时也可借助国内技术许可项目管理较好的高校院所的成果经验、先进模式和方法确定。支付方式尽量按照双方认可、计算简单、后续确定容易、争议小的原则来选择。最后，技术经理人还要协助当事双方合理确定责权利及风险责任的划分等技术许可合同的签订工作。

四是合同实施全过程管理。科技成果许可实施阶段，技术经理人的主要工作是根据当事方签订的技术许可合同，协助当事方履行，并协助化解当事方履行过程中出现的纠纷。主要包括技术许可方交付技术材料等技术成果，督促双方按照合同内容做好技术服务和技术保密工作；协助进行许可费用核算和查核。

7.4.3 以科技成果作为合作条件与他人共同实施转化

案例：通过赋予长期使用权实现高效低氮燃烧技术成果转化

高效低氮燃烧技术采用了创新设计理念，通过特殊的燃烧器结构设计，基于自旋射流空气分级燃烧的原理可以实现炉内超低氮燃烧。燃烧完全、燃烧效率高、调节方便、结构合理，适应各种工业炉窑对火焰的特殊要求。燃烧器火焰长度和刚性控制在国际先进水平，能优化工业炉窑的操作和稳定炉窑的运转，为提高产量及质量、节能降耗和增加效益奠定了基础。赋权之前，高效低氮燃烧技术在辽宁科技大学实验室进行了小试和中试，由于缺乏资金、没有形成成套装备、开发市场能力不强，该技术成果一直没有得到产业化应用。2021 年 11 月，辽宁科技大学与科研团队签约，赋予高温工业炉窑高效低氮燃烧技术秘密长期所有权。赋权后，团队与专业从事科技服务的机构辽宁顺程科技有限公司达成合作协议——在该项目团队赋予的长期使用权（10 年）期限内，辽宁顺程科技有限公司投入资金、开拓市场、承担风险，分期实现项目成果转化，总转化金额 2000 万元；技术成果转化落地的利益双方共享，每项分期落地转化后的利润对半分配。该技术成果于 2021 年在鞍钢股份有限公司鲅鱼圈钢铁分公司成功应用，项目合同 180 万元，节能降耗成效显著；2022 年在新疆八一钢厂完成产业化，合同金额 584 万元。

【案例启示】通过赋权改革促进了成果转化，辽宁科技大学与科研团队签约，赋予高温工业炉窑高效低氮燃烧技术秘密长期所有权，该技术成果得到产业化应用；双方合作责权利明晰，团队与辽宁顺程科技有限公司达成合作协议，辽宁顺程科技有限公司投入资金、开拓市场、承担风险，分期实现项目成果转化，总转化金额 2000 万元；技术成果转化落地的利益双方共享，每项分期落地转化后的利润对半分配。

基于以上案例，在以该科技成果作为合作条件，与他人共同实施转化时应重点关注以下几个方面。

一是选择合适合作方。科技成果转化合作项目除本身对科技成果的成熟度、技术创新性、先进性要求高外，还对合作对象提出更高的要求，除要求合作方具有资金实力外，还需合作对象具备成果转化中试、批量化试验具备场地设备要求，有的还需要科技成果转化后的市场化优势。

二是注意合同条款完整。合作转化应当签订合作开发合同，合作开发合同是当事人各方就共同进行研究开发工作所订立的技术开发合同。合作开发合同的当事人应当按照约定进行投资，包括以技术进行投资、分工参与研究开发工作、协作配合研究开发工作。签订合同中应建议双方或多方在合同中进行转化项目中责权利的细分，详细明确分工内容的时间节点、流程、进度和质量互认要求，并在合同中确认配合研究开发工作发生质量和进度延误的补救措施及责任划分。

三是协助合同履行。由于合作双方或多方共同完成转化项目，一方的进度和质量都不可避免地影响其他方的进度和质量，给技术经理人增加更多且更为复杂的管理难度。合同履约阶段建议双方或多方建立联系机制，确定项目经理和项目联系人，及时互通各方研发内容进程和进行质量确认，协调处理一方问题造成他方或质量进度的影响，及时化解双方或多方研发过程中的矛盾与纠纷。

7.4.4 以科技成果作价投资折算股份或者出资比例

案例：自消杀抗病毒功能材料成果转化

自消杀抗病毒功能材料是一种新型纳米复合材料，通过涂刷、覆膜、制备等多种手段以膜态覆盖于物体表面，能有效杀灭物体表面附着的各类微生物（病毒或细菌）。该项目2018—2021年投入研发成本共计数百万元，并在2022年取得深圳市抗疫专项项目500万元研发经费。在此基础上，研究团队30余人先后研制出自消杀抗病毒成膜剂、自消杀抗病毒薄膜、消字号抗菌液，并获得多项发明专利。2021年，深圳清华大学研究院对该成果分两批次进行知识产权作价入股：2021年年初，第一批知识产权作价615.43万元入股深圳市力合云记新材料有限公司；2021年年底，第二批知识产权作价1000万元入股深圳市力合云记新材料有限公司。自消杀抗病毒功能材料成果转化为政府节约疫情防控支出、保护人民健康、维持正常生活秩序作出了积极贡献。

【案例启示】科技成果知识产权保护意识强，研制出自消杀抗病毒成膜剂、自消杀抗病毒薄膜、消字号抗菌液，并获得多项发明专利；采用知识产权分批入股的方式，第一批知识产权作价615.43万元入股深圳市力合云记新材料有限公司；第二批知识产权作价1000万元入股深圳市力合云记新材料有限公司，降低了知识产权入股和产业化的风险。

案例：北京理工大学建立形成技术转移机构新模式

北京理工大学建立“事业化管理＋市场化运营”的运营机制，引入市场化机制运营主力独立设置的技术转移机构，明确奖励制度，提升技术转移机构专业化服务能力。《北京理工大学促进科技成果转化实施办法》明确指出，从作价投资中提取10%的股权奖励给技术转移中心作为运营经费。技术转移中心自成立至2021年，北京理工大学先后组建了近20家学科性公司和高科技企业，转化重点成果100余项，作价投资逾2亿元，吸引教师个人和社会资本投资8亿元。北京理工导航控制科技股份有限公司将“一种用于高动态载体的惯性导航装置”等十项专利实现转化落地，公司先后获批“军工四证”、获评“中关村十大优秀科技成果转化项目”、入选“中关村示范区引进落地高精尖项目”。

【案例启示】技术转移机构“事业化管理 + 市场化运营”机制在保留行政管理机制优点的基础上，通过引入市场化运营机制打通学校和市场对接通道，出台收益与业绩直接挂钩的举措，解决了人员的考核和激励机制缺失问题，加强机构的自我造血能力，保障机构的持续运行和良性发展。

技术入股是指技术拥有方将持有的技术成果作价，以资本的形式投资设立新企业或对已有企业进行增资的行为，有助于实现高校、院所与企业在人才、技术、资金、资源等方面的有效配置和聚集，解决高校、院所科技成果转化资金瓶颈。针对技术入股的关键特点，技术经理人应从以下方面进行关注。

一是精准匹配技术资本方。在寻找技术持有方时，一方面，要考虑技术持有人单位背景、行业地位、团队人才、资源整合等优势，更要关注技术成果本身的创新性、先进性、成熟度、市场占有度和风险度，正确确认技术成果的科学、技术、经济、社会和文化五元价值。通过前期可行性研究、概念论证、科技评估等方式，找到技术含量高和市场前景广阔的优质技术成果。另一方面，要通过从经济实力强、社会资源广、技术成果应用行业背景好等方面考虑选择合适的资本方。

二是合理成果价值股权比例。技术入股在实际操作过程中面临着技术成果价值评估难、股权归属及分配比例难定、审批程序复杂等一系列障碍。技术成果作为非货币形式的出资，最重要的在于价值的确定，科学、合理、真实、公平地确定技术的价值，有利于技术成为企业的真实资本和合理股份。技术经理人要根据自己的知识、技能和所掌握的法律法规知识，合理确定技术成果价值和股权分配比例。

三是进行知识产权变更办理。《公司法》规定，股东应当按期足额缴纳公司章程中规定的各自所认缴的出资额，股东以非货币财产出资的，应当依法办理其财产权的转移手续。技术经理人应及时提醒合同双方办理技术入股标的法定转移手续，并协助做好技术合同认定登记工作。因此，技术经理人应提醒参与方严格按照国家和所在地区政策规定及程序签订技术入股项目合同，确保相关参与人员不会因程序不到位而被追责。

委托研发、合作开发、衍生企业和技术许可等技术转移各模式之间并不是一成不变的，随着当事方合作的不断深入，当事方新的技术创新需求可以实现单个模式之间的转换，或者多个模式的深度融合。初级技术经理人要不断提高知识水平和技能，适应科技成果转化新的需求，高质量做好科技成果转化项目管理工作。

7.5 本章小结

科技成果转化是科技成果转向现实生产力的重要路径，包括自行投资实施转化、向他人转让科技成果、许可他人使用科技成果、以科技成果作为合作条件与他人共同实施转化、以科技成果作价投资折算股份或者出资比例、其他协商确定等方式。技术合同是科技成果转化流程中形成的核心法律文件，可以通过全国技术合同管理与服务系统完成认定登记。技术经理人在科技成果转化中应结合不同的转化方式，掌握不同的关注要点。

具体来说，在向他人转化科技成果时，应重点关注转让标的特殊性、转让价值的公允性以及合同签订的复杂性等；在许可他人使用科技成果时，应重点关注许可标的的有效性、许可方式的多样性、许可费用的复杂性以及合同实施全过程管理；在以科技成果作为合作条件、与他人共同实施转化时，应重点关注选择合适合作方、注意合同条款完整以及协助合同履行；在技术入股中，应重点关注精准匹配技术资本方、合理成果价值股权比例以及进行知识产权变更办理。

思考题

1. 科技成果转化的方式有哪些？每种转化方式是不是固定不变的？
2. 许可他人使用该科技成果一般可认定为哪类技术合同？怎样合理确定许可费用？
3. 科技成果转让和作价投资要不要办理知识产权变更？为什么？

第 8 章 发明披露与科技成果需求挖掘

技术经理人需要在众多的科技成果中筛选出有转化价值的成果，并根据这些科技成果的特点，结合企业的技术需求进行精准的匹配。本章内容主要分三部分，一是发明披露与高校科技成果需求挖掘，二是企业技术需求挖掘，三是合作对象的选择。第一部分介绍了发明披露的基本概念及时间节点，梳理了高校挖掘技术需求的方法。第二部分介绍了企业技术需求收集与识别的方法，并详细介绍了技术需求挖掘的流程。第三部分介绍了企业合作对象和高校合作对象的选择方法与策略。

8.1 发明披露与高校科技成果需求挖掘

8.1.1 发明披露

发明披露是指在高校科研院所发明人在提交科技成果转移转化正式申请之前将自己的发明进行信息披露，使技术转移办公室等管理部门了解其发明，为专利申请前评估以及其中的技术问题、解决方案、审查难点等提前做好应对。在广泛意义上，发明披露信息也将用于支撑发明人后续开展技术交流、联合开发等更多的需求。通过发明披露流程，成果转化管理部门可以更好地把控专利申请的价值和通过率，减少专利风险。

发明披露的时间节点应在发明人将科技成果信息展示给公众之前，展示形式包括且不限于发表论文、著述和出版物、公开讲座、新闻通稿等。特别值得注意的是，发表论文等形式并不能有效保护知识产权。

为便于说明，表 8-1 为参照知名高校实际电子表格梳理的科技成果披露样表。

表 8-1　高校科技成果披露表（样表）

科技成果披露表			
技术名称			
发明人		所属部门	
家庭地址		国籍	
工作地址		职务	
电话号码		电子邮件	
技术简介			
技术优势			

续表

科技成果披露表	
技术支持	
技术是否通过外部资金创建？ 如是，请提供相关信息 如否，请说明资金来源	是　　否
是否存在第三方合作者？ 如是，请列出姓名和机构	是　　否
是否使用第三方提供的材料或数据？ 如是，请列出并注明提供方	是　　否
是否存在关于该技术权利的其他协议？	是　　否
技术研发是否仍在继续？ 如是，请列出预期的资金来源	是　　否
商业潜力	
勾选适当选项并在下方描述或添加额外附件 1. 该技术可能的应用是什么？ 2. 最接近的已知替代产品或技术是什么？	
您是否已经接触过或知道哪些公司可能对该技术的许可或共同开发感兴趣？	是　　否
如果是对软件等现有作品的修改，请指出原作品及其开发者	
计划或现有的出版物 / 演示	

在表 8-1 中，对技术简介部分有以下明确要求：①需要提供技术概述，包括任何有助于理解该技术的图表或概念图等；②需要对技术特征进行总结，包括其与现有技术的区别和先进性；③需要对技术是否将现有技术进行改进或完善进行明确表述；④需要对实验数据、建模分析、原型开发等过程进行总结，用以反映该技术的预期性能；⑤需要对技术潜在的继续开发空间进行表述；⑥需要列举该技术相关基础文稿、出版物、海报、演示文稿等已有材料。

技术优势部分则明确要求发明人对技术相较其他现有技术的优缺点、替代性等进行竞争分析，并提供相应的信息（如网站、文章、专利）等进行参考。在发明人向高校技术转移和科技成果转化管理部门提供上述表格后，专业团队将基于这些披露信息对科技成果进行专利前评估和分级分类管理。

当前国内各省市、高校对于专利前评估和分级分类管理的具体办法不一而同，普遍做法是由技术转移办公室或发明人填写《专利申请前评估表》等文件自查，并根据科技成果披露信息，参照各阶段标准要求将现有科技成果划分归类为重大成果、一般成果、潜在成果等若干等级。

8.1.2 高校技术需求挖掘

组建产业联盟，开展技术需求挖掘是国际上较成功的一种模式。本部分以该种模式为例，阐述高校技术需求挖掘。组建面向产业的联盟，搭建高校与产业的桥梁。联盟一方面通过协议的方式，明确直接服务的大学或科研机构，全面负责该机构所有的科技创新资源与市场对接的相关工作；另一方面也向传统及高科技业界中的领先企业发出邀请，招募与签约大学或科研机构领域一致的龙头企业加入。联盟可以建立和加强大学与企业之间的互动，从而推动产业链和创新链融合。例如，麻省理工学院全球产业联盟（MIT Industrial Liaison Program，ILP）相当于麻省理工学院在大学内部体系外成立的，衔接麻省理工学院科研资源与潜在技术需求方，为麻省理工学院提供专门服务的第三方技术转移服务机构。麻省理工学院全球产业联盟的特色是有效整合“学校研究资源”和“全球工业合作”两个资源体系，成为职责明确的资源枢纽。麻省理工学院全球产业联盟实施的“会员制”运营模式能够更加密切联系产业，调动产业积极性。

联盟为加入的每家企业指定一名技术经理人，由技术经理人负责与公司的一切合作联络事宜。技术经理人不仅具有丰富的企业管理和资讯经验，同时也对签约的大学或科研机构的科技创新研究有着深入了解。他们负责开展需求挖掘，并将公司的需求表达给大学或科研机构的科研人员。

技术经理人通过采取与科研团队座谈、定期拜访企业、组织企业与科研团队交流、组织科研人员参访企业等方式，加深对科技成果供给方和需求方的了解，并促进供需双方对接。①技术经理人定期拜访科研团队，并与之进行私人座谈，以了解团队最新科技成果，发现成果的潜在市场价值，同时也可就自己服务的企业与教授讨论公司的研究课题。②技术经理人定期拜访企业，为企业介绍相关领域的教授和研究人员，并向企业报告新加入的教授成员名单和最新的研究进展，同时也了解企业的发展战略、主要产品或服务、主要客户以及研发情况等，为公司寻找并提供拥有相应技术的团队信息等。③技术经理人发现某个科研团队的研究会对服务企业产生深远影响时，则组织企业的高级管理层和科研团队就新兴技术或颠覆性技术对公司发展的影响进行研讨，并由科研团队为企业提供创新发展战略建议，共同研讨管理和组织方面的新途径。④技术经理人发现多个科研团队的研究方向与企业的产品或服务保持一致时，可以组织科研团队到公司参观访问，还可以举办相关的专题研讨会，在科研团队和企业分别作出成果和需求介绍后，再组织科研团队与公司技术部和市场部共同进行讨论。

技术经理人通过对供需双方的深入了解，结合科研团队与企业的交流与讨论情况，梳理并与企业确认最终需求，具体的需求表格可参见“企业技术需求挖掘”部分。

8.2 企业技术需求挖掘

本节从技术经理人视角探讨如何开展企业需求挖掘与技术识别。根据企业规模，将需求挖掘对象分为三类：一是科技型中小企业；二是科技型骨干企业，涵盖高新技术企业、专精特新企业等；三是科技型领军企业。针对科技型领军企业的需求挖掘，将在中级教材进行阐述。本节主要介绍如何针对第一、二类企业开展技术需求挖掘。

8.2.1 企业技术需求收集与识别

面向科技型中小企业的技术需求收集与识别的方法主要包括三个步骤：①采用发放技术需求调查问卷的方式初步获取技术需求；②按照产业领域，分别组织该领域产业专家、技术专家、市场专家和投资人对技术需求进行研判；③识别科技型中小企业技术需求。

8.2.1.1 设计与发放企业技术需求调查表

技术需求调查表的设计主要包括企业基本信息、经营信息、技术需求信息（表 8-2）。

企业基本信息模块涵盖单位名称、单位性质、单位地址、法人、成立时间、注册资本、员工人数、联系人信息等。企业经营信息主要指年度研发投入、年度研发投入占营业收入比例、主营业务及核心产品（服务）、主营业务收入、净利润、专利数量、科技专项资金支持情况等。技术需求信息不仅涉及技术需求内容，还包括企业已经开展的工作和后续愿意投入的资源、合作方式，以及交易价格区间和付费形式等。技术经理人可以结合调查目的和调查对象的情况对调查表进行调整。

表 8-2　企业技术需求调查样表

<table>
<tr><td colspan="6">一、企业基本信息</td></tr>
<tr><td>单位名称</td><td colspan="5"></td></tr>
<tr><td>单位性质</td><td colspan="5">□高等院校　□国有科研机构　□新型独立研发机构　□国有企业　□民营企业　□科技中介服务机构　□省产业技术创新战略联盟　□全省性科技行业协会　□其他，______（请注明）</td></tr>
<tr><td>单位地址</td><td colspan="5"></td></tr>
<tr><td>法人代表</td><td colspan="2"></td><td>成立时间</td><td colspan="2"></td></tr>
<tr><td>注册资本</td><td colspan="2"></td><td>员工人数</td><td colspan="2"></td></tr>
<tr><td>通信地址</td><td colspan="2"></td><td>邮编</td><td colspan="2"></td></tr>
<tr><td>联系人</td><td></td><td>联系电话</td><td></td><td>Email</td><td></td></tr>
<tr><td colspan="6">二、企业经营信息</td></tr>
<tr><td>年度研发投入</td><td colspan="5">□ 1 ~ 50 万元　□ 50 万 ~ 500 万元　□ 500 万 ~ 1000 万元　□ 1000 万元以上</td></tr>
<tr><td>年度研发投入占营业收入比例</td><td colspan="5">□ 1% 以内　□ 1% ~ 3%　□ 3% ~ 5%　□ 5% ~ 10%　□ 10% 以上</td></tr>
<tr><td>主营业务及核心产品（服务）</td><td colspan="5"></td></tr>
<tr><td>主营业务收入（万元）</td><td colspan="5"></td></tr>
<tr><td>净利润（万元）</td><td colspan="5"></td></tr>
<tr><td>专利数量</td><td colspan="5">□有，发明专利　　　个；实用新型　　　个；　□无</td></tr>
<tr><td>是否曾获科技专项资金</td><td colspan="5">□是　□否</td></tr>
</table>

续表

三、技术需求信息	
技术需求内容	（包括主要技术指标、技术成熟度、条件、成本等指标）
企业已经开展的工作及后续愿意投入的资源	（企业目前的进展情况，后续企业拟投入的人力、仪器设备、生产条件等情况）
合作方式	□技术转让　□技术入股　□联合开发　□委托研发 □委托团队、专家长期技术服务　□共建新研发、生产实体 □其他　　　　（需详细列入）
交易价格区间和付费形式	

调查表初步设计完成后，首先在两家科技型中小企业进行试调研，在试调研的基础上对调查表进行修正完善，然后通过园区、科技主管部门、产业链办公室等单位发放调查。

8.2.1.2　组织领域专家识别企业技术需求

在传统的成果转化中，一般技术经理人在获得企业填报的技术需求表格后，就直接开始帮助其对接，但在花费大量时间和精力后，才得知原来企业填写的技术需求与企业的有效技术需求不匹配。因此，在企业技术需求调查表搜集完成后，应当组织专家对企业的技术需求进行研讨，并根据研讨情况进行判断。

由高校技术专家对需求进行研判时易造成对市场需求理解的偏差。为了确保研讨的效果，可以区分产业领域，组织该领域产业专家、技术专家、市场专家和投资人对技术需求进行研讨。首先，技术经理人将搜集的技术需求按照产业分类，并按照细分领域排序；其次，邀请该领域的专家，确定好集中研讨时间，并将技术需求提前发放给各位专家；最后，召集会议进行集中研讨，在集中研讨后，将企业技术需求分为三类：一是有效技术需求；二是无效技术需求；三是存疑技术需求。

针对有效技术需求，由技术经理人为企业搜寻合作对象；针对无效技术需求，则将有关判断理由反馈给企业，企业可以根据反馈意见进行修改，并重新提交。针对存疑技术需求，可以前往企业，通过实地调研等方式，帮助企业明确技术需求。

8.2.2 企业技术需求挖掘方法和流程

技术经理人在面向科技型骨干企业开展技术需求挖掘时，投入的时间和精力相较于科技型中小企业将更多。技术经理人通过与企业的长期接触，建立了互信关系，才能基于企业新产品开发开展深度技术需求挖掘。该方法较前述面向科技型中小企业主要借助领域专家智慧对技术需求进行研判的方式相比，对技术经理人的要求更高，需要技术经理人掌握一定的信息采集和分析方法，并具有良好的钻研精神。基于企业新产品开发，挖掘企业技术需求的方法涵盖三个阶段：一是市场需求获取；二是通过市场向技术性能映射获得技术指标；三是形成研发策略，并从中提取技术需求。针对三个阶段，本节提出“MTR 技术需求挖掘方法”，并提供与之配套的分析模板。

8.2.2.1 市场需求获取

市场需求是技术需求识别的起点，只有通过市场获得的需求，才能使新产品开发契合市场的要求。市场需求获取主要包括两部分：一是市场需求调研；二是根据客户对各项需求的打分甄别关键市场需求。

（1）市场需求调研

通过市场需求调研深入了解目标客户需求，以确定产品开发目标。市场需求调研实际上就是倾听客户的声音，采用的方法主要有人种学法、客户拜访团队法、客户焦点访谈、领先使用者分析、客户头脑风暴法等。调研的形式主要包括实地调研、电话调研、问卷调查等。市场需求调研的内容包括但不限于：客户希望获得哪些体验；客户对现有产品的体验是否满意；客户对市场领先者现有产品的不满主要集中在哪些方面；客户迫切希望获得的体验和迫切希望改善的体验主要有哪些等。

在市场需求调研环节要注意，对不同的行业市场需求调研会有所区别，例如环保行业和医药行业在前述市场需求调研方法的基础上，还要结合文献调研等方法来开展市场需求调研。环保行业的市场需求调研主要根据国家对环保要求的趋势，重点关注环保行业规划、环保标准的制定，以及涉及国计民生亟待改善的环保要求对市场需求进行调研，当然也要结合环保技术使用企业的实地调研等来完成市场需求调研。医药领域则重点根据流行病学与卫生统计学，对特定人群中疾病、健康状况的分布情况进行统计，发现某个细分领域药品需求的发展趋势，同时对医院和各大药房的已有销售情况进行调研，并结合医生和药品使用者的评价等来形成较为完善的市场需求调研报告。

（2）市场需求甄别

在获得客户的市场需求后，将第一手信息和第二手信息结合，对关键市场需求进行甄别。具体步骤包括：①对市场调研所获得的客户需求进行整理，并根据客户的类型和需求提出的频次对客户需求进行排序；②结合领域内的市场调研报告或专业机构开展的市场需求预测，重新对排在前列的客户需求进行审视，如果二者结果较为一致，则进行采信，如果二者结果存在偏差，则根据一手信息和二手信息的信息来源、信息获取方法、信息分析方法等确定采信的数据，也可以针对有偏差的市场需求进行深入调研，以甄别出关键需求。

8.2.2.2　市场需求映射为技术目标

在甄别出关键市场需求后，需要将市场需求转化为技术性能，主要包括两个步骤：一是将关键市场需求用技术指标表达；二是搜集行业领先者、竞争对手和自身在这些方面的技术指标参数，通过定标比超确定技术参数目标。

（1）技术指标表达

技术指标表达就是将客户需求转换成技术指标。事实上客户提出的需求，有时候是非常感性的，如年轻人希望手机更炫、更酷，那么这些感性的需求要如何映射到一个个技术指标上呢？这就需要邀请提出关键市场需求的客户群体，以及有一定经验的市场人员和研发人员共同探讨，以初步确定技术指标。然后将初步确定的技术指标面向细分市场，在更大范围内做验证，以最终确定关键市场需求所对应的技术指标。

（2）技术参数确定

定标比超译自英文 Benchmarking，也译作基准调查、标杆超越、立杆比超等。在获得关键市场需求所对应的技术指标后，再采用定标比超的方法将企业与行业领先者，以及竞争对手的技术参数进行对比，以确定新产品开发所需要达到的技术参数。首先，对技术参数信息进行搜集，重点搜集行业领先者和直接竞争对手的技术参数。信息主要通过展会、企业产品发布会和企业网站进行搜集，也可以通过现有客户对竞争对手产品技术参数进行搜集。然后，将搜集到的技术参数根据表 8-3 进行整理，将自身技术参数与行业领先者、竞争对手进行对比，计算自身产品在每一个技术指标上相对于行业领先者和竞争对手的评估值。相对行业领先者评估值的计算为企业自身与行业领先者技术参数之差，与企业自身技术参数之比。同理，相对竞争对手评估值的计算为企业自身与竞争对手技术参数之差，与企业自身技术参数之比。当相对于行业领先者和竞争对手的评估值均为负值，且相对竞争对手评估值的绝对值越高，就越说明该技术参数需要重点改进，至于改进目标，短期可设置为竞争对手的技术参数值，长期可设置为行业领先者的技术参数值。

表 8-3　关键技术参数评估表

序号	市场需求	技术指标	技术参数评估				
			行业领先者	竞争对手	企业	相对行业领先者评估	相对竞争对手评估
1	市场需求 1	技术指标 1	技术参数 L1	技术参数 C1	技术参数 E1	评估值 EL1	评估值 EC1
		技术指标 2	技术参数 L2	技术参数 C2	技术参数 E2	评估值 EL2	评估值 EC2
		技术指标 3	技术参数 L3	技术参数 C3	技术参数 E3	评估值 EL3	评估值 EC3
		……	……	……	……	……	……

续表

序号	市场需求	技术指标	技术参数评估				
			行业领先者	竞争对手	企业	相对行业领先者评估	相对竞争对手评估
2	市场需求 2	技术指标 1	技术参数 L1	技术参数 C1	技术参数 E1	评估值 EL1	评估值 EC1
		技术指标 2	技术参数 L2	技术参数 C2	技术参数 E2	评估值 EL2	评估值 EC2
		技术指标 3	技术参数 L3	技术参数 C3	技术参数 E3	评估值 EL3	评估值 EC3
		……	……	……	……	……	……

注：表格中的“L”“C”“E”“EL”“EC”分别表示行业领先者、竞争对手、企业自身、企业相对行业领先者、企业相对竞争对手。

8.2.2.3　技术需求识别

获得关键技术参数后，通过对达到关键技术参数所需提升的技术进行分解，并结合企业自身资金与研发能力识别出企业的有效技术需求，主要包括两个方面：一是将影响性能指标的生产工艺、材料和设备等逐一列出，然后通过技术 - 功效分析，形成达到性能参数的备选方案；二是结合企业在该新产品开发上可投入的资源情况，以及技术发展趋势和已有专利情况对备选方案进行论证，形成可行的技术路线，并从中提取拟通过技术转移获取的技术，从而形成有效技术需求。

（1）技术需求分解

技术需求分解要解决两方面的问题：一是如何将技术性能分解到技术需求上，例如汽车要降低噪声，那么要达到降噪的目的，需要改进哪些方面的技术；二是这些分解后的技术要通过怎样的技术方案才能实现技术参数目标。一般可以从生产工艺、原材料和生产设备、产品结构等方面对要达到的技术性能进行分解，例如要实现降噪，就可以从各子元件的改进、汽车结构的改进等方面分解。在分解的同时，结合专利等技术文献进行技术 - 功效分析。

技术－功效分析，可以从技术的手段和目的、功能和效用等方面进行灵活分析，通过矩阵的形式来构建技术手段与功能效果之间的关系。针对专利绘制技术功效矩阵是微观分析最常用的一种分析方法，通过专利的阅读将一篇篇专利归入技术手段和功能效果分类中。通过技术－功效分析一方面实现从技术性能到技术需求的分解；另一方面对在各个技术上已有的专利进行摸底，为制定技术方案和后续技术转移打下基础。制订技术方案时，要根据绘制的技术功效矩阵，并结合国内外技术发展趋势进行制定。这个过程需要有经验的研发人员和技术专家参与，以形成备选技术方案。

（2）有效技术需求识别

在形成备选技术方案后，需要对备选方案的研发方式和经济性进行论证。研发方式论证，主要是根据研发的难度，结合自身的研发能力，论证是自主研发还是技术转移或产学研合作。经济性论证，主要是对实现备选方案所需要的资金投入，以及新产品的生产成本和市场收益进行论证。通过论证，确定可行的研发策略。然后对拟采取技术转移或产学研合作的技术需求进行提取，形成有效技术需求。有效技术需求中不仅包括技术参数目标等具体的技术内容，还包括技术获取方式和技术获取经费预算等。只有这样形成的技术需求才是真正有效的技术需求。

8.2.3 人工智能与大数据技术辅助需求挖掘

人工智能与大数据技术的应用日益成为一种强有力的支持工具，可以帮助技术经理人快速准确地发现和评估新技术、新趋势以及竞争对手的研发动态，以支持公司的技术战略决策和产品研发规划，提高工作效率，优化技术转移决策过程和增强竞争力。

利用 AI 技术，尤其是机器学习和深度学习算法，技术经理人可以对海量的科技文献、专利和项目报告进行深入分析，从中挖掘出技术发展的趋势和模式。这对技术经理人来说，意味着可以基于数据驱动的洞察，而非仅凭经验或直觉，来制定更为科学和前瞻性的技术创新发展战略。例如，通过分析特定领域内的专利申请增长速度和技术关键词的变化，可以预测未来技术的发展方向等。技术经理人也可以利用 AI 技术，开展合作对象搜寻。例如，大湾区科技创新服务中心（广州）将文心一言及百度飞桨深度学习平台应用在广州市新型研发机构联盟的数字化成果转化系统上，加速需求方精准快速搜寻成果解决方案。

尽管 AI 与大数据技术在技术需求挖掘和后续合作对象识别中的应用前景广阔，但技术经理人也需要注意应对数据质量、模型准确性和技术适用性等挑战。应对策略包括建立严格的数据管理和质量控制流程，选择和调优合适的 AI 模型，以及持续跟踪技术进展，确保所使用的工具和方法能够满足实际需求等。

8.3 合作对象的选择

从供需双方来看，均存在合作对象选择的问题，因此本章分别介绍企业合作对象选择和高校院所合作对象选择。企业合作对象选择，首先从成果蕴含最丰富的专利信息入手发现与技术需求匹配的科技成果及其研发团队，然后针对专利拥有量排在前位的权利人和发明人，从合作意愿、技术和经济三方面对候选合作对象进行筛选，最后通过实地探访等多种方式对合作对象进行调研，以确定最终合作对象。高校院所合作对象选择，亦是首先发现成果需求企业，然后对候选企业进行筛选，最后通过实地调研等方式确定合作对象。

8.3.1 企业合作对象的选择

8.3.1.1 成果及其研发团队发现

专利既是创新的产物，又是开展创新必不可少的信息源。专利能够显示有关机构和个人的研发能力，对创新至关重要，是科学技术发展的重要体现。专利信息蕴含着 80% 的技术信息，加之专利信息的可获得性较好，可以通过各个国家的知识产权管理机构免费或通过数据提供商付费获取，因此专利是成果及其研发团队发现的重要信息源。以下就如何通过专利发现与技术需求匹配的成果及成果研发团队进行阐述。

（1）专利检索

根据技术分解表构造专利检索式，在构造检索式的过程中为了既保证查全率，又具有查准率，一般先试检，根据查到的专利的量以及专利内容的吻合情况确定是扩检还是缩检。如果查到的专利的量非常大，且吻合情况一般，则可以根据专利分类号等进行缩检；如果查到的专利量非常小，有漏检的可能性，则需要进行扩检。通过缩检和扩检，使专利检索结果不断逼近这个领域专利技术的真实情况。在专利检索过程中，要注意不断地与技术需求方进行沟通和确认，以确保专利检索达到预期的效果。

专利数据检索与采集流程主要包括七个步骤：①关键技术分解，对于技术需求较为宽泛的情况，会根据技术需求首先做关键技术分解，然后再逐一针对每个技术要点进行专利检索，如果技术要点可以直接构造检索式，则可跳过此步骤；②选择专利数据库，根据相关章节专利文献的介绍，选择适宜的专利数据库；③制订检索策略，主要包括主题词和分类号的确定以及检索式的构造等，根据关键技术确定主题词，同时扩展主题词的近义词和同义词以及英文表达，确定专利分类号，采取布尔逻辑算符构造检索式，如果技术要点较为明确，则可以用主题词进行检索；④初步检索，在试检的过程中，根据检索结果判断是否有漏检或错检的情况，也可以根据检索结果进行扩检或缩检；⑤找有经验的专家讨论检索式是否有偏差，如需要进行修改，便回到第三步，如检索结果已经达到要求，则往下；⑥正式检索；⑦对数据进行采集、清洗和筛选，并根据需要进行统计分析。专利数据检索与采集流程如图 8-1 所示。

（2）专利分析

基于正确的检索式所获得专利检索结果后，就需要通过专利分析发现核心研发机构和研发团队。部分专利分析软件也可以直接实现这一功能。核心研发机构和研发团队发现的基本思路是根据每个专利权人所拥有的专利的数量、专利的法律状态等进行排序，找到排名前十或前二十的机构和发明人。如果涉及国外专利，还可以将专利族，甚至是专利诉讼等作为专利质量的评判指标，以确定优质的研发机构和研发团队。

通过国家知识产权局网站进行专利检索，不仅提供专利内容的查阅功能，还提供申请人和发明人统计，具体如图 8-2 所示。在检索结果概览页面的左侧有针对排名在前

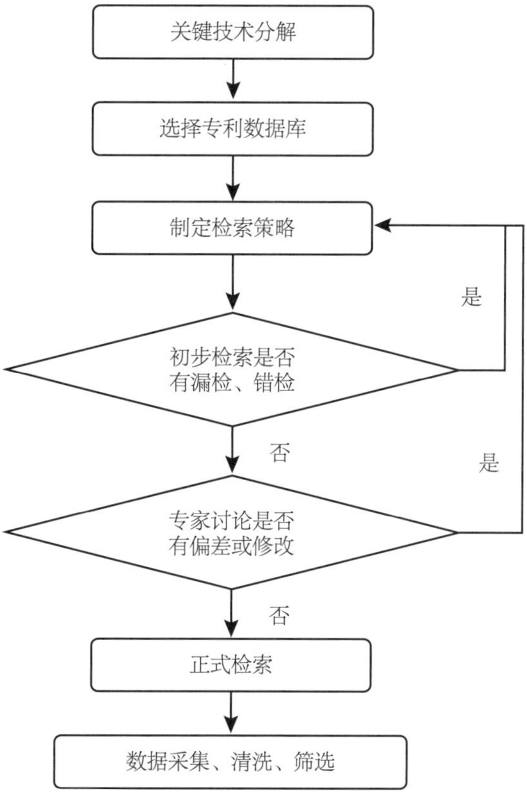

图 8-1　专利数据检索与采集流程

图 8-2　专利检索结果统计呈现界面

列的申请人和发明人的统计结果，点击具体的申请人或发明人，其拥有的专利会出现在右侧专利概览区域。通过详细查阅这些专利是否符合企业技术需求，如果符合则可以将这些申请人和发明人作为候选合作对象。值得注意的是，在查阅这些专利的时候要注意该专利的法律状态，以避免针对失效专利开展尽职调查。

8.3.1.2 成果及其研发团队初步筛选

对排在前列的专利权人的有关情况做进一步的信息搜集。一是搜集专利权人的基本情况。如果专利权人是企业，则要搜集企业的规模、企业的研发投入等信息；如果专利权人是科研院所，则要搜集科研院所的研发能力；如果专利权人是个人，则要搜集个人的工作经历等情况。二是搜集以往的技术转移行为。例如，以往技术转移的收费模式和具体费用等。如果专利权人已经自行实施或对该类技术进行过普通许可，则可以进一步搜集实施后的情况，为后续判别技术的成熟度提供支撑。三是根据搜集到的信息，对潜在合作对象进行初步筛选，将有合作可能性的对象筛选出来作为技术转移候选对象。其中专利权人的基本信息和以往的技术转移行为可以通过高校、科研院所、企业网站获取，也可以通过专家等人际网络获得。

在通过技术搜寻确定潜在合作对象后，需要对潜在合作对象进行合作可行性评价。合作的可行性评价主要从合作意愿评价、技术评价和经济评价三个方面展开。要开展这三个方面的评价都需要在已有信息搜集的基础上进一步补充搜集信息，且大量信息需要第一手调研获得，而搜集信息同样是一项需要大量投入的工作，因此合作可行性评价并不是对每一个项目都从这三个方面进行翔实的信息搜集，而是类似于漏斗状，通过层层筛选缩小候选合作对象数目，从而节约信息采集和分析的成本。

第一，开展合作意愿评价。合作意愿评价除常规要对技术供给方是否有技术转让的意愿进行评价外，还需要考量如果实施技术转让或许可后，技术供给方是否有协助企业完成技术产业化的能力。通过对技术供给方的技术转让意愿和后续技术产业化研发能力的信息进行搜集和分析，对技术供给方的合作意愿进行评价，剔除没有合作意愿或没有科研团队支撑的技术供给方。

第二，开展技术评价。根据国家和地方有关开展科技成果评价试点工作的有关文件，目前对技术开发类应用技术的成果评价主要包括技术创新程度、技术的先进程度、技术难度和复杂程度、技术重现性和成熟度、成果应用价值及社会效益、已实现经济效益 6 个方面。技术经理人可以参照《科学技术研究项目评价通则》开展技术评价，亦可以按照该文件中的“科研项目技术就绪水平量表（Technology Readiness Level Scale，TRLS）”评价特定技术的成熟程度。技术就绪水平量表将基础研究、应用研究和开发研究项目的技术就绪水平分别用规定的等级表示，分为 9 级。其中应用研究项目从第 4 级至第 9 级，分别为在实验室环境中关键功能仿真结论成立、相关环境中关键功能得到验证、中试环境中初样性能指标满足要求、中试环境中正样性能指标满足要求、正样得到用户认可、专有技术被转让。在技术评价中，技术就绪水平等级越高，越是将技术拥有方作为优先考虑的技术合作对象。当然，如果技术需求方希望对技术做一个全面的评价则可以采用科技成果评价，根据科技成果评价结果进一步筛选合作对象。科研项目技术就绪水平量表如表 8-4 所示。

表 8-4　科研项目技术就绪水平量表

级别		技术就绪水平通用定义	主要成果形式
技术就绪水平	第 9 级	具备大批量产业化生产与服务条件（多次可重复），形成质量控制体系，质量检测合格，具备市场准入条件	大批量产品、质量检测结论、大批量生产条件，可重复服务条件、市场准入许可
	第 8 级	完成小批量试生产并形成实际产品，产品、系统定型，工艺成熟稳定，生产与服务条件完备，能够实际使用，形成技术标准、管理标准并被使用	小批量产品、工艺归档、小批量生产条件、服务条件、实际使用效果、标准
	第 7 级	正样样品在实际环境中试验验证合格，进行应用，得到用户认可，形成专利等知识产权并被使用、授权或转让	试验验证结论、用户试用效果、用户应用合同、专利、各类知识产权、授权合同、转让合同
	第 6 级	实验室中试（准生产）环境中的正样样品完成，全部功能和性能指标多次测试通过并基本满足要求	正样、功能结论，性能结论、测试报告
	第 5 级	实验室小试（模拟生产）环境中的初样样品完成，主要功能与性能指标测试通过	初样、功能结论、性能结论、测试报告
	第 4 级	在实验室环境中关键功能可实现，形成论文、著作、知识产权、研究报告并被引用或采纳	论文、报告、著作，引用次数、采纳次数
	第 3 级	实验室环境中的仿真结论成立，通过测试	仿真结论、测试报告
	第 2 级	被确定为值得探索的研究方向且提出可行的目标和方案	方案、论文、报告
	第 1 级	产生新想法并表述成概念性报告	报告

第三，进行经济评价。可以采用投入产出法进行经济评价。结合前述技术供给方技术转移行为信息的搜集，测算技术转移的费用、技术产业化的费用，再根据搜集到的技术效果和行业市场规模信息等预测可能的收益，从而确定投入产出比。如果是环保等领域，为了降低原有污水治理的成本，可以通过测算采用新技术后可能节约的费用，将节约的费用作为产出数据，从而确定投入产出比。投入产出比越小的技术，越是优先考虑作为技术合作对象。

在对潜在合作对象进行层层筛选，最终确定若干技术转移谈判对象的过程，要进行大量的信息搜集与分析工作。在信息源上，除了网络信息、专家和技术需求方，可以直接与技术拥有方进行电话沟通或者实地调研，同时技术需求方也不再是对某些信息进行确认，而是要提供一些必要的数据，以便进行经济评价。通过合作可行性评价的三个步骤，对技术转移谈判对象也做了较为全面的画像。根据已有的信息搜集与分析，以及评价结果，将谈判对象做评估分级，并结合谈判对象的机构特征、地理位置的远近等确定主要合作对象和次要合作对象。后续可以根据这个合作对象评估，开展有针对性的谈判，以提高技术转移效率。

8.3.1.3 合作对象调研

合作对象调研可以从四个方面展开：一是直接拜访合作对象，了解合作对象的科研团队和科研进展等方面的情况。二是拜访曾与合作对象洽谈过合作事宜的机构和个人，了解合作成果或失败的真实原因，作为本项目是否合作的参考。三是暗访实验室或小试场所，从学生和工人处了解平时的运作情况。四是拜访与之相熟的业内人士，了解在业内的口碑和成果转化情况。

对于复杂的成果转化项目，建议在文献调研和实地调研的基础上，由科技成果需求方与第三方机构共同开展项目可行性研究，从市场、技术、财务等多个维度对项目进行研究，尤其是要开展项目不确定性分析，识别项目主要风险因素，分析项目的抗风险能力，提出防范和降低风险的对策。在可行性研究的基础上进行项目评估，聘请专门机构对项目可行性研究报告进行全面的审核和再评价工作，即对拟实施项目的必要性、可行性、合理性及效益、费用进行审核和评价，以便技术需求方作出最终决策选择。

8.3.2　高校院所合作对象的选择

8.3.2.1　成果需求企业发现

成果需求企业发现主要有三种方式：一是与科研团队沟通，了解其成果研发目的和目标企业，直接获得需求企业；二是根据科研团队的介绍，初步确定成果的用途，根据用途确定成果应用领域，再根据应用领域挖掘需求企业；三是参照“成果及其研发团队发现”中通过专利检索获得需求企业，检索与高校院所专利分类号一致的专利，或者是功效和用途一致的专利，根据专利统计功能发现候选合作企业。第一种最为简单直接，以下对第二种和第三种进行阐述。

（1）科研成果用途分解

很多科研团队的科研成果可能有多个运用领域，这时候需要引导科研团队采用逐层分解的方式，基于科研成果的功效列明可能的运用领域，以及对应的产品或服务，具体的“科研成果—领域—产品”分解如图 8-3 所示。注意在分解时，运用领域不宜过多，且按照重要程序进行排序，为后续进行企业筛选以及制定转让许可策略等提供支撑。在对科技成果进行领域分解后，进一步根据运用领域和产品，通过领域垂直门户网站，或领域品牌排名，或政府发布的有关企业或产品目录，搜寻候选合作对象。

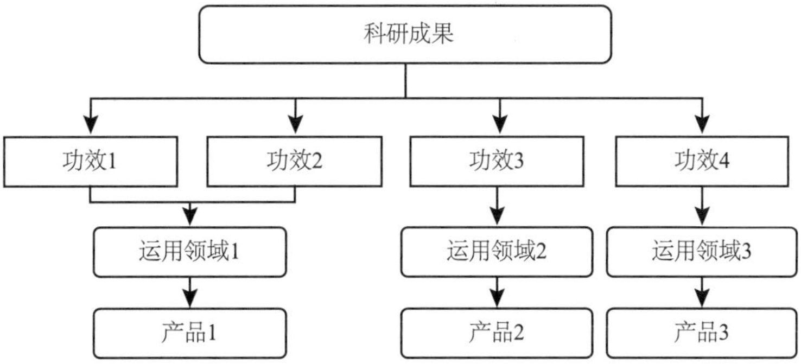

图 8-3　“科研成果—领域—产品”分解图

（2）确定候选合作对象

通过国家知识产权局网站的专利检索模块，可以查询到专利分类号的具体含义，查询界面如图 8-4 所示。如果科研团队的成果申请了专利，可以将专利的分类号通过此界面进行检索，一个专利有多个专利分类号的，逐个检索后，将专利分类号和含义做成表格，通过与专家沟通，选取与专利应用领域最为一致的若干专利分类号进行检索。对检索结果申请人进行统计排序，从中发现候选合作对象。如表 8-5 所示。

图 8-4　专利分类号含义检索界面

表 8-5　专利分类号及其含义示例

专利分类号	含义
C13K 13/00	本大类其他类目中不包括的糖 [2006.01]
C08B 37/14	半纤维素；它的衍生物 [2006.01]
C07H 1/06	分离；纯化 [2006.01]
C07H 1/00	糖衍生物的制备工艺 [2006.01]
C07H 3/06	低聚糖类，即具有 3 ~ 5 个彼此以配糖键相连的糖化物基团 [2006.01]

在开展成果需求企业挖掘时，可以采用以上三种方法的一种，也可以均采用，然后将通过三种方法获得的候选合作企业逐一列出，为后续筛选打下基础。

8.3.2.2　成果需求企业筛选

在获得企业清单后，进一步搜集潜在合作对象信息。综合运用前述成果需求企业发现时已经获得的信息，并通过企业网站、行业网站、wind 数据库等做进一步的信息搜集，主要搜集信息包括企业基本信息；地域、组织架构、主要产品、客户群体、规模、投资偏好等；企业发展战略；企业研发投入与产出情况；企业已有专利和产学研合作情况等。然后，从合作可行性、合作便利性和未来发展趋势三个方面对成果需求企业进行筛选。

合作可行性：主要根据技术本身的成熟度与企业的吸收能力是否匹配，技术是否能解决企业的问题，或是否面向企业客户群体，以及企业是否具有支付能力、支付意愿等方面进行研判。其中技术本身的成熟度参见“成果及其研发团队初步筛选”中的“科研项目技术就绪水平量表”进行判断，企业的吸收能力是指企业是否具备将科研成果进行转化的科研基础设施和科研团队等。

合作便利性：主要包括企业办公地点，企业设备设施，以及是否曾与企业有过合作，是否建立信任关系等方面进行判断。

未来发展预测：考虑到成果转让给企业后，企业还需要进行大量投入，因此要对企业的发展趋势和后续可投入的资源等进行预判，以便合作可持续。

8.3.2.3　成果需求企业调研

通过电话等形式，与候选合作对象进行沟通，对合作意愿较强的企业进行实地调研。实地调研主要对企业高级管理人员、科研部门和市场部门对成果感兴趣的程度进行了解，并通过调研分析成果对企业的效益贡献情况，为后续成果定价和谈判等提供支持；同时要对企业的研发团队和在此项目上投入的资源等进行了解，确保企业有资金、有能力将成果进行产业化；还需要对企业的经营情况、订单情况等进行询问，以便对企业的发展有合理预期。

另外，还应该注重对企业已有合作情况进行调研，失败的合作对象和成功的合作对象均选取 1 ~ 2 家进行访谈，以了解企业与高校院所常用的合作模式、付费方式、合作效率和合作体会等，以便进行综合判断。如果有需要，还可以对成果需求企业的供应商、客户进行调研，以获得对企业更为全面的认识。

8.4 本章小结

本章主要介绍了供给端高校如何进行发明披露与技术需求挖掘，技术经理人如何围绕需求端企业开展技术需求挖掘，以及供需双方合作对象的选择。首先给出高校发明披露的样表，以及高校开展技术需求挖掘的模式。然后提出了两种企业技术需求挖掘方法，第一种是直接采用技术需求调查表进行挖掘，第二种是采用“市场需求获取—技术性能映射—技术需求识别”的 MTR 三阶段技术需求挖掘方法进行挖掘。第二种相对第一种更为复杂，需要技术经理人具备更强的学习能力，并与企业建立长期互信关系或本身就是企业人员，才能够深入企业进行需求挖掘。最后分别为企业和高校院所两类主体提供候选合作对象的发现与筛选方法，为技术经理人提供合作伙伴对接服务的方法支持。

思考题

1. 企业技术需求调查表主要包括哪些内容？
2. 企业技术需求挖掘主要包括哪几个步骤？
3. 如何对企业的候选合作对象进行初步筛选？
4. 如何对高校院所的合作对象进行筛选？

第 9 章 科技成果评估流程与方法

技术转移转化过程中的技术筛选、转化方案确定、技术定价等环节都会涉及科技成果的评估与评价，相应的评估与评价对筛选出具有面向市场需求、能够产业化的科技成果以及采用何种转化方案具有重要导向作用，同时也为需求方和技术供应方提供合理的交易价格提供重要参考。本章主要从科技成果的转移转化需求角度出发，对科技成果评估的概念、方法与流程，科技成果评估指标与价值维度等内容进行介绍，技术评估的相关内容将为技术转移相关方就科技成果交易方案选择、转移转化风险研判与定价提供参考。

9.1 科技成果和评估政策概述

2015 年修订的《促进科技成果转化法》明确，科技成果是指通过科学研究与技术开发所产生的具有实用价值的成果。科技成果评估是指在科技成果产出、管理、转移转化或推广应用等过程中对成果开展的各类专业化评价与咨询活动，一般包括科技成果的创新性、先进性、成熟度、可行性、应用前景、社会效益、潜在风险、经济效益等内容。对技术经理人而言，开展的科技成果评估主要是围绕科技成果在转移转化或推广应用过程中进行的一系列评估与评价活动。

技术转移转化过程中的科技成果评估的主体主要包括委托者、评估方和被评估对象。委托者是依据法律或合同有权要求评估的组织机构或个人，可以是科技成果所有方、科技成果完成方或科技成果需求方。委托者负责提出评估需求、委托评估任务、提供评估经费和条件保障。评估方主要包括科技成果评估机构和咨询小组，评估方根据委托任务，负责制订评估工作方案，独立开展评估活动，按要求向评估委托者提交评估结果并对评估结果负责。评估机构人员应具备行业技术、会计、法律、管理等专业能力，以及对科技成果关键技术指标的验证、对科技成果完成方可能未披露信息的挖掘、对知识产权作用与风险的甄别等能力。咨询专家组成员应对成果专业领域有丰富理论知识和实践经验，负责对提交的科技成果材料作出全面审慎的技术审查和评估，参与评估方案的制订，提出咨询意见。被评对象一般为科技成果，科技成果相关责任主体应当接受评估方评估，配合开展评估工作并按照评估要求提供相关资料和信息。

9.1.1 《关于完善科技成果评价机制的指导意见》解读

党中央、国务院高度重视科技成果评价改革工作。2021 年 8 月，国务院办公厅发布的《关于完善科技成果评价机制的指导意见》（以下简称《意见》）明确指出，为构建新发展格局和实现高质量发展，“要深入实施创新驱动发展战略，深化科技体制改革，坚持正确的科技成果评价导向，创新科技成果评价方式，通过评价激发科技人员积极性，推动产出高质量成果、营造良好创新生态，促进创新链、产业链、价值链深度融合”。《意见》进一步要求，科技成果评价应以质量、绩效、贡献为核心，充分考虑到科研的渐进性和成果的阶段性。在评价过程中，应合理界定政府与市场的关系，确立科学的评价标准，并采用多层次、差别化的评价方法。此外，评价应全面考量科技成果的科学、技术、经济、社会、文化价值，构建完善的分类评价体系，其中基础研究成果以同行评议为主，应用研究成果以行业用户和社会评价为主，对于不涉及敏感领域的技术开发和产业化成果，应以用户评价、市场检验和第三方评价为主。

为加快国家科技项目成果评价改革，需按照“四个面向”的要求推进科研管理改革试点，以提升科技成果的供给质量。同时，要大力发展科技成果的市场化评价，充分发挥金融投资的作用并引导规范科技成果第三方评价。改革完善科技成果奖励体系，控制数量，提升质量，并坚决破除“唯论文、唯职称、唯学历、唯奖项”的弊端。利用大数据、人工智能等技术手段，开发新型评价工具，以优化科技成果的评价机制。

9.1.2　科技创新全链条评估理念

科技创新的完整流程涵盖了知识创新、应用性科技创新、商业模式革新以及市场策略创新，这些环节共同组成了科技创新的全链条。其中，科学发现，即知识创新，作为科技创新的源头，构成了生态链的上游部分。随后，这些知识成果被进一步孵化为新技术，这是科技创新的中游阶段，主要指应用性技术的革新。下游则聚焦于技术成果的商业化运用，包括创新价值的实现以及高新技术向产业的转化，这一环节商业模式革新和市场策略创新紧密相连。

在科技创新的全链条中，每一个环节都有其独特的价值和作用。从知识创新到技术孵化的转化过程，依赖于深厚的科学研究和知识资本的积累。从技术孵化到新技术应用的跨越，则需要科技创业活动的推动，此阶段的关键因素是风险资本。最后，从新技术应用迈向高新技术产业化，这一阶段的成功除了需要资本的持续投入，还依赖于创新的商业模式和市场策略。因此，科技创新的全过程是科学家知识资本、企业家人力资本以及风险投资家金融资本的深度融合与协同。

这样的全链条评估理念强调了科技创新不仅仅是技术上的突破，而是涉及知识、技术、商业模式和市场等多个方面的综合创新过程，每个环节都对最终创新成果的价值有重大影响。

9.2 科技成果评估概述

科技成果是指通过科学研究与技术开发所产生的具有实用价值的成果。依据《促进科技成果转化法》，科技成果的类型包括但不限于发明专利权、集成电路布图设计、计算机软件著作权、生物医药新品种植物新品种权及技术秘密等，既包括取得知识产权保护的科技成果，也包括未取得知识产权保护的科技成果。

根据国家标准 GB/T 44731—2024《科技成果评估规范》，科技成果评估过程应遵循以下原则。

第一，分类评估。根据评估目的或行业领域等方面的不同，选择适宜的评估内容和评估方法。如图 9-1 所示，成果类型通常分为基础研究类、应用研究类、技术开发与产业化类，以及社会科学类、文化艺术类、软科学类、科普类等。根据科技成果的载体或交付物的存在形式，科技成果又可分为不同的成果形式，如新产品、新品种、新工艺、新方法、新技术、新材料、新设备 / 设施 / 工具、软件 / 数据 / 系统等。

根据评估结论使用用途的不同，科技成果评估可分为技术交易类、应用推广类、水平鉴定类、项目管理类等。技术交易类是指将科技成果作为标的物，进行权属（所有权或使用权、支配权、收益权）转移，包括技术转让、技术许可、作价投资（属于技术转让的一种）、项目投融资、质押融资等，通常需要评估科技成果的市场估值（即潜在交易价格）。应用推广类是指为了推广或者引进科技成果与项目而进行的科技成果评

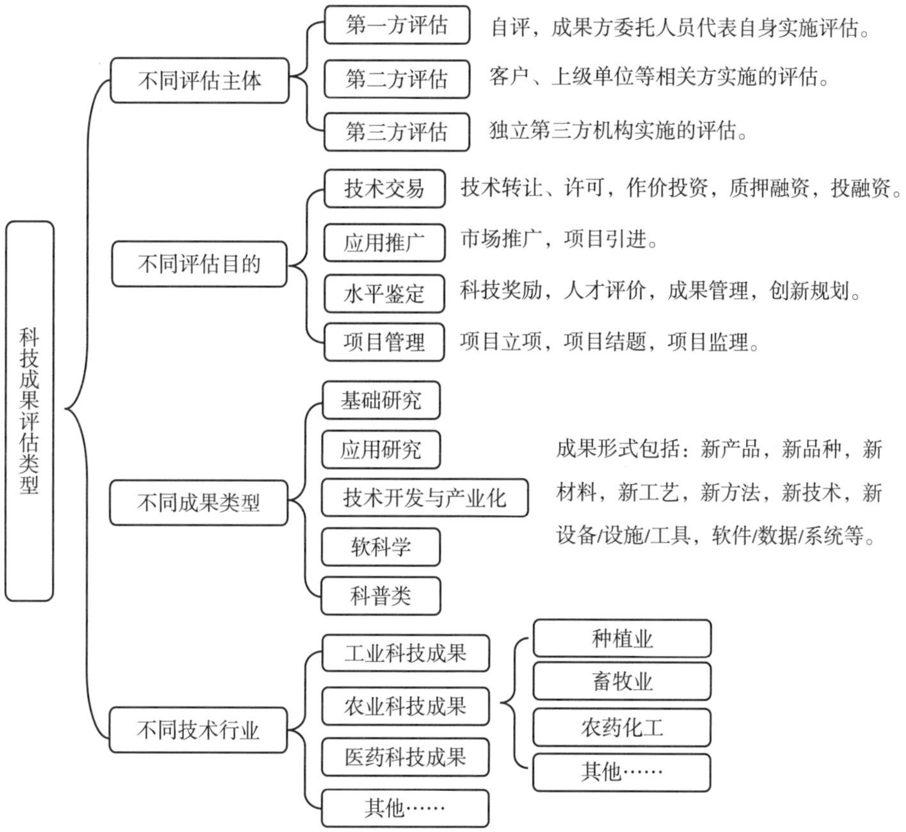

图 9-1　常见科技成果评估类型

估，主要包括市场推广与项目引进两类。其经济价值与社会价值往往是科技成果评估的重点，而科技成果本身值多少钱（市场估值）可能并不重要。水平鉴定类主要是指为了科技奖励、人才评价、成果管理、创新规划等目的而进行的评估，科技成果的技术水平（技术价值）或者变化情况通常是评估重点。项目管理类是指为了项目立项、项目实施过程的监督管理、项目结题而进行的评估，立项时重点评价科技成果的重要性、必要性与可行性，结题时重点评价科技成果是否达到预期效果。

第二，系统性。对技术成熟度、技术创新度、技术先进度、知识产权保护情况、团队、经济效益、社会效益、风险等方面的评估内容进行横向系统性管理，对受理申请、制定评估方案、收集信息、组建咨询专家组、分项评估、实地调研、形成评估报告、报告审核、交付报告及后续服务等评估流程进行纵向系统性管理。将科技评估作为一个系统来管理，是科技评估专业化和职业化发展的重要标志，见图 9-2。应确保评估内容

（横向，如五元价值、转化推广潜力等）不遗漏，主次有度；评估过程（纵向，如受理申请、制订评估方案、收集信息、组建咨询专家组、分项评估、实地调研、形成评估报告、报告审核、交付报告及后续服务等）不杂乱，先后有序，以最低的投入（人力、时间、资金等）获得最佳效果，评估结论科学、准确，客户与利益相关者满意。

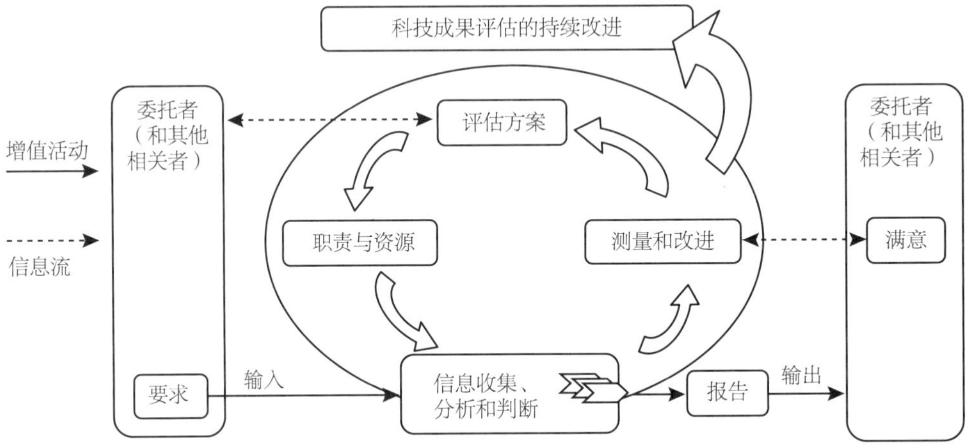

图 9-2　以过程为基础的科技成果评估模式

第三，定量定性相结合。采用评分、评级、计量等定量评估方法与文字定性描述相结合的方式进行评估。

第四，可溯源。评估结论中的信息来源应当可溯源。

9.2.1　科技成果评估主要内容

国务院办公厅关于完善科技成果评价机制的指导意见中提出：根据科技成果不同特点和评价目的，有针对性地评价科技成果的多元价值，要全面准确评价科技成果的科学、技术、经济、社会、文化价值。技术经理人在对高校、科研院所以及企业创造的科技成果进行转移转化前的评估中要注重高质量知识产权产出，把新技术、新材料、新工艺、新设备样机性能等作为主要评价指标，同时要考虑科技成果的科学、技术、经济、社会、文化价值评估的情况下，进行推广应用、研究团队、研究投入以及风险评价等内容的评估。

9.2.1.1　科学价值

科学价值是科技成果对科学发展产生的贡献，是基础研究类科技成果评估的核心指标，通常体现在新定律、新定理、新认知，以及对已有科学理论的补充、完善或否定等。科学价值重点评价在新发现、新原理和新方法方面独创性的贡献，评估内容包含科学创新度、学科影响力等。

9.2.1.2　技术价值

技术价值重点评价重大技术发明，突出在解决产业关键共性技术问题、企业重大技术创新难题，尤其是关键核心技术问题方面的成效。评价内容主要包括技术成熟度、技术创新性、技术稳定性、技术先进性、技术难点及复杂性、技术衍生性以及存在的问题。

标准附录 C.1 将技术创新度分为 4 级，见表 9-1。级别的判定主要依据科技成果是否应用了不同工作原理和新的科学知识。在评估实践中，往往以科技查新的结果作为评估依据。不管是国内查新还是国际查新，查准、查全并非易事，所以还需要评估人员具有较强的情报收集与分析能力，包括寻找到合适的同行专家进行咨询。

表 9-1　技术创新度评估分级

等级	特征描述
1	在国内公开数据来源中，当前应用领域内未检索出与该成果创新点相同的信息
2	在国内公开数据来源中，所有应用领域内均未检索出与该成果创新点相同的信息
3	在国际公开数据来源中，当前应用领域内未检索出与该成果创新点相同的信息
4	在国际公开数据来源中，所有应用领域内均未检索出与该成果创新点相同的信息

技术成熟度的概念最早起源于 20 世纪 70 年代中期的美国航空航天局（NASA），目前已在国际标准化组织（ISO）、欧美等部门和组织广泛应用。技术成熟度等级（Technology Readiness Level，TRL）在不同地区、不同领域有不同的标准，目前比较通用的做法是分成 9 级。由于第 9 级是指具备产业化生产和应用条件，与已经批量应用或销售差别较大，市场上也有将技术成熟度分为 10 级（第 10 级常称为应用级

或销售级）或 13 级（如国标 GB/T 22900—2022《科学技术研究项目评价通则》）。本标准附录 C.2 将其分为 9 级，见表 9-2。

表 9-2　技术成熟度评估分级

等级	特征描述
1	发现技术方向并形成报告
2	确定技术目标并形成开发方案
3	关键功能 / 性能经分析和实验验证可实现
4	在实验室环境下，核心部件验证通过
5	在模拟应用环境下，核心部件验证通过
6	在模拟应用环境下，系统样机功能 / 性能测试通过
7	在实际应用场景中，系统样机功能 / 性能测试通过
8	实际系统制造完成，且在实际应用场景中功能 / 性能测试通过
9	实际系统经任务运行检测满足实际需求

注：本表根据硬件科技成果特征进行分级，具体评估需按照被评科技成果行业领域实际研发阶段设定。

对不同领域的技术成果进行评估时需要根据相应特点进行调整，如一般的机械产品通过实验验证后即可达到比较成熟状态，但生物医药类的技术成果需要多轮的专业认证与审查才能达到成熟状态，见表 9-3。

表 9-3　化学药品 / 生物制品技术成熟度等级表

等级	特征描述
1	发现并验证靶标及通路
2	获得可确证功能及成药性研究的目的靶标分子 / 生物制品
3	完成药效功能确证和成药性研究，并形成系统性研究方案
4	完成临床前药学研究
5	完成临床前药理、毒理及药代研究
6	完成临床前研究，并获得药物临床试验许可
7	完成Ⅰ期临床试验
8	完成Ⅱ期临床试验
9	完成Ⅲ期临床试验，并获得药品注册批件

注：对于“有条件批准上市”的新药，完成注册性临床研究，并获得药品注册批件后，技术成熟度即可评估为 9 级。

技术先进度评估主要依赖检测、试验数据及结果。通过与标杆企业、产品、技术等的相关参数进行对比，确定各指标的水平。实际评估中，成本降低、操作便捷性提高、使用效率提升等与经济相关的参数，往往也作为技术先进性的指标。本标准附录 C.3 将技术先进度分为 7 级，见表 9-4。

表 9-4 技术先进度评估分级

等级	特征描述
1	未达到 2 ~ 7 级的任何一条要求
2	核心性能指标 / 功能参数达到所在行业领域任一现行国内标准要求
3	核心性能指标 / 功能参数达到所在行业领域现行国内标准最高要求
4	核心性能指标 / 功能参数达到所在行业领域国内主流技术相应指标 / 参数值
5	核心性能指标 / 功能参数优于所在行业领域国内主流技术相应指标 / 参数值
6	核心性能指标 / 功能参数达到所在行业领域国际主流技术相应指标 / 参数值
7	核心性能指标 / 功能参数优于所在行业领域国际主流技术相应指标 / 参数值

9.2.1.3 经济价值

评价方应对科技成果产生的经济效益进行评价，以说明科技成果对成果完成方带来的经济指标的变化。经济指标通常包括因技术使用而增加的经济效益；技术转让、授权或交易已产生的收益，包括国内市场与国外市场；节省成本而换算的收益。通常，在评价基准日前成果转让、授权或交易产生的经济收益，应计入经济效益。未发生但有可能发生的成果转让、授权或交易产生的经济收益，通常不计入经济效益，但可作为经济价值评价的参考依据。

9.2.1.4 社会和文化价值

社会效益侧重于科技成果在促进科技进步和社会发展、提高人民物质文化生活水平方面的作用。社会效益的具体体现包括但不限于促进科技水平、生产力的发展；缴纳的利税；减少或增加污染物及废弃物的排放；提供新的就业机会；带给人们的物质生活、文化与思想水平、幸福水平、健康水平等方面的变化；促成社会的信任度、和谐程度、公共安全、公共卫生、生态环境等方面的变化；对国内政治发展产生的影响；对国家国际地位变化产生的影响。

本标准将五元价值以外的评估内容全部放到“转化推广潜力”条款，例如推广应用：已应用的范围及影响；进一步推广的条件及前景；未来预期推广应用范围及影响。研究团队：科技成果研究团队评价的内容可以包括但不限于团队组成、团队治理能力、团队绩效、团队精神等。研究投入：科技成果的研究投入情况评价的主要内容包括资金投入、人力投入、时间投入、相关方投入等。风险评价：为做好技术转移转化的风险防控，应对可能涉及的相关风险进行评估。评价的风险类别包括但不限于技术可实现风险、技术稳定性风险、竞争风险、替代风险、政策风险、法律风险等。

9.2.2 科技成果评估流程

科技评估机构对科技成果的评估主要包括评估准备、信息收集、分析评价、形成报告四个阶段，如图 9-3 所示。在开展科技评估的整个过程中都应注意保密工作，在涉及需要保密的环节与敏感信息时应与评估参与人员签署保密协议并落实保密措施。评估准备阶段一般由评估委托方提出申请，委托方应提交科技成果评估申请表（表 9-5）及评估原始材料。申请时应当提供成果名称、委托者、第一完成组织或个人及委托者声明等信息；成果相关的资料应当包括成果简介、法人证书或身份证复印件及相关证明材料；成果简介应当包括成果技术指标、效益指标及风险指标等内容；相关证明材料应当包括专利、专著、论文、标准、软件著作权、转让合同、获奖证书、检测报告、应用证明、国家法律法规要求的行业审批文件及其他反映评估体系内容的证明材料的复印件；涉及环境污染及劳动安全等问题的科技成果，还应当出具专门检测机构的检测报告或证明。评估方根据上述材料进行审查并判断是否可以开展评估，如达到相关要求可以开展评估，则应签订合同或协议，对评估目的、要求、完成时间及费用等事项进行约定。评估方围绕上述约定制定评估方案后进入信息收集阶段，开展科技成果信息收集与行业信息整合汇总工作。完成相关资料的准备后即可进入分析

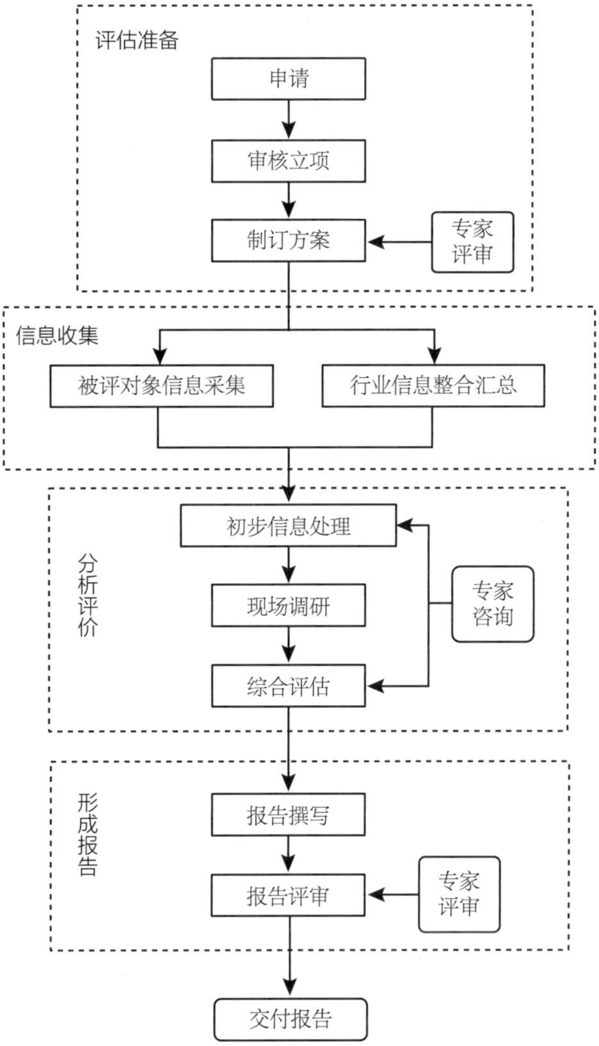

图 9-3　科技成果评估流程

评价阶段的工作，该阶段主要有专家评审、现场调研与综合评估的过程，从而对评估对象的技术水平、成熟度、创新性、经济价值、应用前景与风险等进行描述与分析判断，形成书面报告。

技术经理人开展对拟进行技术转移转化的科技成果进行评估的组织工作时可以参考上述流程。在实际工作中，特别是在高校与科研院所工作的技术经理人，往往面对大量的知识产权申请与披露，如何筛选出产业化前景好的高价值专利与科技成果成为技术转移转化工作的重要环节。

表 9-5　科技成果评估申请表

<table>
<tr><td>委托方名称</td><td colspan="2"></td><td>地址</td><td colspan="3"></td></tr>
<tr><td>联系人</td><td colspan="2"></td><td>联系电话</td><td></td><td>邮箱</td><td></td></tr>
<tr><td colspan="2">科技成果名称</td><td colspan="5"></td></tr>
<tr><td colspan="2">成果所有方</td><td colspan="5"></td></tr>
<tr><td colspan="2">评估目的</td><td colspan="5"></td></tr>
<tr><td colspan="2">评估依据</td><td colspan="5"></td></tr>
<tr><td colspan="2">评估范围</td><td colspan="5">（涉及的时间段、单位及部门、评估内容等）</td></tr>
<tr><td colspan="2">评估完成日期</td><td colspan="5"></td></tr>
<tr><td>成果简介</td><td colspan="6">（包括但不限于技术原理、技术构成、研究方法、试验数据、试验结果及结果分析，科技成果的总体性能指标、创新程度、与国内外先进成果的比较，推广应用的范围和措施，知识产权保护情况，取得的经济效益、社会效益和存在的风险等内容）</td></tr>
<tr><td rowspan="5">相关证明材料清单</td><td colspan="6">（相关证明材料，包括但不限于专利、专著、论文、标准、软件著作权、获奖证书、转让 / 许可合同、检测报告、查新报告、应用证明、行业审批文件、涉及环境污染和劳动安全的检测报告或证明，以及其他必要的证明材料）</td></tr>
<tr><td>编号</td><td colspan="2">材料名称</td><td>数量</td><td colspan="2">补充说明</td></tr>
<tr><td>1</td><td colspan="2"></td><td></td><td colspan="2"></td></tr>
<tr><td>2</td><td colspan="2"></td><td></td><td colspan="2"></td></tr>
<tr><td>……</td><td colspan="2"></td><td></td><td colspan="2"></td></tr>
<tr><td>承诺与声明</td><td colspan="6">我单位 / 本人保证上述填报内容及所提供的附件材料真实无误，如有不实，我单位 / 本人承担由此引起的一切责任。
法定代表人或单位负责人或本人：　　　　单位公章：
（签字）　　　　年　　月　　日</td></tr>
</table>

9.2.3　科技成果评估方法

科技成果评估中常用的方法有同行评议法、标准化评价法、知识产权分析评议法和无形资产评估相关方法等，下面将对前三种方法进行介绍，无形资产评估相关方法将结合技术交易的定价作为单独一节进行介绍。除上述方法外，还有一些简化操作的方法，如行业研究、专家评议、知识产权、客户访谈、大数据综合评估等。

9.2.3.1　同行评议法

同行评议法由从事相同或相近研究领域的专家来判断成果价值的方法，它是科技成果评估中应用最多和历史最悠久的方法。同行评议属于定性评价方法，操作较为简单，评估结果较易使用。同行评议法主要依靠聘请专家的主观判断，容易导致评估结论具有较强的主观性且可重复性和可检验性不足。因此，在技术转移转化时对科技成果的可应用性进行评价时，需要选择用户方或者产业方专家才能对科技成果的实际产业化潜力和未来的市场作出较好的判断。

9.2.3.2　标准化评价法

该方法根据相关评价标准、规定、方法及专家的咨询意见，由评估方根据科技成果评价原始材料，通过建立工作分解结构细分化地对每一个工作分解单元的相关指标进行等级评定，并得出标准化评价结果的方法。标准化评价方法的特点是将专家作用前置，由专家根据科技成果的共性特点，明确评价的相关指标及所需的证明材料，建立一系列评价标准。在评价具体科技成果时，科技成果评估方根据证明材料及相关数据，对比标准规定的等级或数值确定最终的评价结论。在标准化评价中常见的指标有技术成熟度（又称技术就绪水平）、技术创新性和技术先进性等。在标准化评价中，专家的作用由专家评审制转变为专家咨询制，即咨询专家在评价具体科技成果时主要负责提供专业咨询，以及确认标准中不能涵盖的信息。专家需在标准要求的基础上提供专业的咨询。标准化评价法的优点是评价结果是以证明材料为支撑的，可信度较高；同时，标准化评价指标等级的设计都是与科技成果的本质特征密切相关的，在科技成果转化中具有实际参考意义。标准化评价法的缺点是建立相关的评价标准需要较长的周期，可客观评价的指标相对较少，需要评估方具备一定的专业评估能力。

9.2.3.3　知识产权分析评议法

该方法主要考虑到影响知识产权价值的各种因素，对科技成果的知识产权价值进行评估的方法。知识产权分析评议法首先要明确知识产权评估的目的，鉴定知识产权的权属及类型，分析专利布局质量、专利不可规避性、依赖性、侵权可判定性及时效性等，从而确定该成果的知识产权价值。

9.2.4 全国标准信息公共服务平台简介

全国标准信息公共服务平台是一个由国家标准化管理委员会组织建设的公益类标准信息服务平台，旨在为政府机构、国内企事业单位和社会公众提供服务。该平台的目标是成为国家标准、国际标准、国外标准、行业标准、地方标准、企业标准和团体标准等标准化信息资源的统一入口，提供一站式服务。

平台的主要功能包括：提供国家标准、行业标准、地方标准、团体标准、企业标准及国际国外标准信息的查询服务；支持在线办理标准信息查询，用户可以通过输入关键词进行检索，获取所需标准信息；提供国家标准的全文信息查询，包括已发布的国家标准全文以及制修订中的国家标准过程信息；允许用户在标准立项公示阶段、标准征求意见阶段及标准发布实施后各阶段发表意见和建议，实现与标准制定机构和管理机构的互动；通过大数据技术，建立跨层级的标准资源关联，便于用户查询相关的国家标准、行业标准、地方标准以及国际国外标准。

用户可以通过计算机浏览器直接输入平台域名 http://www.std.gov.cn/ 或在国家标准化管理委员会网站首页点击全国标准信息公共服务平台链接两种方式进行平台访问，如图 9-4 所示。

图 9-4 全国标准信息公共服务平台图示

此外，平台提供的服务完全免费，所有标准题录、公告和制修订过程信息都向社会公开，确保了信息的权威性、互动性、全面性、及时性和大数据特性。所有标准信息数据来源于国家标准委或经国际标准化组织及国内外标准化机构授权使用的资源。平台提供信息反馈系统，允许用户在标准的不同阶段发表意见和建议。平台由专业数据团队维护，确保国家标准全文和相关标准资源的时效性，主要利用大数据技术深度挖掘标准数据，建立标准资源间的关联。

9.3 科技成果经济价值评估

科技成果的经济价值是科技成果交易中非常重要的一个问题，交易价格往往成为商务谈判中的焦点，因此技术经理人在对科技成果进行评价时，如何提出合理的定价依据显得尤为重要，一般科技成果的交易都会涉及知识产权等无形资产。无形资产是指由特定主体控制的不具有独立实体，而对生产经营长期持续发挥作用并能够带来经济效益的经济资源。可以作为评估对象的无形资产包括专利权、非专利技术、特许经营权、生产许可证、租赁权、土地使用权、矿产资源勘探权和采矿权、版权、商标权、计算机软件、集成电路设计等。科技成果的经济价值通常与市场潜在规模、潜在应用情况、潜在竞争力与市场占有率以及可能产生的经济收益与利润有关。2015 年修订的《促进科技成果转化法》明确指出：“国家设立的研究开发机构、高等院校对其持有的科技成果，可以自主决定转让、许可或者作价投资，但应当通过协议定价、在技术交易市场挂牌交易、拍卖等方式确定价格。”不论采用上述哪种方式确定价格，前期都需要为科技成果设定一个基础价格。

9.3.1 《科技成果经济价值评估指南》解读

《科技成果经济价值评估指南》是一份详细规定科技成果经济价值评估方法和流程的国家标准，提供了科技成果经济价值评估时涉及的术语和定义、评估方法、评估机构以及评估程序方面的指导，适用于成熟市场的科技成果经济价值的评估。该指南于

2020 年 7 月 21 日发布，并于 2021 年 2 月 1 日正式实施。主要起草单位包括中国农村技术开发中心、国家科技基础条件平台中心、南京农业大学、中国社会科学院等多个权威机构。

《科技成果经济价值评估指南》介绍了科技成果经济价值评估的多种评估方法；强调了评估机构应独立、客观、公正地开展业务，建立健全内部管理制度，对本机构的评估专业人员执行该标准情况进行监督，并对其从业行为负责；对评估程序进行了详细介绍，主要包含申请、受理、组织评估、评估报告撰写和存档五个步骤，对每个步骤涉及的材料及时间节点进行了严格规定，为科研工作者、企业管理者以及政府决策者提供了一种科学可行的经济价值评估方法。

9.3.2 科技成果经济价值评估方法

根据《科技成果经济价值评估指南》，科技成果经济价值评估主要采取收益法、市场法和成本法。在选用评估方法时，应根据评估目的、评估对象、价值类型、资料收集情况等相关条件，分析不同评估基本方法的适用性，恰当选择一种或者多种评估方法，以下对三种评估方法进行详细介绍。

9.3.2.1 收益法

在评估科技成果的经济价值时，需先搜集并验证与未来预期收益相关的数据资料，如经营前景、财务状况等，估计收益期或持有期，然后预测未来收益并确定报酬率或资本化率，最后计算收益价。

评估时需考虑在获取的科技成果相关信息基础上，根据被评估科技成果或者类似科技成果的历史实施情况及未来应用前景，结合科技成果实施或者拟实施企业的经营状况，重点分析科技成果经济收益的可预测性，恰当考虑收益法的适用性；合理估算科技成果带来的预期收益，合理区分科技成果与其他资产所获得的收益，分析与之有关的预期变动、收益期限、与收益有关的成本费用、配套资产、现金流量、风险因素；保持预期收益口径与折现率口径一致；根据科技成果实施过程中的风险因素及货币时间价值等因素合理估算折现率，科技成果折现率宜区别于企业或者其他资产折现率；综合分析科技成果的剩余经济寿命、法定寿命及其他相关因素，合理确定收益期限。

收益法评估时，宜区分报酬资本化法或直接资本化法，并优先选择报酬资本化法。报酬资本化法评估时，宜区分全剩余生命模式和持有加转售模式。当收益期较长、难以预测该期限内年净收益时，宜选持有加转售模式。

9.3.2.2　市场法

市场法评估科技成果强调在有一个充分发育的、活跃的、公平的、信息透明的科技成果交易市场，且在交易市场上存在与被评估科技成果相同或类似的交易案例作为参考。该方法评估步骤包括搜集交易实例、选取可比实例、建立比较基础、进行交易情况修正、进行市场状况调整、进行成果状况调整和计算市场价值。

应用市场法时，需考虑被评估科技成果或者类似科技成果是否存在活跃的市场，恰当考虑市场法的适用性；收集类似科技成果交易案例的市场交易价格、交易时间及交易条件等交易信息；选择具有合理比较基础的可比科技成果交易案例，考虑历史交易情况，并重点分析被评估科技成果与已交易案例在资产特性、获利能力、竞争能力、技术水平、成熟程度、风险状况等方面是否具有可比性；收集评估对象以往的交易信息；根据宏观经济发展、交易条件、交易时间、行业和市场因素、科技成果实施情况的变化，对可比交易案例和被评估科技成果以往交易信息进行必要调整。

9.3.2.3　成本法

成本法评估科技成果时，需被评估科技成果处于继续使用状态或假设处于继续使用状态，具备可利用的历史成本资料。该方法评估步骤包括选择具体估价路径，测算重置成本或重建成本，测算实体性、功能性、经济性贬值，计算成本价值。

运用成本法进行科技成果评估时，应考虑以下因素：根据被评估科技成果形成的全部投入，充分考虑科技成果价值与成本的相关程度，恰当考虑成本法的适用性；合理确定科技成果的重置成本，科技成果的重置成本包括合理的成本、利润和相关税费；合理确定科技成果价值。

9.4 本章小结

科技成果评估不仅是对科研成果的科学性、创造性、先进性、可行性和应用前景进行定性、定量综合判断的过程，更是科技成果能否转化为现实生产力的重要前提。对于科技成果评估流程与方法的学习不仅要从政策入手进行大方向的把握，还要对科技成果评估的不同标准以及科技成果经济价值评估的各类方法进行学习。

思考题

1. 科技成果转化项目谈判价格如何设定？
2. 如何通过评估筛选有转化价值的科技成果？
3. 科技成果经济价值评估方法有哪些？
4. 简述科技成果评估方法中知识产权分析评议法的要点。

第 10 章

知识产权基础实务

技术经理人作为创新资源高效利用的核心推动者，企业创新发展的重要协作者，必须具备扎实的知识产权实务知识，以确保创新成果得到有效保护和合理利用。本章从专利实务、商业秘密保护实务、知识产权检索与分析以及知识产权相关机构四个方面展开，帮助技术经理人系统地理解和掌握知识产权获取、保护、管理和转化等各个环节中应该重点注意的事项及可以运用的工具。从如何进行专利申请、维持和管理，到如何建立和维护有效的商业秘密保护体系，再到进行全面的知识产权检索分析，利用好现有的知识产权相关机构，本章将提供全面的指南和实用的操作技巧，使技术经理人能够在实际工作中管理和运用好知识产权资源，搭建好科技和产业之间的桥梁。

10.1 专利实务

专利技术是提升企业竞争力的核心资源和新型资产，也是促进产业转型升级，实现科技强国的重要推动力。技术经理人应帮助创新主体获得高价值专利，联通专利供需双方，促进其转化运用和市场化交易，实现专利价值最大化。本节从专利申请、专利答复、专利维持及管理、专利驳回及复审四个阶段阐述专利从获得到产业化全过程中需要注意的核心关键，为技术经理人的专利实务工作提供帮助。

10.1.1 专利申请

专利申请是科技成果获得法律保护并进行转化运用的基础，好的专利申请应建立在确保发明创造获得授权的基础上，抓住其发明点，尽可能地扩大保护范围，防止他人轻易地规避专利，同时还应注意进行专利布局，对自身发展战略和商业模式形成有力支撑。

10.1.1.1 提炼发明点

发明点是专利申请的核心，也是后续维权和商业化的重要依据。发明点是指发明中独特的技术特征或创新之处，这些特征或创新之处使得发明与现有技术区别开来，并且具有新颖性和创造性。提炼发明点是指找出该发明的核心创新点和技术优势，主要从该发明与现有技术不同的部分进行探究：①检索与发明创造相关的技术文献，分析现有技术，找出发明与现有技术的不同点、优点和创新之处；②明确不同的创新点是通过什么技术手段解决了现有技术中存在的什么技术问题，取得了什么有益效果（如提高效率、降低成本、增强性能等），并找出该技术手段中独特的技术特征（如新的结构设计、工艺流程、材料使用等）；③围绕该发明点展开专利申请文件（特别是权利要求书）的撰写。

发明人和专利代理人都需要注重发明点的提炼。在专利申请的过程中，通常先由发明人对其发明点进行总结说明，并且通过技术交底书呈现给专利代理人。技术交底书作为发明人和专利代理人对于发明创造重要的沟通桥梁，应该围绕发明点展开发明名称、技术领域、背景技术、发明创造内容、具体实施方式、附图说明等部分的撰写。专利代理人可以在技术交底书的基础上，结合专利申请的法律要求和实现商业价值的需要进行发明点优化，若技术交底书中发明点不明确，可以反复与发明人进行技术沟通，或进行相似技术检索，自行提炼发明点。

10.1.1.2　可专利性检索

可专利性检索是判断研发的技术应如何进行专利撰写、评估能否获得专利授权、是否需要进行规避设计的关键步骤，其主要目的是了解相关领域的现有技术，通过从现有技术文献中查找出与发明创造最相关的对比文献，并按照新颖性和创造性的判断标准对发明创造进行评价，确定技术成果的新颖性、评估其创造性、确保专利申请成功以及减少侵犯他人专利权的法律风险，最终得出是否具备可专利性的结论。

10.1.1.3　专利布局

专利布局是构建专利组合的顶层规划和指导思想，需要根据不同主体各自的实际情况和战略目标有意识地采取针对性的布局策略，以最大限度地提高专利资源的实际运用价值。

专利布局需要考虑产业、市场、技术、法律等诸多因素，结合技术领域、专利申请地域、申请时间、申请类型和申请数量等诸多手段，大体分为战略全局性宏观布局、针对某产品和某项目的项目中观布局以及针对单个创新点的单件专利微观布局三类。由单件专利的微观布局可以组成一个项目的中观布局进而最终形成企业专利宏观布局。对核心技术进行多重专利申请，通过多个专利共同保护关键技术，依靠不同专利之间的相互协同作用，往往可以打破单个专利在技术、时间保护上的局限性，消除专利文件撰写瑕疵的不利影响等。如果专利技术具有国际市场潜力，应考虑在其他国家或地区申请专利保护。可以通过 PCT 途径在多个国家同时申请专利，或者根据目标国家的专利法，直接向相关国家的专利局提交申请。专利布局的详细内容可以参考《技术经理人中级教材》。

10.1.1.4　专利申请文件撰写

专利申请文件主要包括“五书”，即说明书、说明书附图、权利要求书、说明书摘要、摘要附图。

（1）说明书

说明书应详细描述发明的技术方案，包括发明名称和技术领域、背景技术、发明内容、附图说明和具体实施方式五个部分（参见《专利法》第 26 条第 3 款和《专利实施细则》第 20 条）：①在撰写之前，应根据国际专利分类表确认所要撰写的专利属于何种类型，并按照《专利审查指南》中“第一部分第一章 4.1.1 节发明名称”的规定确定专利名称；②技术领域指要求保护的技术方案所属或直接应用的技术领域；③背景技术是对最接近的现有技术的说明，在撰写时，应检索、查阅相关的背景技术，并客观地指出其中存在的问题和缺点，详细阐述该发明或实用新型的理解，可引证相关文件，避免写得过于简单和空泛；④发明内容包括所要解决的技术问题、解决该技术问题所采用的技术方案及其有益效果，撰写发明内容时应注意公开充分，并为后续权利要求书的修改提供余地，注意不要出现技术理解错误使撰写的内容不可实现以致被驳回或被宣告无效；⑤为了使技术领域的专业人员能够理解和实施，还可以附上相关实验数据、图表、示意图等辅助材料，有助于支持专利的可行性和技术效益。

（2）说明书附图

说明书附图的作用在于用图形补充说明书文字部分的描述，使人能够直观地、形象化地理解发明或者实用新型的每个技术特征和整体技术方案（参见《专利法实施细则》第 21 条的规定以及《专利审查指南》第一部分第一章 4.3 节）。对发明专利申请，用文字足以清楚、完整地描述其技术方案的，可以不添加附图。实用新型专利申请的说明书必须有附图。

（3）权利要求书

权利要求书是专利的核心部分，尤其应清晰、准确地界定专利的保护范围，避免过于模糊、宽泛或狭窄的表述（参见《专利法》第 26 条第 4 款和《专利法实施细则》第 22 ~ 25 条）。过于狭窄的保护范围便于获得专利授权，但是不能在后续的商业化运用中起到很好的保护作用。技术通过专利向大众进行公开，如果专利的保护范围狭窄，他人稍加修改就可能轻易规避授权专利。例如某操作流程中，达到最佳温度 120° 所实现的技术效果最佳，但是 80° ~ 140° 都能实现技术效果，只是效果略差，如果没有其他相关技术公开了该温度，权利要求中对温度的表述应表述为“80° ~ 140° ，特别是 120° ”，而不仅是 120° ，若仅表述为 120° ，他人稍加改变温度就可能规避该专利的保护范围。

权利要求书撰写过程中应尽可能考虑更多的商业应用场景，确保在实际市场中有广泛的保护范围，防止他人通过变通规避专利保护。但也应注意，过于宽泛的保护范围可能导致申请的专利落入他人的保护范围，专利申请受到阻碍，即便授权成功，也可能后续被申请专利无效。在撰写权利要求书时，尤其需要避免只有一项独立权利要求而没有从属权利要求，此种情况下，专利被无效时可能缺乏修正或保留部分权利的机会。专利申请权利要求书的撰写只有建立在对该领域相关技术研究充分的基础上，才能更好地把握权利要求范围。

（4）说明书摘要

说明书摘要是说明书记载内容的概述，应写明发明或实用新型的名称和所属技术领域，清晰地反映要解决的技术问题、解决方案的要点以及主要用途（参见《专利法实施细则》第 26 条）。说明书摘要一般不超过 300 字，其仅是一种技术信息，不具有法律效力，不属于发明或者实用新型原始记载的内容，不能作为以后修改说明书或者权利要求书的根据，也不能用来解释专利权的保护范围。

（5）摘要附图

摘要附图包含最能说明发明的内容，可以是化学式或技术特征，有说明书附图的专利申请可以在说明书附图中指定一幅最能说明该发明或实用新型技术特征的附图作为摘要附图（参见《专利法实施细则》第 26 条）。发明专利可以不撰写摘要附图。

10.1.1.5 专利申请文件提交

专利申请文件提交分为纸质提交和电子提交。

纸质提交主要有两种方式：一是到国家知识产权局的受理窗口或者各地方的代办处当面提交纸质材料，以申请被受理的当天为申请日；二是将纸质材料邮寄到国家知识产权局受理窗口，如果是以邮政快递发出的以寄出的邮戳日为申请日，如果是以其他快递方式发出的则以专利局收到快递的时间为准。

最常用的提交方式是电子提交，每个符合条件的申请人都可以申请电子账户，申请成功后可以直接在网上提交专利申请，网上申请以文件到达专利局的数据库为申请日。

10.1.1.6 及时缴费

在专利申请前可以根据专利申请的类型和提交途径，提前预算专利申请和维护的各项费用，包括申请费、审查费和年费等，并在规定时间内缴纳相应的申请费、审查费和维持费等。

申请费应当自专利申请日起两个月内或在收到受理通知书之日起 15 日内缴纳。缴纳申请费需写明相应的申请号及必要的缴费信息。

授予专利权当年的年费的缴纳期限是自当事人收到专利局办理登记手续通知书之日起两个月内，期满未缴纳或未缴足的，视为放弃取得专利权。以后的年费应当在上一年度期满前缴纳，缴费期限届满日是申请日在该年的相应日。

应当注意，对符合《专利收费减缴办法》和《国家知识产权局关于调整专利收费减缴条件和商标注册收费标准的公告》有关条件的专利申请人或专利权人，可以请求专利费用的减缴。

10.1.1.7 格式要求

专利申请具体结构、内容和格式要求参考国家知识产权局官方网站“服务”条目中的“表格下载”内容。

10.1.1.8　参考模板

（1）请求书

请求书包含申请号、申请日、发明名称、申请人姓名或名称、地址、发明人姓名、代理机构及代理人、优先权信息（如有）、申请种类（发明、实用新型、外观设计）、申请文件清单、签名或盖章等内容。

（2）说明书

说明书主要包括五个方面：①技术领域，描述发明所属的技术领域；②背景技术，介绍现有技术及其不足，说明提出本发明的背景；③发明内容，简要概述发明的技术方案及其有益效果；④附图说明（如有），简要说明附图的内容；⑤具体实施方式，详细描述发明的具体实施例，确保技术人员能够根据描述实现发明。

示例

说明书

技术领域

本发明涉及空气净化技术，特别是一种新型空气净化器。

背景技术

现有的空气净化器过滤效率低，无法有效去除某些细小颗粒物。

发明内容

本发明提供了一种新型空气净化器，通过新型多层滤网结构和静电吸附技术，提高过滤效率。

附图说明

图 × 是本发明的新型空气净化器的结构示意图。

具体实施方式

图 × 所示为本发明的新型空气净化器，包括壳体、多层滤网和静电吸附装置。滤网采用分层设计，每层滤网采用不同材料，能够高效去除不同大小的颗粒物。

（3）权利要求书

权利要求书通常包括：①独立权利要求：明确描述发明的核心技术特征；②从属权利要求：在独立权利要求的基础上进一步限定技术特征。

> **示例**
>
> **权利要求书**
>
> 1. 一种新型空气净化器，其特征在于，所述空气净化器包括壳体、多层滤网和静电吸附装置。
>
> 2. 根据权利要求 1 所述的新型空气净化器，其特征在于，所述多层滤网包括至少三层，分别为粗滤网、细滤网和超细滤网。
>
> 3. 根据权利要求 1 或 2 所述的新型空气净化器，其特征在于，所述静电吸附装置位于所述多层滤网的下游。

（4）说明书摘要

说明书摘要是发明的简要介绍，包括技术领域、技术方案和有益效果，一般不超过 300 字。

> **示例**
>
> **说明书摘要**
>
> 本发明涉及一种新型空气净化器，包括壳体、多层滤网和静电吸附装置。通过新型多层滤网结构和静电吸附技术，提高了空气净化效率，能够有效去除 $PM_{2.5}$ 以下的细小颗粒物，适用于家庭和办公室使用。

（5）附图

如果发明涉及图形或设计，则需要提供附图。

10.1.2 专利答复

在专利申请过程中，收到专利审查员的审查意见通知书后，申请人需要在规定时间内提交答复意见。在答复意见中应对审查员提出的问题逐一回应，并对相关权利要求和说明书进行必要的修改和解释。

10.1.2.1　充分理解审查意见

在撰写答复审查意见之前，应确保彻底理解专利审查员提出的所有意见和问题，明确每一条审查意见的核心问题。可以与知识产权局的工作人员保持良好的沟通，对审查意见不了解时可以进行询问，及时了解申请进展，确保顺利通过审查。

10.1.2.2　审查意见答复内容

答复审查意见遵循全面答复原则。应以《专利法》《专利法实施细则》和《专利审查指南》为依据原则，针对每一条审查意见，提供详细且逻辑清晰的答复。针对审查员提出的问题或引用的相关现有技术，提供详细的法律解释和技术解释，并与现有技术进行详细比对，提出区别和优点。说明发明如何解决审查员提出的问题，在必要时，可以修改权利要求或说明书以回应审查员的意见，但要确保修改后的内容不得超出原说明书和权利要求书记载的范围。

答复中的措辞应当明确、专业且有礼貌，避免模糊不清或带有情感色彩的语言。注意之前的审查历史和答复记录，避免重复解释已经解决的问题，确保答复之间的连续性和一致性。

10.1.2.3　审查意见答复时间

确保在规定的期限内提交答复，无正当理由逾期不答复的，可能会导致专利申请被视为撤回。申请人可以请求专利局延长指定的答复期限，但是，延长期限的请求应当在期限届满前提出。第一次审查意见通知书的答复期限是 4 个月，之后每次是 2 个月。在计算期限时会加 15 天（15 天为推定收到的时间）。特殊情况可以申请延期，通常是 2 个月。

10.1.2.4　参考模板

答复复审意见通知书通常包括以下四个部分。

（1）标题部分

明确列出专利申请号、发明名称、申请人、代理机构及代理人等基本信息。

（2）引言部分

简要说明答复的背景，引用审查意见通知书的编号和日期。

（3）答复内容

根据审查员的意见，逐一回应审查员提出的问题，提供详细的技术解释、法律解释和论据。如果需要，对权利要求进行必要的修改，以消除审查意见中的疑虑。对说明书进行相应的修改，确保说明书和权利要求的一致性。

（4）结尾部分

总结答复的要点，表达对审查员的感谢，并请求继续审查。

示例

答复审查意见通知书

尊敬的审查员：

感谢您对本申请的审查。现针对贵局于［通知书日期］发出的审查意见通知书（通知书编号：［通知书编号］）进行答复。以下是对审查意见中各问题的详细答复。

鉴于审查员提出的意见，为了进一步明确和界定本发明的技术特征，现对权利要求 1 进行修改如下。

修改后的权利要求 1：

一种新型空气净化器，其特征在于，所述空气净化器包括壳体、多层滤网和静电吸附装置，其中，多层滤网包括至少三层，分别为粗滤网、细滤网和超细滤网，所述静电吸附装置位于所述多层滤网的下游。

权利要求 2 和权利要求 3 不变。

审查意见 1：关于权利要求 1 的问题

审查员认为权利要求 1 缺乏新颖性，因为现有技术［现有技术文献编号］已经公开了类似的技术方案。

答复：本申请的权利要求 1 与现有技术［现有技术文献编号］相比，具有以下显著区别和创新点。

1. 本申请的多层滤网结构包括新型材料 A 和 B，而现有技术中并未提及。

2. 本申请采用的静电吸附装置位于滤网的下游，而现有技术采用的是机械过滤装置。

根据《专利审查指南》第 × 章第 × 条，修改后的权利要求满足新颖性的要求……

综上所述，我们认为修改后的权利要求和说明书清楚地界定了本发明的技术特征，符合《专利法》的有关规定，恳请审查员予以认可并继续审查。

此致

敬礼

申请人：张三

代理机构：某某专利事务所

代理人：王五

10.1.3　专利维持及管理

10.1.3.1　按时缴纳年费

专利授权后，专利权人需要按时缴纳年费，通常每年都需要缴纳，以保持专利权的有效性。未及时缴纳年费会导致专利权失效。可以设置缴费提醒，以免因疏忽导致专利权失效。

10.1.3.2　专利维护及信息变更

保持专利权的有效性，除了按时缴纳年费，还需定期检查专利权的状态，及时处理变更等相关事务。可以建立和完善专利管理制度，记录专利的申请、授权、年费缴纳、许可、转让等信息，提高专利管理水平和效率。专利权人名称、地址等信息发生变化时，应及时向专利局申请变更登记。

10.1.3.3　专利许可使用及商业转化

专利权人可通过实施专利、许可、转让等方式实现专利的商业价值。专利权人可以自行实施专利技术，生产或销售专利产品，获得经济利益；可以将专利权许可给他人使用，在许可合同中明确许可范围、期限和费用等条款，收取许可费；也可以将专利权全部或部分转让给他人，收取转让费，注意转让合同需要备案。除此之外，可以定期组织评估专利的技术价值和市场价值，优化专利组合和权利利用方式。

10.1.3.4　专利保护

建立专利侵权预警机制，定期监测市场，密切关注竞争企业的专利活动，及时采取措施应对可能存在的侵权风险。如果发现他人未经许可使用授权专利技术或实施其他侵权行为，及时保留证据，包括收集侵权产品、保存销售记录等，并及时采取法律行动，可以通过协商、诉讼等途径维护权益。

10.1.4　专利驳回及复审

专利被驳回后应及时分析被驳回的原因，并在规定的时间内通过专利驳回复审程序寻求救济。

专利驳回复审是国家知识产权局自我纠正专利审查错误的程序，是申请专利被驳回的唯一救济途径，专利驳回不能通过诉讼或行政复议来解决。重新申请专利将会耗费更多的时间和精力，相比之下提起专利复审较为简便，提交专利复审后，专利将交由合议组成员共同审查，可以通过阐述理由或者修改申请文件中的缺陷重新获得授权。

10.1.4.1　复审的条件

专利局认为申请不符合《专利法》或《专利法实施细则》规定，会作出驳回申请的决定，若对专利局作出的驳回决定不服的，专利申请人可以向专利局复审和无效审理部提出复审请求。被驳回申请的申请人属于共同申请人的，复审请求人应是全部申请人。请求复审应当提交复审请求书，说明复审的理由。为了支持复审理由或者消除申请文件中的缺陷，申请人在请求复审时，可以附具有关证明文件或资料，也可以对申请文件进行修改，修改应当仅限于消除驳回决定指出的缺陷。申请人对复审决定不服的，可以自收到通知之日起三个月内向人民法院起诉。

10.1.4.2　复审的期限

在收到驳回决定之日起 3 个月内，专利申请人可以向复审和无效审理部提出复审请求。若未在收到驳回决定之日起 3 个月内提出复审请求，但在复审和无效审理部作出不予受理的决定后复审请求人提出了恢复权利请求，如果该恢复权利请求符合《专利法实施细则》第 6 条和第 116 条第 1 款有关恢复权利的规定，则允许恢复，且复审请求将被受理；不符合该有关规定的，不予恢复。

10.1.4.3　复审的费用

复审请求人在收到驳回决定之日起 3 个月内提出了复审请求，但在此期限内未缴纳或者未缴足复审费的，其复审请求视为未提出。

示例

复审请求书

申请号：CN×××××××××.×

发明名称：一种新型空气净化器

申请人：张三

地址：北京市 ×× 区 ×× 大街 ×× 号

邮编：100080

电话：010-12345678

复审请求事项：

针对国家知识产权局专利局于 ×××× 年 × 月 × 日作出的驳回决定（通知书编号：[通知书编号]），现提出复审请求。

复审理由：

1. 关于权利要求 1 的新颖性问题

审查员认为权利要求 1 缺乏新颖性，引用现有技术文献 [现有技术文献编号]。

现提出以下复审理由：权利要求 1 中提到的多层滤网结构与现有技术中的单层滤网存在显著区别。具体区别在于，本发明的滤网材料为新型材料 A 和 B，能够显著提高过滤效率。

2. 关于权利要求 2 的创造性问题

审查员认为权利要求 2 缺乏创造性，引用现有技术文献［现有技术文献编号］。现提出以下复审理由：权利要求 2 中描述的静电吸附装置位于滤网的下游，这一技术方案在现有技术中未曾公开，且能够显著提高净化效果，具有创造性。

权利要求的修改：

1. 修改权利要求 1 如下：一种新型空气净化器，其特征在于，所述空气净化器包括壳体、多层滤网和静电吸附装置，其中，多层滤网包括至少三层，分别为粗滤网、细滤网和超细滤网，所述静电吸附装置位于所述多层滤网的下游。

2. 权利要求 2 和权利要求 3 不变。

此致

敬礼

申请人：张三

代理机构：×× 专利事务所

代理人：王五

联系方式：××××××××

日期：×××× 年 ×× 月 ×× 日

10.1.5　专利申请实务案例

案例：发明专利“汽车滑门与加油小门电子互锁方法、系统及汽车”撰写[①]

该案例获评 2023 年中华全国专利代理师协会全国典型发明专利撰写案例。据该典型案例陈述，该发明专利申请主要有六个重点步骤，分别是了解该技术的宏观布局、提

① 案例来源：http://www.acpaa.cn/article/content/202406/6187/1.html。

炼交底书中的发明点、检索现有技术、深入思考专利撰写内容、合理布局权利要求和全面考虑答复意见。

其一，在了解该技术宏观布局中需要把握发明创造实际要解决的技术问题，并对该发明创造产业转化的可能性和应用前景进行初步考虑。具体来说，本发明创造主要是解决汽车滑门在汽车加油时自动打开可能撞击加油小门和油枪的问题，现有的技术方案利用加油小门的机械结构，在加油小门打开时拉动汽车滑门下支架上的挡块立起，阻挡滑门向加油小门滑动，但是滑门越过挡块时，挡块无法正常立起实现阻挡的功能，该发明创造属于对现有汽车滑门控制方案的改进。汽车滑门现有市场运用较为广泛，解决滑门撞击加油小门和油枪的问题有助于提升车辆品质，且改进方案成本较低，具有较大的产业转化可能性。

其二，应当根据技术人员提供的技术方案进一步提炼保护范围更大的发明点，涵盖更多的应用场景，以提升其转化价值。技术人员对该发明创造提交的技术交底书是基于其自身的车辆结构进行撰写，涉及具体的零件和程序代码，直接按照此种撰写模式容易授权但是可能因为保护范围过于狭窄，仅适用于单一车型，而其他车型可以仿照该模式进行完善，使此发明创造丧失商业价值。需要找到具体零件型号和程序代码的上位概念。在此发明创造中，为将使用场景拓展到所有带滑门的汽车中，将表述修改为采用电子互锁方式，利用加油小门开闭节点与加油小门所在侧的滑门的开闭节点的配合，保证滑门与加油小门在加油时不会发生碰撞，并且使用“上保险”“解保险”等词语描述滑门与加油小门的开闭过程。

其三，为了深入了解该类技术以及技术方案的研发路径，确保顺利授权和授权以后自由实施，需要对现有技术进行检索。通过准确界定分类号加关键词的检索模式，可以更容易检索到强相关的现有技术。通过与技术人员的详细沟通，根据该发明创造的特性，选定 B60J5/06（一般车辆－门－可滑动的、可折叠的）和 B60K15/05（一般车辆－燃料箱入口盖）分类号，上述分类号下结合如“互锁”“碰撞”等关键词及扩展进行检索，较为快速地检索到了现有技术 CN109484146A，正是专利权人在之前提交的专利申请文件，也是后期审查员引用的最接近对比文件。

其四，深入考虑专利撰写内容。判断专利申请书的撰写是否已满足充分公开的要求，未记载的一些内容是否是本领域公知常识，尤其是涉及控制算法时，需确认逻辑是否完整，以避免公开不充分的情形出现。进一步确认技术方案是否存在可以扩展的空间。说明书附图根据需要提供，利用绘图软件绘制，确保文字、线条的清晰度等。引导发明人思考除交底书中的具体实施例外是否有可实现的其他替代方案，并进行补充。撰写实施例的过程中，严格避免仅复制权利要求书内容的写法。根据权利要求布局，针对每一条权利要求概括的保护范围提供足够的实施例，尽量做到每一上位后的技术特征能够有两个或更多实施例支持。针对控制方法类的实施例，需要结合被控制对象的动作展开描述，将方法与应用场景结合。如果控制方法的步骤不必确定前后顺序，需要在具体实施例中说明，最好给出步骤顺序改变后的并列方案的实施例。

为了使每一实施例中的方案更易于理解，梳理每一个从属权利要求的方案的逻辑是否存在漏洞或者错误，尤其是在方法执行过程中存在多个判断条件，不同判断结果执行不同技术方案支路时，每一实施例除了在文字上完整记录方案，对于控制步骤复杂的实施例尽量单独绘制流程图。具体到该发明创造，在申请文件中针对滑门与加油小门的互锁控制过程的不同工作状态的步骤均提供流程图辅以说明。同时，给出针对汽车的滑门和加油小门互锁场景的结构示意图，更清晰地指示本案例方法与被控制对象的控制关系，结合控制步骤对应的控制对象动作，明晰本方案解决技术问题、实现技术效果的过程。

其五，在撰写权利要求时对独立权利要求和从属权利要求进行合理的布局。如果权利要求较少，可能存在被整体无效的风险，或者他人在此基础上申请了更细化的专利导致该专利自由实施受限。在从属权利要求中进一步阐述对整体方案带来积极效果的技术特征有助于技术方案的全面保护。在沟通技术方案时应主动探讨其他可能会出现该问题的应用场景或结构。本发明创造是针对一种带滑门的特定车型，本质上是由加油小门的状态影响滑门的状态的控制方案，将其以合适方式概括后记载在权利要求中，例如加油小门所在侧滑门打开步骤：响应于打开加油小门所在侧滑门的触发信号，获取加油小门所在侧的滑门锁止状态，若所述滑门锁止状态表示加油小门所在侧的滑门为解保险状态，则执行加油小门所在侧滑门打开动作，并执行加油小门上保险动作。在从属权利要求中可以进一步阐述触发信号、信号获取、信号监控等方式，例如加油小门为电动开启或机械开启时的不同触发方式，由此形成层次合理的保护网。

其六，答复审查意见时，认真分析审查员提供的对比文件。在答复审查意见时，审查员引用的对比文件中，经常会出现与本方案中具有相同名称的技术特征，此时需要认真对比该技术特征是否确实是相同的结构部件，与其他结构部件的连接关系是否相同，解决的技术问题及要实现的功能是否相同，可能存在仅名字相同但结构、功能均不相同的情况，避免仅根据名称或附图中的简要示意就认可审查意见中提出的创造性质疑。在本案例中，审查员提到的对比文件中记载了“锁止结构”，本案例中记载了“锁止状态”，审查意见中将“锁止结构”动作后的状态作为本案例中的“锁止状态”。经过对比分析，对比文件 1 中的锁止结构实际上对应于本申请背景技术中的“机械结构”，其动作后有可能导致滑门无法正常锁止的情形。所以，对比文件 1 实际上还存在本申请背景技术中提出的技术问题。

10.2 商业秘密保护实务

商业秘密作为一项重要的无形资产，在激烈的市场竞争中发挥着关键作用。技术经理人不仅需要深刻理解企业技术信息，合理地选择使用专利或商业秘密保护，还需在法律框架内制定严密的保护措施。本节将指出商业秘密认定标准和保护实务中的注意事项，帮助技术经理人在法律与经营双重层面上为企业构筑坚实的商业秘密防护网。

10.2.1 商业秘密认定的注意事项

企业商业秘密管理可参考中国专利保护协会发布的团体标准《企业商业秘密管理规范》(T/PPAC 701—2021)。在判断一项信息是否属于商业秘密时，需要考虑该商业信息的秘密性、价值性和保密性。

10.2.1.1 秘密性认定

认定秘密性主要需要认定“不为公众所知悉”，应注意以下三个方面。

（1）认定不为公众所知悉不要求该信息绝对不为他人所知

该信息为一定范围的人员合法知悉，不影响其具有秘密性。不同的权利主体可以合法的同时拥有相同或近似的商业秘密，他人掌握相同或近似的技术信息和经营信息并非就是侵权。

（2）认定是否不为公众所知悉的时间为“侵权行为发生时”

只要在侵权行为发生时该信息具有秘密性，其后该信息无论是否公开，都不影响侵权行为的认定。

（3）由公众知悉的信息加工形成的新商业信息仍可能认定为不为公众所知悉

为公众所知悉的信息进行整理、改进、加工后形成的新信息，在被诉侵权行为发生时不为所属领域的相关人员普遍知悉或者容易获取的，应认定为不为公众所知悉，具有秘密性。

根据《最高人民法院关于审理反不正当竞争民事案件应用法律若干问题的规定》第九条的规定，具有下列情形之一的，可以认定有关信息不构成不为公众所知悉：①该信息为其所属技术或者经济领域的人的一般常识或者行业惯例；②该信息仅涉及产品的尺寸、结构、材料、部件的简单组合等内容，进入市场后相关公众通过观察产品即可直接获得；③该信息已经在公开出版物或者其他媒体上公开披露；④该信息已通过公开的报告会、展览等方式公开；⑤该信息从其他公开渠道可以获得；⑥该信息无须付出一定的代价而容易获得。

10.2.1.2　价值性认定

价值性是指商业信息能够为权利人带来经济利益或竞争优势。

商业秘密认定的价值应是商业价值，能够为权利人带来切实的经济利益或是在商业市场竞争中获得一定的优势。

具有精神价值和价值性认定不仅要考虑商业信息现阶段已经表现出的价值，还应考虑其间接价值和潜在的价值。价值性认定的对象除了现有的技术信息、经营信息等商业秘密，还应考虑在研发过程中或者经营活动中形成的阶段性成果，比如失败的实验数据记录，也可以提供有益的研发启示。

权利人对于商业秘密投入的成本可以佐证商业秘密的价值性，权利人获取商业信息耗费的人力、物力、财力可以作为判断价值性的参考因素，但是并不是所有高价值商业秘密都需要耗费较多的资源。

10.2.1.3　保密性认定

保密性指权利人为防止商业秘密泄露，在被诉侵权行为发生以前所采取的合理保密措施。保密措施仅需合理即可，不需要足以防止一切窃密行为。可以根据商业秘密及其载体的性质、商业秘密的商业价值、保密措施的可识别程度、保密措施与商业秘密的对应程度以及权利人的保密意愿等因素，认定权利人是否采取了相应保密措施。

《最高人民法院关于审理侵犯商业秘密民事案件适用法律若干问题的规定》第六条规定了应当认定权利人采取了相应保密措施的七种情形：①签订保密协议或者在合同中约定保密义务的；②通过章程、培训、规章制度、书面告知等方式，对能够接触、获取商业秘密的员工、前员工、供应商、客户、来访者等提出保密要求的；③对涉密的厂房、车间等生产经营场所限制来访者或者进行区分管理的；④以标记、分类、隔离、加密、封存、限制能够接触或者获取的人员范围等方式，对商业秘密及其载体进行区分和管理的；⑤对能够接触、获取商业秘密的计算机设备、电子设备、网络设备、存储设备、软件等，采取禁止或者限制使用、访问、存储、复制等措施的；⑥要求离职员工登记、返还、清除、销毁其接触或者获取的商业秘密及其载体，继续承担保密义务的；⑦采取其他合理保密措施的。

应当注意的是，采取合理保密措施的目的是防止信息泄露，故经营者应当有对有关信息作为商业秘密保护的主观意图。保密措施应当被负有保密义务的主体所识别，若负有保密义务的人都不能识别经营者的保密措施，无疑说明经营者没有把信息当作商业秘密对待。保密措施应达到阻止其他人通过正当的方式轻易获得同样信息的最低程度，故采取了上述七种措施需要达到“在正常情况下足以防止涉密信息泄露”的效果才可认定为采取了保密措施，但是在能达到该效果的前提下，上述七种情形可单独成立。

10.2.2 商业秘密保护实务的注意事项

在确定了某类商业信息采取商业秘密的保护模式后，应对该商业秘密进行统一管理，建立一系列的保密措施和风险防范机制。

10.2.2.1 确认商业秘密的范围

根据上述关于商业秘密的概念和特征，梳理企业的技术信息和经营信息，从中挖掘出可能符合秘密性（非公众所知）、价值性（具有经济利益）、保密性（采取了保密措施）三个特性的信息明确作为商业秘密保护的部分。商业秘密不仅包括研发成果，还可能涉及企业的战略方案、客户信息、财务信息等经营信息，但也要合理地剔除公知信息，若将所有的技术信息和经营信息列为商业秘密可能导致保密成本较高，企业工作和运营的效率低下。

10.2.2.2 建立保密制度

规模较大的企业可以设置专门的保密委员会或保密部门，规模较小的企业可以设置一名或由工作人员兼任保密专员，以便整体管理商业秘密，应对紧急情况。建立完备的保密制度需要对商业秘密分区域、分层次、分密级、点面结合地进行保护，并确定不同商业秘密的保密期限。

保密制度既要对内也要对外，对内部涉密人员的管理应贯彻在入职前、在职时、离职后的各个阶段，强化涉密人员的保密义务和责任，明确违反保密义务的处罚措施。对外部经济交往的企业应当在合作合同中加入保密条款或单独签订保密协议。

保密制度的具体内容应包括详细的操作流程，比如如何处理电子邮件、如何保存和销毁纸质文件等。

10.2.2.3 签订保密协议

与所有涉及商业秘密的人员签订保密协议（NDA）。保密协议应明确规定商业秘密的内容，详细列明保密文件的名称、页数、份数和具体内容。注意商业秘密披露的范围和使用方式、签约双方的保密义务、保密期限以及违约责任等内容。此外，还可以包括竞业禁止条款，防止员工离职后即刻去与本单位生产或者经营同类产品、从事同类业务的有竞争关系的其他单位工作，带来泄密风险。

10.2.2.4　信息访问控制

对信息进行分级管理，设定不同级别的访问权限。例如，关键技术信息只允许少数核心技术人员访问，而一般的经营信息可能只需中层管理人员和相关部门员工访问。可以通过身份验证、访问日志、权限管理软件等技术手段进行访问控制。

10.2.2.5　定期培训与监督

定期组织保密培训，提升员工的保密意识和技能。培训内容应包括保密制度的具体规定、实际案例分析、泄密后果等。建立内部监督机制，定期检查保密措施的落实情况，发现问题及时整改。

10.2.2.6　管理离职员工

在员工离职时，进行离职面谈，重申其保密义务，并让其签署离职保密承诺书。收回所有属于公司的设备和文件，检查离职员工的电子设备，确保未带走任何公司商业秘密。必要时，可通过技术手段锁定或删除相关数据。

10.2.2.7　使用技术手段保护信息

利用数据加密、电子签名、权限管理系统等技术手段，确保商业秘密的电子信息安全。定期备份重要数据，并将备份数据存储在安全的地方。使用防火墙、入侵检测系统、杀毒软件等安全工具，防止外部攻击和内部泄密。

10.2.2.8　及时更新和审查保密措施

随着公司业务的扩展和技术的进步，保密措施需要不断更新和改进。定期审查现有保密制度和措施，评估其有效性，并根据需要进行调整。可以聘请第三方专业机构进行保密审查和评估。

10.2.2.9 处理信息泄露事件

建立信息泄露事件应急预案，明确事件响应流程、责任人和处理措施。一旦发生信息泄露，立即启动应急预案，控制事态发展，评估泄露影响，采取补救措施，并追究泄密者的责任。同时，总结经验教训，改进保密措施，防止类似事件再次发生。

10.2.2.10 法律保护

根据具体情况，可以选择民事诉讼、行政投诉或刑事报案等方式追究泄密者的法律责任。在日常管理过程中，应注意保存相关的保密协议、技术文件、访问记录等证据，对于发现的可能涉及商业秘密泄露或侵权的行为及时做好记录，以便提供充分的证据证明商业秘密的存在及其被泄露的事实，便于在法律程序中维护自身权益。

10.3 知识产权检索与分析

在海量的信息中快速、准确地获取有价值的专利、商标、著作等数据，需要技术经理人掌握知识产权检索与分析的能力。本节将介绍常用的国内外知识产权检索与分析网站，帮助技术经理人提升知识产权管理的效率。

10.3.1 常用的专利检索及分析网站

专利检索是指查找与特定技术领域、技术主题相关的现有专利信息。在申请专利前通过检索确定所发明的技术是否已存在相似专利，辅助挖掘新技术的发明点，确保其拥有新颖性和创造性；在专利授权后通过检索确保其没有侵犯他人的专利权，可以自由实施，并且可以通过专利检索查看专利的法律状态。专利分析是以专利信息为基础，基于专利数据以及其他相关信息数据的统计和分析而得出海量专利信息中所蕴含的技术、权利、市场等方面的有价值信息的一种综合性的情报分析工作。

专利检索和分析网站为技术经理人检索和分析专利提供了强大的工具支持。不同的平台有各自的检索界面和特色功能，可以进入国家知识产权局官网的“专题专栏”栏目，点击“文献服务”，在“专利信息传播利用”中，通过“各国专利信息检索资源”可以查看 55 个国家和 8 个国际组织的专利检索资源，并且可以点击其内置链接直接跳转到检索页面。同时还可以通过“专利信息资源动态”查看部分国家检索资源介绍以及专利检索的有关知识。

以下简要介绍几款常用的专利检索和分析网站，帮助技术经理人对不同平台进行初步了解，有助于在实际操作中选择适合的工具，高效地进行专利信息的搜集与分析。

10.3.1.1　国家知识产权局专利检索及分析系统

国家知识产权局专利检索及分析系统是国家知识产权局开发的官方专利检索电子数据库，社会公众可免费使用专利检索、专利分析、文献浏览和数据下载等功能，可以满足大部分专利检索的需求。可通过国家知识产权局官网政务服务中专利检索模块进入系统。按照系统提示完成注册、登录后就可以正常使用系统的全部功能。该系统收集了 105 个国家、地区和组织的专利数据，包括引文、同族、法律状态等数据信息。

该系统主要包括专利检索、专利分析和热门工具三大类功能。

（1）专利检索

在专利检索中提供了常规检索、高级检索、命令行检索、药物检索、导航检索五种检索方式，命令行检索可以输入和显示多个并列的检索条件，便于设置较为复杂的检索条件。药物检索中包括高级检索、方剂检索和结构式检索三种模式。导航检索中可以根据国际专利分类（IPC）、联合专利分类（CPC）和国民经济分类三种方式进行导航检索。

（2）专利分析

专利分析系统中提供了分析文献库的创建、编辑功能，支持对分析库内的文献进行查询和浏览。用户最多可创建 10 个分析文献库，文献最大容量为 10 万条。主要包括维护分析文献库、申请人分析、发明人分析、区域分析、技术领域分析、中国专项分析、高级分析、日志报告等分析模块，将检索到的专利批量或单个加入分析库后进入对应的分析模块即可进行专利分析。该系统主要提供 3D 柱形图、柱状图、折线图、表格四种展现形式，部分分析内容还可以以饼状图形式呈现。

（3）热门工具

热门工具中提供了同族查询、引证 / 被引证查询、法律状态查询、国家 / 地区 / 组织代码查询、关键词查询、双语词典、分类号关联查询、申请人别名查询等功能。

需要注意系统数据更新可能延迟，在搜索页面底部的“数据收录范围”中可以直观地看到系统收录的主要国家数据范围和数据更新规则。

10.3.1.2 欧洲专利局 Espacenet 检索平台

Espacenet 专利检索平台是欧洲专利局（EPO）开发的免费专利信息检索数据库，收录了世界 100 多个国家和地区 1 亿多件专利文献，可以检索 EP、WO 及世界范围内的专利文献，进行专利全文说明书的浏览、下载，查询法律状态以及审查过程文档。

该检索平台可以直接通过网址进入，也可以从 EPO 官网页面左侧“searching for patents”列表中找到“Espacenet”，或点击导航栏“searching for patents”中的“Technical information”，选择“Espacenet”后点击“Open Espacenet”进入检索页面。

Espacenet 提供了系统帮助、介绍视频、在线学习（E-learning）课程、用户手册（Pocket guide）和论坛等在线资源。开始检索后，上方导航栏会出现“Popup tips”功能，打开该功能后页面上会出现问号小图标，点击即可获取对应部分的使用提示。

Espacenet 专利检索平台可以提供三种检索方式，分别是智能检索、高级检索和分类检索。进入检索界面后默认为智能检索模式，既可以检索关键词也可以检索包含字段代码和逻辑符号的检索式。点击页面顶部导航栏中的“classification search”或打开“Advanced search”选项，可以分别进入分类检索模式和高级检索模式。用户可以在同一检索页面同时自动检索不同语种的数据集合，例如使用英文可以直接检索到中文公布的专利文献。该平台可以实现对所有文本字段和人名字段的同时检索，支持检索专利申请的所有公开文献的文本，包括专利申请最早公布文献。检索完成后，系统支持检索结果列表和文献详情在同一页面中并排展示，可以方便地浏览检索结果和切换文献。

此外，Espacenet 系统还设置了“我的专利列表”和“查询历史”，用户可以将搜索到的专利加入我的专利列表，也可以回顾搜索过的专利，方便查阅。Espacenet 提供英语、德语和法语三种检索界面，并且提供专利的即时翻译工具。系统语言可点击 Espacenet 首页右上角“Office/Language”进行切换。不同地区间文献传递需要时间，非本地区专利数据更新可能较慢，可以优先采用对应国家的数据库进行检索。

10.3.1.3　美国专利商标局检索平台

美国专利商标局官方网站可以查询美国专利申请及专利信息，并且寻求专利及商标的相关服务。美国专利商标局官网提供的与专利相关信息与服务资源主要有专利检索系统“Patent Public Search”和专利电子申请管理和查询系统“Patent Center”。

（1）Patent Public Search 系统

Patent Public Search 系统是美国专利商标局唯一的官方在线专利检索平台，系统中收录了美国授权专利数据（1976 年以来公布的所有文本数据，1790 年以来公布的所有图像数据）和 2001 年至今的美国专利申请数据，使用该平台可以查询到最新的和最全面的美国专利申请和授权数据。

在官网导航栏中的“Patents”下选择“Application process”中的“Search for patents”，再选择“Patent Public Search”可以进入专利检索系统。用户无须注册可以免费检索美国专利申请和授权专利文献。该系统包括基本检索、快速检索和高级检索三种检索模式。点击页面中的“Basic search”按钮可以进入快速检索“Quick lookup”和基本检索“Basic search”，快速检索模式可以通过任意关键词进行检索，而基础检索模式可以选择申请人、专利权人、代理所、代理人、专利号 / 文献号、发明人、公开日等确定信息类别进行检索，高级检索则是通过检索表达式进行检索。检索结果显示界面可以同时查看检索历史、检索框、命中记录列表框和文献浏览框四部分内容，可在命中记录列表框中快速筛选文献。

（2）专利电子申请管理和查询系统

在“Patents”下选择“Tools&links”中的“Patent Center”，可以进入专利电

子申请管理和查询系统。该系统有申请提交、查询、缴费管理等功能，其中查询功能涵盖美国申请的基本信息、审查案卷电子文档和审批记录、继续申请和分案信息、专利权期限调整（PTA）信息、国外优先权信息、缴费记录、申请人和代理人信息、专利权转让记录和专利引文信息等。该系统无须注册即可免费查阅美国专利在申请审批阶段和授权后各个阶段中形成的公开案卷和法律状态信息，如审查意见通知书、检索报告、申请人的答复意见、专利审判与上诉委员会（PTAB）作出的决定等。

如果一件美国专利申请在中国、欧盟地区、日本、韩国、澳大利亚、加拿大和以色列等几个国家或地区有相应的同族专利，那么相应的专利审查信息也可以在 Patent Center 的 Global dossier 服务中获取。

10.3.1.4 日本特许厅专利检索及分析系统 J-PlatPat

日本特许厅的 J-PlatPat 系统是日本政府建立的官方专利检索及分析网站，可以实现专利信息检索和查询相关的功能。可以通过 JPO 官网中“Quick Links”快速链接选择“J-PlatPat”跳转进入。

J-PlatPat 系统提供日语和英语两种语言的页面，可以在页面右上角进行切换。其收录了日本 1885 年以来的特许（发明）、实用新案（实用新型）、意匠（外观设计）和商标（详见 10.3.2）文献，1990 年以来的专利审判文献，2000 年以来的实用新型审判文献和 2019 年以来的外观设计和商标审判文献。同时还收录了美国、欧洲专利局、WO、中国等相关数据库的专利文献，具体可以通过页面中的“参考情報”栏目，点击“文献蓄積情報”和“**データ**更新予定”，查看数据涵盖的详细范围和更新的频率。

该系统主页面提供简易检索服务，也可分别进入“特许 · 实用新案、意匠”“商标”“审判”等栏目的检索页面进行检索。在简易检索框内可以直接输入关键词或专利号进行检索，并且选择要检索的范围。在“特許 · 实用新案和意匠”中可以进行号码检索、普通检索和分类号检索，其中普通检索可以使用关键词或检索式进行检索。专利审判情报检索功能可以检索各种与判决相关的文献，如针对驳回决定的审判、专利无效或续期无效审判、异议决定文献和判决书。检索结果由检索一览选项和检索结果列表组成，检索一览选项中可以通过公开年份和分类号进一步进行筛选，单次最多可以显示 3000 件检索结果。

10.3.1.5 韩国工业产权信息服务中心

韩国工业产权信息服务中心是韩国知识产权局（KIPO）下属的在线免费专利信息检索服务中心，可以通过网址直接进入。

在韩国工业产权信息服务中心主页“search”栏目中提供了专利数据库（Patent）、外观设计数据库（Design）、商标数据库（Trademark）和英文文摘（KPA）四个检索入口。数据范围包括韩国 1948 年以来经审查的发明、实用新型公告数据，1983 年以来公开的发明、实用新型专利申请的著录项目、摘要、附图、说明书全文、法律状态等以及自 1965 年以来的外观设计专利审定（授权）公告信息和韩国自 1996 年以来的外观设计专利申请公开信息。英文文摘可以使用英文检索韩国发明专利，其数据范围包含韩国自 1973 年以来的发明专利审定（授权）公告信息和韩国自 1999 年以来的发明专利申请公开信息。

检索方式包括简单检索和高级检索，简单检索可以使用关键词进行检索，支持韩文、英文和数字的输入，也可以点击“expand”输入检索式进行检索。高级检索可以分类输入发明名称、申请人、申请号、IPC 分类号、法律状态等详细信息进行检索。此外还包括韩国工业产权信息服务中心信息报道、帮助文件和及时在线、XML 标准的图像格式、专利法律状态查询、专利文献韩文英文机器翻译等功能以及“Search History”检索历史、“auto-scroll”高级检索悬浮框、“Eng-Kor”英文韩文检索、“View Save Query”储存检索结果等功能。

10.3.1.6 中知慧海知识产权大数据与智慧服务系统

中知慧海知识产权大数据与智慧服务系统（PatSea）是由知识产权出版社有限责任公司自主开发的一款集成中国及全球多个国家和地区专利、商标、版权、地理标志、植物新品种、集成电路、知识产权裁判文书、标准、科技期刊和企业商情等 11 种知识产权数据资源的国产化检索分析系统。

目前专利数据超过 1.8 亿条，总数据超过 3.6 亿条，涵盖 171 个国家和地区。可以提供多维数据检索、浏览、比对、AIGC 技术解读、智能附图、统计分析、预警、产业专题库导航和私有工作空间管理等专业功能。

该系统支持全文检索、语义检索、图像检索、融合检索四种检索模式，全文检索可以采用表达式检索，内置 34 种不同的检索逻辑规则。语义检索支持长文本输入和 AI 智能语义检索。图像检索支持外观设计和商标图像智能以图搜图。融合检索支持“布尔 + 语义”，还可以进行“规则 + 智能”的检索组合。

10.3.1.7 智慧芽全球专利检索及分析数据库

智慧芽（PatSnap）是一款收费的全球专利检索数据库，整合了从 1790 年至今全球 164 个国家或地区的 1.7 亿专利数据（含标准必要专利）和 1.54 亿条文献数据，每周更新两次。提供全球专利中文翻译、引用数据、同族信息。

法律搜索里包含了公开、实质审查、授权、撤回、驳回、期限届满、未缴年费等法律状态数据及多国诉讼、权利转移、许可、质押、复审、无效、海关备案等数据。支持全球专利按价值进行排序，优先浏览重点专利、高价值专利。在专利分析方面提供技术功效矩阵图、3D 专利地图和 Insights 专利分析报告等分析功能。

10.3.1.8 Soopat 专利检索及分析平台

Soopat 专利检索是一个致力于实现专利搜索平民化地提供中国和世界各国专利检索、下载、分析等服务的平台，其将互联网上免费的专利数据库信息进行链接、整合和调整，支持中国与世界 110 个国家和地区的专利文献的搜索，可以搜索超过 350 年、超 1 亿 6000 万件的专利文献。并且无论是寻找国内还是国际的专利信息，都可以使用中文进行查询。同时该系统也可以进行专利分析，对分析数据提供可视化的图表分析结果。

10.3.1.9 Patentics 全球专利智能检索分析系统

Patentics 是索意互动（北京）信息技术有限公司开发的集专利信息检索、下载、分析与管理为一体的平台系统，系统包含中国、美国、EP、WO、日本、韩国专利和世界专利摘要库，共计上亿专利、非专利文献引用库。该系统具有语义检索、关键词检索、图像检索和分类检索四种检索方式。智能语义检索功能可按照给出的任何中英文文本内容包含的语义在全球专利数据库中找到与之相关的专利，包括但不限于从用户提供的一个词语、一句话或者一篇文章中提取语义，并关联到含义相同的专利。

Patentics 的 Hyper-patent 超专利系统，包含 Hyper-patent 智能分析系统、智能互动系统、智能标引系统等，同时还提供智能专利审查系统功能，对专利文档自动分析后加以重点标记和超链接，展示文中词句表示的主要意思。系统分析后可以形成可视化图表，提供了较多种类的分析维度、图表显示设置、图表样式设置等功能，可生成一维、二维、三维可视化的分析图表，辅助了解某一技术领域中专利分布情况。

10.3.1.10 incoPat 全球科技分析运营平台

incoPat 全球科技分析运营平台是北京合享智慧科技有限公司研发的一款专利数据库产品，该系统收录了全球 170 个国家、组织和地区 1.8 亿余件专利信息，每周更新四次。可以检索 400 余个字段，查询知识产权法律状态、诉讼信息、技术运营信息、海关备案、通信标准、国防解密专利等数据信息，内含专利智能检索、大数据库分析、批量下载、动态监视、在线学习等多个功能模块。对主要国家的题录摘要进行了机器翻译，提供中英文双语检索全球专利，对美国、德国、俄罗斯的权利要求和说明书做了全文中文翻译。

在数据分析上，incoPat 支持 130 余个数据维度的自定义统计分析，可实现折线图、饼图、柱形图、条形图、世界地图、中国地图、气泡图、堆积柱形图、雷达图等可视化表现形式，并可以自动生成报告。

10.3.2 常用的商标检索网站

通过商标检索可以帮助市场主体在申请新商标时避免与现有商标发生冲突，降低侵权风险和注册失败的可能性。还可以协助市场主体监控市场上可能存在的侵权行为，保护自身权益。与专利检索不同，商标检索更多关注的是标识的相似性和市场混淆的可能性，而不是技术内容或创新性。在进行商标检索时，重点关注商标的独特性和可识别性，考虑视觉、听觉，以及语义上的相似性。下文将介绍常用的商标登记检索网站，帮助技术经理人有效进行商标检索。

10.3.2.1 国家知识产权局商标局

国家知识产权局商标局官方网站提供商标网上申请和查询服务，可以通过其官方网站直接进入，也可以通过网页直接检索“中国商标网”进入。

点击页面中的“商标网上查询”进行注册即可以免费使用该系统。该系统包括商标近似查询、商标综合查询、商标状态查询、商标公告查询、错误信息反馈和商标 / 服务项目六个模块。商标近似查询是通过国际分类号和商标的组成部分（汉字、拼音、英文、数字、字头、图形）查询可能相似的商标，并且可以进一步选择相似的类型，包括完全相同、变汉字、减汉字、读音相同、换顺序等选项。商标综合查询可以通过国际分类号、申请注册号、检索要素、申请人名称等信息组合进行商标查询。商标状态查询可以通过申请号直接跳转到商标的法律状态。商标公告查询中可以看到某一期公告的商标初步审定公告的日期和异议申请截止的日期。需要注意该检索系统数据信息可能有所延迟。

10.3.2.2 世界知识产权组织全球品牌数据库

世界知识产权组织全球品牌数据库（WIPO Global Brand Database）是世界知识产权组织（WIPO）提供的全球商标数据库，可通过网址直接进入检索页面，在页面的右上角可以将语言切换为中文。

该系统涵盖 82 个数据来源的超 6600 万余条记录，包括欧盟商标和马德里体系下注册的国际商标，点击页面中间的“查看我们的数据覆盖面”可以详细地看到收录国家的数据数量以及数据的起始和截止时间。系统提供品牌名称检索、品牌图形检索和高级检索三种检索模式。品牌名称检索可以通过品牌名称、所有权人姓名、申请或注册号码、受理的知识产权局、尼斯分类、指定国家、商品和服务类型等信息进行商标查询，并且可以选择精准匹配或模糊匹配等检索方式。品牌图形检索在上述信息之外可以添加图片进行检索。高级检索中将检索字段增加到了 21 个，包括日期、代理人等数据。

10.3.2.3　TMview 商标数据库

TMview 商标数据库是由欧盟知识产权局牵头，世界范围内多个知识产权局共同参与的商标信息共享与检索工具项目。该数据库集成了包括世界上最大的五个知识产权局（中国国家知识产权局、日本特许厅、韩国特许厅、美国专利商标局、欧洲专利局）在内的 75 个各国商标主管机构和部分区域性商标主管机构超 1 亿的商标数据，用户可以通过 TMview 数据库在线检索工具对已加入该项目的知识产权局的商标信息进行检索，也可通过欧盟官网的 TMview 跳转链接进入。

系统页面右上角可以切换语言，提供 37 种语言用户界面，可以选择中文的页面展示。系统提供快速查询和高级查询服务，快速查询可以直接通过关键词或者图像进行检索；高级查询可以通过图像和申请号、注册号、地区、国家局、国际分类等一些具体字段进行检索。该系统可以查看商标的法律状态、申请日期、图形表示、商标局和商品服务清单等信息。

10.3.2.4　美国专利商标局的商标电子检索系统

美国专利商标局的商标电子检索系统 Trademark Electronic Search System（TESS），主要用来检索美国注册和申请的商标。

系统提供基本检索模式和专家检索模式，网页左侧列表还可以对检索结果进行进一步筛选。检索结果提供三种展示模式，可以直观地看到商标的图形展示、文字标记、商标法律状态、商品或服务种类、权利人、编号等信息。

10.3.2.5　加拿大知识产权局的商标检索平台

加拿大知识产权局提供的商标检索平台 Canadian Trademarks Database，该平台涵盖了超过 140 年的加拿大申请和注册的商标数据，主要用于检索加拿大的商标注册信息，可以通过网址进入检索页面。

该检索平台提供英语和法语两种展示语言，提供多种检索方式，可以使用商标名称、申请人名称、商标分类、注册号或申请号等字段检索，支持布尔逻辑检索功能。

10.3.2.6　日本特许厅的多功能知识产权信息检索平台

日本特许厅提供的多功能知识产权信息检索平台 Japan Platform for Patent Information（J-PlatPat），除了上文提到的专利检索和分析功能，还可以检索日本正在申请的和已注册的商标，通过网址可以直接进入商标检索页面。

系统提供申请注册的商标信息检索和自 2000 年起的电子出版物检索，在申请注册信息检索中分为商标、商品 / 服务和其他搜索关键字三类检索字段，支持对字段进行布尔逻辑检索。

10.3.3　常用的著作权登记检索网站

与专利以授权换取公开、促进技术的共享和使用的保护理念不同，著作权伴随着作品的创作完成而自动取得，无须履行任何注册登记手续。著作权登记证书在证明著作权归属方面仅起到初步证明的作用。著作权登记的检索需求远低于专利和商标权，主要是由各国家知识产权局的著作权登记中心来提供登记信息查询服务。

10.3.3.1　中国版权保护中心

中国版权保护中心（CPCC）是我国各类作品和计算机软件版权登记、版权质权登记机构，累计包含版权登记 1300 余万件，其中计算机软件版权登记超过 1000 万件。通过网址可以直接进入官网，注册登录后可以点击登记公告中的“软件公告”“作品公告”和“数字公告”进行作品登记查询。平台既可以选择通过精准的登记号查询，也可以通过输入著作权人、软件名称、作品名称进行查询，还可以对公告类型和登记日期进行筛选。检索结果页面可查询相关作品的基础信息，包括登记号、作品名称、作品类别、著作权人、创作完成日期、首次发表日期和登记日期等内容。

10.3.3.2　美国版权局

美国版权局（U.S. Copyright Office）网站提供在线注册和检索服务，公众可以通过网站登录其数据库搜索已登记的作品。在页面的“Features”功能区可以看到“Search Copyright Records”搜索版权记录的功能，主要包括官方公共目录（Official Public Catalog）和版权公共馆藏系统试点（Copyright Public Records System Pilot，CPRS）两个检索入口，二者并行运行，可以检索 1978 年至今的版权记录。通过输入姓名、注册号、作品名称等关键词即可进行检索，系统提供作品名称、作品类型、注册编号及日期、申请日期、作者等基础信息。CPRS 使用比版权公共目录更强大的搜索引擎，并且提供更简单的过滤功能，但是显示的结果可能会延迟一天或更长时间。

更早记录的获取方式可以通过 Virtual Card Catalog（1870—1977）、The Catalog of Copyright Entries（1891—1978）、Copyright Historical Records Books（Preview）、Early Copyright Records Collection（1790—1870）等入口查看。

10.4 知识产权相关机构

为激发全社会创新活力，畅通知识产权转移转化渠道，我国设立了一批便民利民的知识产权公共服务机构、功能性国家知识产权运营服务平台和国家知识产权培训基地，同时发展了一批服务于知识产权全链条的高质量市场化服务机构，主要有知识产权代理机构、法律服务机构、运营服务机构、信息服务机构、咨询服务机构等。本节将介绍这些不同类型的知识产权机构，帮助技术经理人充分利用这些资源，实现创新成果的高效转化与应用。

10.4.1 全国知识产权公共服务机构

涉及知识产权申请、咨询、维权的相关问题都可以通过“国务院客户端小程序”中的“全国知识产权公共服务机构”进入查询相关服务机构，截至 2024 年 8 月18 日，已收录 1196 家服务机构。

10.4.1.1 知识产权信息公共服务主干网络节点

知识产权信息公共服务体系中的各类节点是指各级知识产权管理部门所属的知识产权信息公共服务机构，负责面向所在区域提供基础性知识产权信息公共服务，辐射、支撑区域内服务网点。

国家级、省级和部分区域中心城市知识产权信息公共服务节点构成全国知识产权信息公共服务主干网络，现共有 37 家。其发挥主渠道作用，面向政府部门、创新创业主体、社会公众等提供知识产权信息基础性支撑服务，开展区域知识产权信息公共服务节点、网点间交流协作。

国家级节点主要承担全国性知识产权信息检索分析技能提升指导、公益培训、信息咨询等工作，参与知识产权信息基础分析工具开发等基础性工作；省级节点主要参与地方特色化、差异化公共服务平台建设，聚焦区域重点产业，开发本地专题数据库，开展知识产权宏观数据统计、产业知识产权发展态势分析等，为地方政府决策提供基础数据分析支撑；区域中心城市节点主要推动区域创新主体知识产权信息利用能力提升，加强知识产权政策宣传，协调区域内公共服务网点，根据地区需求提供个性化、特色化区域信息公共服务，推动知识产权信息公共服务便利化、普及化、精准化，促进知识产权信息与当地产业、科技、经济深度融合。

10.4.1.2 专利审查协作中心

专利审查协作中心是国家知识产权局专利局的直属事业单位，受专利局委托承担部分专利申请的审查工作，具有独立的法人资格和人事、劳资、财务管理权。我国目前已有北京、天津、江苏、河南、湖北、广东、四川共 7 家专利审查协作中心。

专利审查协作中心的工作职责是：根据《专利法》及其实施细则的相关规定对专利申请文件进行审查；对部分 PCT 国际申请进行国际检索和国际初步审查；对专利申请进行分类；作出实用新型专利检索报告；参与发明、实用新型、外观设计的复审和应诉；为国内企事业单位提供涉及专利申请和保护的相关法律和技术咨询。

10.4.1.3 技术与创新支持中心

技术与创新支持中心（TISC）是世界知识产权组织发展议程框架下的项目。在华技术与创新支持中心由世界知识产权组织和国家知识产权局共同推广，旨在帮助中国知识产权和创新用户提升技术信息检索能力，更快地掌握行业动态和新技术信息，促进其增强创新能力。

目前共有包括中国科学院文献情报中心、中关村科技园区丰台园等在内的 101 家单位属于技术与创新支持中心机构。其基本服务包括提供信息资源、基础检索、咨询和宣传等服务，并对创新主体检索与利用知识产权信息进行指导和基础培训等；高级服务包括提供特定检索、技术监测和竞争者监测、预警导航、分析评议、进阶培训、知识产权托管等；自选增值服务包括建设特色资源数据库、提供专业培训和专题讨论、协助开展技术成果转化、出版技术类相关出版物、提供知识产权战略制定和管理咨询、知识产权金融支持、建立技术创新联盟等。

10.4.1.4 综合业务受理窗口

综合业务受理窗口是国家知识产权局专利局在各省、自治区、直辖市知识产权局设立的专利业务派出机构，主要承担专利局授权或委托的专利业务工作及相关的服务性工作，工作职能属于执行《专利法》的公务行为。

综合业务受理窗口的主要业务包括专利申请文件的受理、费用减缓请求的审批、专利费用的收缴、专利实施许可合同备案、办理专利登记簿副本及相关业务咨询服务。

10.4.1.5 商标审查协作中心

商标审查协作中心主要接受国家知识产权局商标局委托，承担商标注册的部分程序性和服务性工作，开展注册商标申请现场受理、咨询、商标注册申请审查和商标法律法规宣传咨询服务等工作。目前有上海、济南、郑州、广州、重庆 5 处商标审查协作中心。

10.4.1.6 全国专利文献服务网点

全国专利文献服务网点是全国专利信息传播利用工作体系的基础节点，是服务创新驱动和经济发展的专利文献支持中心、专利信息咨询中心和知识产权公共教育中心，目前共有 118 家。

各专利文献服务网点要为社会公众、创新主体提供专利文献支持、专利信息咨询、公共教育等基础性公益服务。

10.4.1.7 商标业务受理窗口

国家知识产权局为方便广大申请人就近办理商标申请事宜，批准设立了一批地方商标业务受理窗口。全国目前共有 303 个地方商标业务受理窗口，分布较为广泛。

地方商标业务受理窗口负责指定区域内商标注册申请受理，接收、审核商标注册申请文件，对符合受理条件的商标注册申请确定申请日；进行规费的收缴，同时还代发商标注册证，提供查询和咨询等服务工作。

10.4.1.8 知识产权保护中心

知识产权保护中心是国家知识产权局依托地方共同建立的一站式知识产权综合服务机构，目前已批准设立 62 家。

知识产权保护中心主要开展集快速审查、快速确权、快速维权于一体，审查确权、行政执法、维权援助、仲裁调解、司法衔接相联动的产业知识产权快速协同保护工作。同时，围绕新一代信息技术和高端装备制造产业，开展专利快速预审、专利快速维权、知识产权保护协作及专利导航运营等工作，为创新主体、市场主体提供一站式知识产权综合服务。

10.4.1.9 知识产权快速维权中心

知识产权快速维权中心是国家知识产权局支持地方布局建设，目前共有 35 家，主要小商品、快消商品产业集聚区基本建有快速维权中心。

知识产权快速维权中心主要面向县域产业集聚区产品更新快、对外观设计维权需求强烈的领域，提供集外观设计快速预审、快速确权、快速维权为一体的知识产权公益服务。

10.4.1.10　知识产权维权援助中心

知识产权维权援助中心在行政上隶属各市知识产权局，在业务上接受国家、省、市知识产权局指导，是维护行业和区域经济安全，维护知识产权权利人合法权益和社会公众利益的公共服务平台。

知识产权维权援助中心主要负责构建和管理知识产权维权援助服务网络，组织合作单位和专家开展知识产权维权援助工作，提供知识产权分析论证，接受知识产权举报投诉。

10.4.1.11　国家级专利信息传播利用基地

国家级专利信息传播利用基地是国家知识产权局促进全国专利信息传播与利用工作的重要平台，目前主要有北京、天津、辽宁、上海、江苏、浙江、安徽、山东、湖南、广东、重庆、四川 12 处专利信息传播利用基地。

基地的主要职责是：实施专利信息传播与利用人才培养培训，培养，整合、建立专利信息利用高层次人才队伍；开展专利信息传播与利用帮扶顾问工作，满足政府、产业、企业对专利信息的需求；构建地区及区域专利信息传播与利用工作体系，建立系统、规范的专利信息传播与利用工作机制。

10.4.1.12　高校国家知识产权信息服务中心

各高校国家知识产权信息服务中心主要发挥高校的信息资源和人才资源优势，为知识产权的创造、运用、保护、管理提供全流程服务，不断完善知识产权信息公共服务体系，丰富知识产权信息服务内容，促进高校协同创新和科技成果转移转化。

10.4.2　功能性国家知识产权运营服务平台

国家知识产权局认定了 12 家全国知识产权运营服务平台体系功能性平台作为具备

业务特色和核心功能的服务平台，这 12 家平台涵盖了 3 家交易服务类平台、2 家金融服务类平台、4 家特色服务类平台和 3 家工具支撑类平台。

交易和金融服务是国家知识产权运营服务平台的基础性功能。特色服务类平台同样具备知识产权交易或投融资等功能，同时聚焦其特色服务对象和领域。工具支撑类平台由国家局直接指导和管理，发挥基础支撑作用，提供公益服务、搭建数据底座，为相关管理工作和其他各类平台提供有力支持。

功能性国家知识产权运营服务平台支持开展专利开放许可试点业务，围绕专利转化运用的共性需求和关键环节，开展专利导航、评价估值、交易促进、知识产权质押融资、知识产权证券化等业务。

10.4.3　国家知识产权培训基地

国家知识产权培训基地是指经国家知识产权局批准设立、承担知识产权培训和人才培养工作的机构，是培养培训知识产权人才的平台。目前国家知识产权局已在全国设立了 20 余个国家知识产权培训基地，承担全国知识产权领域在职人员的继续教育和知识产权专门人才的培养工作，与国内外有关院校联合培养研究生，与世界各国、地区及组织的知识产权培训机构开展国际交流与合作。

基地开展培训项目的主要形式包括但不限于：承办知识产权行政管理部门培训项目；举办政府部门、行业协会、企事业单位委托的培训班、研讨班或进修班；加强知识产权教学建设，开展知识产权人才培养模式研究以及知识产权学术研究、国际交流等活动；根据社会需求，面向公众开展知识产权普及培训等工作。

10.4.4　知识产权市场化服务机构

国家知识产权局知识产权发展研究中心《2023 年全国知识产权服务业统计调查报告》显示，截至 2022 年年底，我国从事知识产权服务的机构约 8.7 万家。其中，专利代理机构有 4520 家；商标代理机构有 7.1 万家；从事知识产权法律服务的机构超过 1.4 万家；从事知识产权运营服务的机构超过 0.9 万家；从事知识产权信息服务的机构超过 1.5 万家；从事知识产权咨询服务的机构超过 2.2 万家。

10.4.4.1　知识产权代理机构

知识产权代理机构主要接受权利人委托，从事专利代理业务、商标代理业务和版权代理业务，主要有合伙企业、有限责任公司等组织形式。不同的知识产权代理机构会选择专精其中的一项业务，或兼顾两至三项。

专利代理业务主要是进行专利申请及维护等相关事务的代理工作，包括对拟申请专利的发明创造进行相似技术的检索和新颖性、创造性的分析，撰写专利文件、提交专利申请、答复审查意见、进行专利复审、缴纳相关费用、对他人专利进行无效宣告或应对他人的无效宣告申请等工作，在这过程中接收和处理专利行政部门发出的各类文件，帮助客户确保其发明创造得到法律保护。

商标代理业务涉及商标从授权到续展的全过程，具体包括进行商标申请前的准备工作，对申请人拟申请的商标进行详细的检索，根据检索内容选择合适的商标类别、设计商标标识、整理材料等，避免与他人的商标相同或类似；向国家知识产权局提交商标申请的文件，跟踪商标申请的进度并及时与知识产权局以及权利人沟通，协助处理商标异议和驳回等问题；根据需求对市面上可能出现的商标侵权行为进行预警，商标到期后提醒权利人进行商标的续展等系列工作。

版权代理业务主要代理著作权人进行国内或国外著作权登记、组织洽谈、签订转让或授权使用合同、收取样书、收取版税或以其他形式支付的报酬和其他有关著作权事务。

10.4.4.2　知识产权法律服务机构

知识产权法律服务机构主要指提供知识产权诉讼和非诉业务的律师事务所和法律服务所，通常由专业律师和法律工作者组成，主要处理涉及知识产权的法律事务，包括知识产权法律咨询、知识产权合同起草与审核、处理知识产权诉讼纠纷、进行维权援助等。

知识产权法律机构能够为当事人预先防范知识产权风险提供战略性的法律建议，帮助当事人解决知识产权纠纷，在权利人的知识产权受到侵害时，提供侵权调查和诉讼代理服务，通过专业的调查手段，收集侵权证据，并代表权利人进行法律诉讼，追究侵权者的法律责任。技术经理人可以按需选择与知识产权法律服务机构合作，为科技成果转化中可能面临的法律问题提前做好风险防范措施。

10.4.4.3 知识产权运营、信息、咨询服务机构

知识产权运营服务机构主要提供知识产权评估、许可、转让等交易经纪服务，促进知识产权的市场流转。部分机构还提供知识产权投融资、保险、证券化、信托、担保等增值服务，促进技术要素与资本要素有效融合。

知识产权信息服务机构主要对知识产权信息资源进行深度集成、加工和处理分析，提供知识产权商业化数据库和应用产品，推动知识产权信息与产业、经济信息互联互通，辅助企业提高知识产权信息传播利用能力。

知识产权咨询服务机构主要提供知识产权战略咨询、管理咨询、实务咨询、专利导航、标准贯彻、标准必要专利指引等专业业务。帮助客户建立和完善知识产权管理体系，包括知识产权风险评估、知识产权预警、知识产权培训及内部制度建设等。

部分大型服务机构向全链条、一体化服务方向不断发展，同时兼具运营、信息和咨询服务中的全部或部分类型的业务。中小型机构侧重于特定领域的专业化服务，部分机构还为企业提供“陪伴式”个性化定制服务。

10.5 本章小结

通过本章的学习，技术经理人将掌握一系列知识产权管理和服务的基本技能和实务操作方式，包括帮助创造主体获得、维持并运用专利权，有效地保护商业秘密，进行深入的知识产权检索与分析，查询并合理运用知识产权的相关机构。这些知识和技能不仅有助于技术经理人更好地保护企业的创新成果，防止知识产权侵权和滥用，还能帮助企业在市场中树立强有力的知识产权保护壁垒，增强企业的核心竞争力和品牌影响力。随着对知识产权基础实务的深入理解和应用，技术经理人将能够更加自信和高效地应对日

益复杂多变的知识产权环境，为企业的创新发展和长远战略目标提供坚实的保障。通过不断提升自身的知识产权管理能力，技术经理人将在推动企业创新和保护知识产权方面发挥越来越重要的作用，成为企业创新之路上的坚强后盾。

思考题

1. 在准备专利申请文件时，需要注意哪些关键要素？
2. 建立和实施有效的商业秘密保护体系需要哪些具体措施？
3. 知识产权检索的主要工具和数据库有哪些？
4. 怎么快速查找知识产权公共服务机构？

第 11 章 创新与技术商业化

创新与技术商业化紧密相连，共同推动着社会的进步和经济的发展。本章在明确科技成果转移转化相关概念的基础上，进一步解析技术转移与技术商业化的内在含义，以及其实施路径与操作流程。在由技术供给方、技术需求方、服务机构等各类主体主导的科技成果转移转化过程当中，以技术转移的交易目的，或技术商业化的转化目的为导向，技术经理人在实操过程中可以根据技术成熟度、发明人意愿、政策限制等既定条件选择不同的路径，并取得相应的预期收益。最后，对技术转化或技术许可、建立初创企业、开展产学研合作等不同技术商业化模式进行详细解读。

11.1 创新与技术商业化理念

11.1.1　技术商业化概念解析

通过对所有狭义上的技术转移定义进行总结，技术转移即保护知识产权，并将其从实验室转移到市场或社会，或使其所属权发生变化的一种行为，这是一个交易的过程，也是由技术专家和专业人士主导而进行的内向型活动。这里“内向型活动”指的是技术供给方，如研究机构或具有影响力的高校的内部，在技术商业化过程中将技术需求方的诉求引入科技研究和创新早期过程中的行为。

技术商业化可以推动技术成果形成、面向市场或现实社会，并达成如下结果：帮助产业界获得具有高价值或高潜力的先进技术；凭借技术成果成立初创企业；通过学术界、产业界的紧密合作，推动技术成果及其影响力在市场和全社会扩散。从事技术商业化工作的技术经理人需要在打造商业模式、形成市场化收益等方面具有丰富经验，可以保障转化的技术成果能够妥善应对市场竞争等现实挑战。技术商业化是外向型的活动，技术供给方在内部开展科技成果转移转化工作的同时，也要着眼于建设创新生态和验证市场潜力、构建商业模式等商业化行为。

技术商业化与技术转移的区别在于两者出发点不同。技术转移以技术发明人为核心，其重点是帮助发明者取得经济收益。技术转移工作非常注重对知识产权的保护，在从技术披露、知识产权保护到技术转让或许可的过程中发挥着重要作用。技术商业化则更加关注市场和社会情况，其目的是解决现实问题和未被满足的需求。技术商业化工作的核心是建立创新生态体系，帮助创新行为在技术商业化的过程中与技术创业团队、初创企业、产业界、公共部门等紧密联系起来，从而验证科技成果对于市场和社会的现实意义，尝试通过科技创新解决痛点问题。

总体而言，直到产生技术转让和许可行为之前，技术转移都是更多发生在技术供给方内部的行为，而技术商业化行为在实际发生的过程中，虽然也需要内部活动，但会在构建创新生态体系和探索全球市场等方面采取更多行动，引入必要资源开展外向型工作。

11.1.2 技术商业化相关创新理论

11.1.2.1 技术差距理论

一些研究认为，技术转移的供给侧与需求侧之间存在着技术差距，是技术商业化和技术贸易发生的必要条件，如果不存在技术差距，就不需要发生科技成果转移转化活动。在国际技术贸易层面，美国经济学家波斯纳提出的技术差距理论认为：技术差距是国家间开展贸易的一个重要原因，一国的技术优势使其在获得出口市场方面占有优势，在国内创新某种产品成功后至国外掌握该项技术之前产生了技术领先差距，因此可出口技术领先产品。因新技术会随着专利权转让、技术合作、对外投资、国际贸易等途径流传到国外，当一国创新的技术被外国模仿时，外国即可自行生产而减少进口，创新国渐渐失去该产品的出口市场，因技术差距产生的国际贸易逐渐压缩。

随着时间的推移，新技术最终将被技术需求方掌握，使技术差距消失。贸易即持续到技术需求方能够生产出满足其对该产品的全部需求的时候。当前，世界上由于技术差距而形成的贸易格局是技术创新供给方提供创新技术，引入传统产品；技术需求方引入创新技术，提供传统产品。

技术商业化的速度、强度取决于技术供给方与技术需求方之间技术差距的大小，这也被称为技术势能差。技术势能差越大，则需求方获取技术的愿望越强烈，技术转移的驱动力越强大，但是技术需求方可能缺乏对所转移技术的吸纳能力，转移的阻力可能不小。这就需要技术供给方有较强的技术传授能力，或者通过交钥匙工程的方式实现技术转移。技术转移的结果可能会较大幅度地提高技术需求方的技术水平。无论依托怎样的工作流程开展工作，在达成交易决策后对实现科技成果转移转化的路径选择，都是走完

“最后一公里”的必经之路。

11.1.2.2　技术商业化中的“死亡之谷”问题

“死亡之谷”的概念最早由美国专家在 20 世纪提出，主要描述的是在技术商业化过程中，政府资助和社会资源投入青黄不接的一个特定阶段。这是因为大量有价值的应用科研成果从实验室到进入市场必须通过技术商业化流程，而在这个过程中，存在着基础研究资源逐渐耗尽，产业端资源还未决定投入的阶段，便形成了一个很难跨越的“死亡之谷”（图 11-1）。

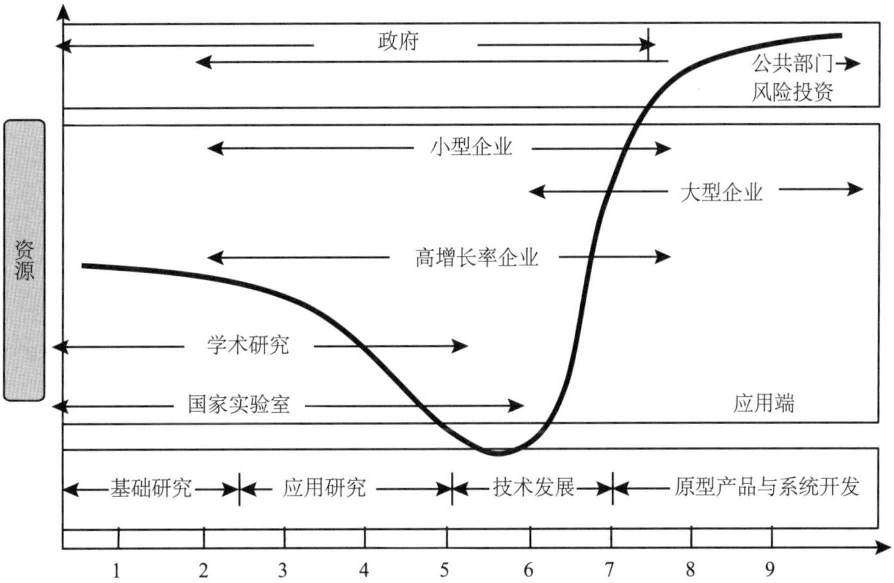

图 11-1　“死亡之谷”问题在学术端至科研端过程中的体现

大量成果在这个过程中会因资金瓶颈、缺乏专业化服务或选择错误的市场化路径，而在这个阶段“夭折”。由于容易“夭折”，这个阶段的风险特别大，单个企业一般不愿意或不敢做这个中间阶段的工作，而高校因考核体系和资金问题也不愿做这个工作，从而导致科技成果的技术商业化阶段缺少足够的人力、财力和平台。参照前述“技术成熟度”概念，“死亡之谷”一般用于描述技术成熟度 4 ~ 7 这一特定阶段。开展技术商业化工作的专业机构或人员常通过开展交流活动、搭建平台机制、进行能力建设等工作弥合“死亡之谷”。

除“死亡之谷”外，日本、欧洲等地的科学界针对科技研发阶段、产业化阶段也提出了相似的概念，其中具有代表性的包括“魔川”和“达尔文海”（图 11-2）。其中，“魔川”指的是在科技研发阶段巨大的不确定性，科研人员要经过大胆的探索和尝试才能得到有价值的科技成果。“达尔文海”指的是科技成果的市场化、产业化过程，产品要经过严酷的优胜劣汰才能够真正找到适合自己的商业模式，实现批量化生产甚至盈利。

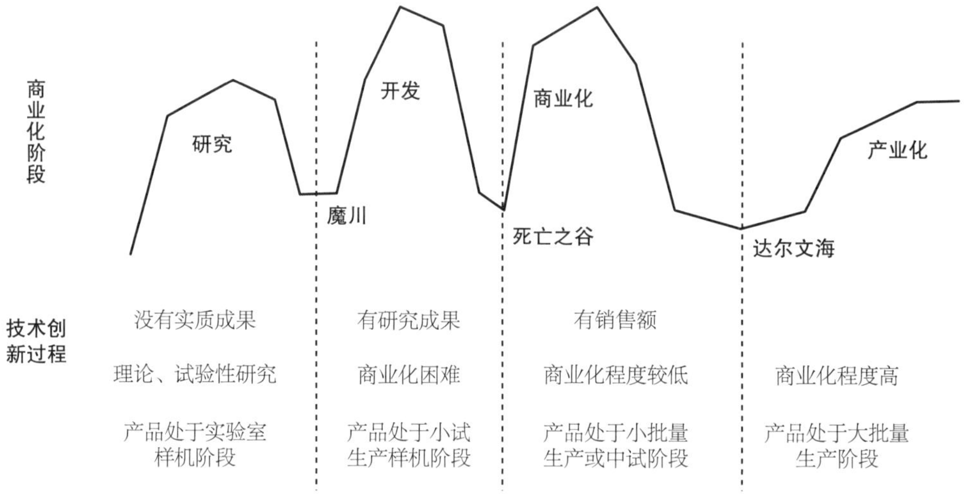

图 11-2　技术商业化在技术创新过程中的困境

“魔川”“死亡之谷”“达尔文海”三个阶段，分别代表从科研到产品化、从产品化到商业化、从商业化到规模化的三个攻坚克难的阶段。

11.1.3　技术商业化理念发展趋势

开展传统意义上的技术转移工作，不可避免地会出现许多无法满足的客户需求，并在关键问题上存在一定的局限性，这些问题也促进了技术商业化理念的产生和发展。

第一，基于已经取得的科技成果或专利开展技术转移的效率相对较低。根据北美大学技术经理人协会在其年报工作中的统计，美国大学中只有不到 5% 的专利成果成功进行了许可转让，超过 95% 的科技成果都在技术转移过程中被搁置了，技术转移及其对知识产权的保护行为，与市场和社会的实际需求间存在根本性的分歧。

第二，在已经取得成效的技术转移成功案例中，投资回报率始终受到有关各方的质疑，一项技术专利往往在科研和再度研发过程中花费过多的资源，其中在原有科技成果基础上，为了进一步满足技术需求方的诉求而进行的再度研发的花费远远高于预期。

第三，传统的技术转移促进政策与行业在统计或验收过程中，更加侧重技术转移行为的经济产出，比如技术转让和特许授权费用等，而忽略了科技成果转移转化对社会经济的积极影响。同时，只有少部分科技成果在转让和许可过程中获取了高额收益，这也使得高校和科研机构产生的科技成果行为难以得到足够的正向反馈，降低了各主体进行科技成果转移转化活动的积极性，减少了科技成果转移转化的数量。

自美国《拜杜法案》率先对科技成果转移转化收益所属权进行改革以来，技术转移理念已历经超过 40 年的发展和变革。传统意义上的技术转移是个孤立的过程，更多关注的是高校、科研机构等技术供给方的内部活动。在“三螺旋理论”等创新理念以及新经济和创新生态体系建设发展的同时，对于技术转移行为的认知也需要随之发展，对于技术商业化行为的重视和探索也就应运而生。在推动技术商业化发展的过程中，对创新理念的研究和创新型人才的培育至关重要，这些活动能够为技术商业化行为引入关键资源，从而对更加广阔的市场和技术项目进行评估，探索更加丰富的商业模式，带来更多高质量、高价值潜力的技术商业化项目，而这些成效都可以进一步融入既有科技成果的技术转移过程中，有效推动科技创新，造福现实社会。

将技术转移与技术商业化实践相结合，可以产生多样化的科技成果转移转化路径。创新技术不仅可以授权给大型企业，也可以授权给高校、研究机构建立的初创企业，还可以与产业界联合开展产学研合作。这些不同路径可以给技术经理人带来更多机会和开放的工作空间，创新生态体系中的每一方都可以成为协作和服务的对象，技术转移行为不再只针对技术供给方，同时还围绕着保护知识产权并且取得经济收益开展。在这样的趋势下，市场和社会中出现的切实需求与痛点问题成了关键的驱动力，发明人、创业者、企业、公共部门之间的关系成了更加重要的影响因素，科技成果对社会经济和民生的积极影响成为最终目的。同时，全球化与跨境合作也迎来了更大的吸引力，科技成果转移转化不仅要考虑本地市场，也要广泛思考在全球范围内的市场潜力与推广意义，国际化的资金、人才、科技研发资源也能够更加广泛地参与其中。作为科技成果转移转化行业发展的阶段式结果，技术商业化实践切实加大了政府等公共部门对科研行为和创新的预期，使其成为促进经济增长、提升社会发展、改变民生质量的关键行为。就当前的社会阶段而言，建设创新生态体系加强产学研合作，以及跨境开展科技成果转移转化工作，是加强科技创新、验证潜在市场、提升创新成果商业价值转化的客观发展趋势。

基于上述趋势，科技成果转移转化理念发展至今，技术经理人应该关注扩宽服务对象与从业路径，加强对关键问题的认识与理解。例如在预期收益方面，在考虑到科研人员、科研设备、实验室等研究经费，以及知识产权保护和运营等投入的同时，技术经理人应更加广泛地思考和规划科技成果转移转化预期收益指标。在计算技术转让、许可授权等收益的同时，将科技成果的潜在商业价值与社会影响也纳入其中。科技成果转移转化带来社会经济增长，提升国民生产总值和出口收入，还能够创造就业岗位、吸引商业投资，更能够改善居民生活质量，解决安全、环保、粮食等社会问题，这些都值得技术转移从业人士为之投入科研能力、创新人才等资源和工作能力，从而在科技成果、投资、就业、经济增长与社会发展等方面取得成效。

11.2 技术商业化典型模式

技术经理人在技术供给方、技术需求方，或专业化技术转移服务机构的不同工作场景下，侧重点有所不同，流程也存在一定区别。显而易见，从技术供给方开展的科技成果转移转化首先要对科技成果进行识别与披露，而从技术需求方开展的科技成果转移转化则首先要对市场需求和应用场景进行挖掘。

在高等院校、科研院所等技术供给方的技术商业化工作中，技术经理人侧重以科技成果和成果发明人为核心，推动科技成果的落地转化，从而实现成果的经济价值，提高生产力水平。技术经理人在相关工作中重点要求具备科技管理、知识产权管理、流程管理、项目管理等组织管理能力。技术供给方开展科技成果转移转化工作主要包括成果识别、发明披露、科技评估、知识产权保护、市场调研、达成交易等关键环节。

在企业、行业、产业及相关组织技术需求方的技术商业化工作中，技术经理人侧重以需求挖掘和技术筛选为核心，推动先进科技成果与自身需求的匹配结合，解决由于科技落后或技术短缺造成的各类组织发展问题，或借助先进科技成果提升组织发展活力。技术经理人在相关工作中重点要求具备技术需求挖掘、科技成果筛选、对接洽谈等能力。技术需求方开展科技成果转移转化的主要工作流程包括需求挖掘、技术吸纳能力评估、需求发布、对接洽谈等。

在各类服务机构、市场化平台机构的技术转移和技术商业化工作中，技术经理人侧重以市场、产业和社会需求为核心，推动实现技术成果的经济价值，满足各方的发展需求。技术经理人在相关工作中重点要求具备商务谈判、市场调查、资源调配等组织协调能力。在企业科技成果转化等更为复杂的综合工作场景中，技术经理人应掌握多种场景下的工作流程，包括委托意向、接洽论证、委托达成、委托组织实施、服务改进等，以市场、产业、经济和社会进步发展需求为导向，提供资源整合、平台搭建、合作交流、供需对接等服务，发挥全流程组织管理和协调作用。

综上所述，技术商业化是将高校、科研机构等技术供给方的创意或科技成果向市场和现实社会转化，从而取得收益的过程。技术转移和技术商业化的目标、预期收益不同，可以选择的实际操作路径也不尽相同。无论是依托某项科技成果创建新公司和初创企业，还是将一些先进技术与创意从实验室阶段转移到已有的公司，都要经过复杂的操作流程，而决定具体转移转化路径的要素也包含在各个关键流程当中。

11.2.1　以转让许可形式开展技术商业化

转让许可首先是高校某项技术发明通过展会交流活动或技术披露进入技术转移办公室视野，然后要进行的就是技术评估，从而确定该项技术应该如何进行知识产权保护，而后根据技术的核心价值、技术发明人的意愿、新技术或新产品向市场和用户进行营销的通路或营销方式、市场上已经存在的产品或竞争对手情况等信息，决定是将其进行转让许可，还是成立相应初创企业。

根据《民法典》第 862 条第 1 款和第 2 款，技术转让合同是合法拥有技术的权利人，将现有特定的专利、专利申请、技术秘密的相关权利让与他人所订立的合同。技术许可合同是合法拥有技术的权利人，将现有特定的专利、技术秘密的相关权利许可他人实施、使用所订立的合同。技术转让的适用情形非常多，但主要适用于已经形成技术成果并根据规定确立技术产权的技术商品。

技术转让和许可的标的涵盖专利、专有技术、商标及版权等。我国关于转让许可的定义则侧重于技术的有偿转让，具体而言，技术转让是指出让方将特定技术成果的所有权或使用权转移给受让方，而受让方须根据技术交易类型支付约定价格或使用费，包括专利权转让、专利实施许可、非专利技术转让等多种交易类型，因此转让技术的标的主要包括专利与专有技术，而后可以根据转让技术的权利化程度和性质区分不同的转让类型。

11.2.2 创建初创企业

从上述描述中可以看出，在科技成果转移转化过程中，进行路径决策至关重要，技术经理人需要收集并评估相应的关键信息，其中最为重要的一点是技术供给方及相关利益方是否有意愿依托科技成果成立初创企业。许多技术发明人对于创立企业并不感兴趣，因此大多数的科技成果仍然会选择转让许可的形式进行转移转化。除发明人的意愿外，对科技成果本身进行评估也必不可少，技术经理人需要对技术的应用场景、技术的成熟度和先进性、潜在市场价值等进行充分的评估评价，从而排定进行技术转让或设立初创企业的优先级。在这个过程当中，针对技术供给方或发明人的深入交流访谈、调研市场潜力、论证商业模式等步骤都十分必要。

一旦确定了创建企业的途径，技术经理人就需要进一步思考此方面的细节和策略问题。众所周知，所谓公司指的是靠出售产品或服务换取收入和利润的组织，而处于早期阶段的公司则被称作初创企业，其中有一些初创企业甚至还不具备法律实体。技术经理人在实验室阶段为科技成果和发明人团队提供服务，并最终决定将其转化成为一家初创企业，首先要面对的是对初创企业的认知问题。

初创企业不是常规企业的“微缩版”，一家成熟企业所具备的关键要素，初创企业往往并不具备，某种程度上说，初创企业只能被视作成熟企业的临时版或“试用期”，这也为初创企业的创立和管理带来了诸多困难，需要技术经理人带着截然不同的思路帮助创业团队开展工作，其主要目的是验证新产品、循证商业模式并最终顺利实现技术商业化，需要重点开展的工作流程如下。

发掘阶段：在此阶段，初创公司团队将尝试锁定市场客户，以及客户认为初创公司打造的产品有价值的理由。技术经理人和技术转移机构可以通过培训、提供咨询服务以及推动初创企业参加对接交流活动的方式来帮助其进行客户拓展。发掘潜在客户是初创企业必须经历的发展阶段，许多不同类型的企业孵化器、加速器、创新创业竞赛都是辅助该阶段必要工作的平台和工具，无论咨询服务还是评优评奖，都会为初创企业带来更多的市场化机会、拓宽未来发展路径。

验证阶段：初创企业在此阶段需要完成的工作是验证客户是否真正需要这项产品或服务，以及明确销售路径和销售策略。科技成果转化会产生新技术、新产品或新服务，这些新技术、新产品或新服务的商业化过程是定制的还是可复制的，需要技术转移团队和初创企业共同探索论证。与此同时，初创企业带来的究竟是社会价值还是经济价值，抑或是文化价值，都需要初创企业在验证阶段确认。

创建阶段：进入创建初创企业的阶段，市场调研、营销策略、商业模式的发展工作至关重要，技术经理人要做的是了解市场的真实情况，引导公司进入市场并明确产品市场定位（现有市场、细分市场、新市场），开始向客户销售产品。在这个阶段，公司的法人实体应该已经实现从高校或科研机构中分拆出来。在初创企业成立后，高校可以将科技成果许可转移到这家全新的公司，在此过程中，初创企业可以通过资助政策、吸引投资等方式取得必要的资金支持。

成长阶段：成长阶段即销售阶段。销售不仅针对早期客户，还针对主流客户，公司开始建立自己的组织，适应市场规模。因为市场在变化，客户也在变化，所以公司需要不断探索，必须始终聆听客户的意见，始终了解客户群体。初创企业和技术经理人此时需要知道公司是否真的在正常运转，并开展相关工作。技术经理人可以在此过程中再次扮演关键角色，帮助初创企业与客户、供应商、投资人建立联系，助力初创企业良性发展。

11.2.3 建立产学研联合体

除上述主要路径外，依托技术经理人的专业能力，以及创新机构的咨询、服务能力，推动技术供给方、技术需求方等相关各方联手打造“产学研联合体”，也是当前开展技术商业化的重要合作模式之一。产学研即通过产业、学术、研发三方面密切合作，实现科研成果从实验室研发到规模化生产的转化、从小试到中试的突破。由于政策引导在产学研合作过程中起到重要指引作用，以及政府招商引资和利税等举措，产学研合作正在逐渐成为技术商业化的主要模式。

在世界范围内，各创新策源地国家和区域自 20 世纪 70 年代后期就兴起“产学研联合体”概念，其核心模式是推动高等院校、科研机构、科技型企业来到同一地区，在新技术、新产品研究与创新生态体系建设等方面建立联系、开展合作，从而顺应社会经济发展趋势，在科技创新、国际化、学科建设等方面顺利进行资源交流与置换，形成在科研、生产、教育等不同分工上的协同发展和集成化，具有很强的实效性与可持续性。

产学研联合体模式存在的必要性可以从技术供给方、技术需求方两个不同角度来看待。技术供给方从事的科研活动是围绕经济社会发展的需要进行科研立项，分析问题，进而提出解决问题的重要方法。其目的是获得新知识，其愿望是该问题得到根本解决，但这已不是科研人员的职责，而是应用部门和有关企业的职责，科研的经济社会价值最终得由企业去实现。技术需求方往往是科技成果价值的实现者，他们的提前介入可大幅缩短与大学的磨合时间，并利用已有的技术基础和对市场的敏感性，保障研发方向不产生较大的偏差，可减少试错的时间，进而大大加快产品开发、工艺开发和商业模式开发的进程，更好地实现科研成果的价值。

“三螺旋”理论是该问题的集中论述，大学、科研机构、产业界三方在创新过程中相互协同、彼此互动、紧密合作，能够保持各自特有优势和价值取向，实现最大化地应用各方资源，通过产学研各主体间相互影响，共同推动技术创新。该理论被认为是产学研合作领域的经典理论并被广泛应用于实践。“三螺旋”创新理论隐含着一个基本假设，就是不考虑产学研各主体的收益分配公允问题。在现实情况下，产学研各主体相互分工和共同推进技术创新的过程中存在着权利对等、收益分配公允等问题。因此，要在同一组织的创新联合体下，建立成果共享与风险共担的合作机制，形成各合作主体之间多层次、多形态、多重互动的利益效应。由此可见，同一组织体下的创新联合体的出现，可以有效保障产学研的三种效应得以实现，而新型科研机构则是这种同一组织体下的创新联合体的有益尝试，其本质是一种产学研深度融合模式。

产学研联合体是在政府鼓励下，企业与大学、科研院所联合建立产业技术研究院、产业创新联盟，共建工程中心、工程实验室和技术中心，其内部由协议各方认可的章程和制度来约束各参与方的行为。产学研联合体对提升企业技术创新能力、实现关键核心技术突破具有重要意义。企业进行跨界合作、创新生产模式、提供新知识，有利于提升企业的技术创新能力。实践表明，关键核心技术都是复杂综合性技术，其研发突破非单一创新主体能够承担与完成。同时，在关键核心技术的研发攻关上，产学研联合体要由大企业引领支撑、中小微企业积极参与，学、研、用、金各方积极支持，从而在集中力量突破关键共性技术、前沿引领技术、现代工程技术的过程中，系统提升企业的技术创新能力，强化企业技术创新的主体地位。

产学研联合体是最基础的科技经济融合组织模式，是将需求侧与供给侧紧密结合的源头性技术创新发源地，兼具市场主导与政府引导创新模式的职能，有助于促进渐进式技术创新向颠覆性技术创新升级，全面打造经济发展新优势。过去几十年中，海内外已经建有颇具知名度的各类产学研联合体，如科学城、大学城、科学工业、基因谷、硅谷等，实现了对区域创新发展的促进作用，也成为吸引人才入驻并长期生活、工作的氛围与业态。

11.3　技术商业化工具：商业模式画布

商业模式分析是管理学研究中的一个重要组成部分。在实践中，传统的分析工具如 SWOT 分析和波特五力模型虽被广泛应用，但由于概括性较强，往往难以提供细致入微的指导。商业模式画布（The Business Model Canvas）作为构建、评估和改善商业模式的首选分析工具，为初创企业乃至成熟企业的商业模式设计与评估提供了有力支持。

商业模式画布由九大要素构成：客户细分、价值主张、渠道、客户关系、收入来源、核心资源、关键业务、重要合作和成本结构（图 11-3）。价值主张处于中心地位，代表了商业模式的核心产品和服务及其为客户创造的价值。这些价值点可能涉及创新、性能、定制化服务、价格竞争力、便捷性或稳健的风险与成本管理等多个方面。

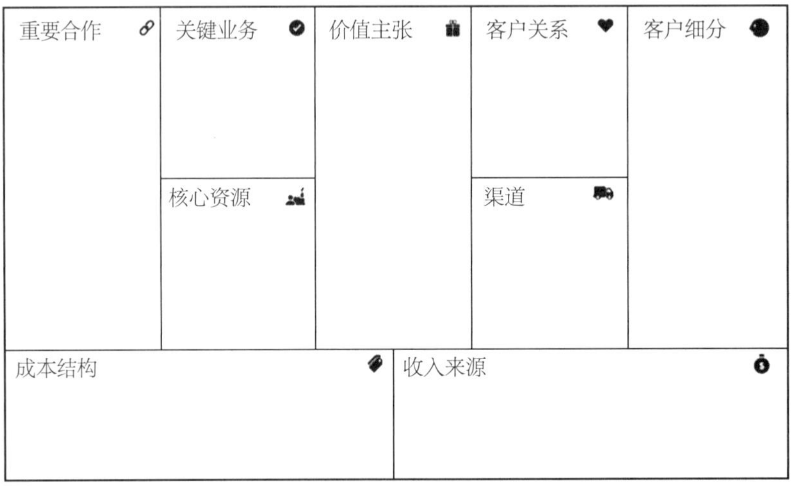

图 11-3　商业模式画布模板

在运用商业模式画布进行分析时，可以根据具体需求调整分析流程。通常，分析从价值主张出发，向左探究商业模式的基础构建块，包括关键业务、核心资源及重要合作，这些元素共同决定了成本结构；向右则聚焦于目标客户群（即客户细分）、客户关系以及渠道，这些因素直接影响收入来源。图 11-4 有助于更好地把握九大要素之间的关系。通过这张图示，我们可以更清楚地看到商业模式画布的各个组成部分及其相互关联，从而更好地应用于商业模式的构建、评估和改善之中。

商业模式画布因其直观性和系统性而受到欢迎，但同时存在局限性，例如它难以直接评估外部市场环境、竞争对手和潜在替代品的影响。为了弥补不足，有些实践者建议我们应该针对每个细分模块进行单独的 SWOT 分析，在整个体系外辅助以波特五力模型等善于分析外部市场环境的其他工具，这样得出的结论会更加完善和具体，也在操作层面弥补了存在的问题。然而，这样做可能会与该工具的设计初衷相悖，即保持简洁和

图 11-4　商业模式画布九大要素之间的关系

逻辑清晰。因此，进一步探讨商业模式画布的扩展与改进，在保持其优势的同时增强其适用性，是未来值得研究的领域。

商业模式画布作为一款商业模式分析工具，虽然在设计上存在一定的局限性，但它仍为构建、评估和改善商业模式提供了有力支持。如何在保持其优势的基础上对其进行改进，以更好地适应不断变化的市场环境和特定领域的特殊需求，仍是未来学术界值得研究的重点领域。

11.4 本章小结

本章详细解读了技术转移、技术商业化的异同，作为科技成果转移转化不断发展过程中产生的细分概念，二者既存在彼此包容的部分，也存在在目标、理念、操作方法等方面的明显差异。随着科技成果转移转化流程的进一步明晰，技术经理人可以决策通过转让许可、创办初创企业、建设产学研联合体并开展产学研合作等不同路径促成最终结果，系列丛书的其他章节针对这些操作路径，就技术转移流程中的各环节工作步骤、创新理论、生态体系建设等议题详细展开，向技术经理人提供操作方法与实操工具。

思考题

1. 简述技术商业化的途径。

2. 请举五种以上作为技术贸易标的形式的例子。

3. 请简述下图中 ABC 三类箭头反映的不同技术转移模式有何不同。

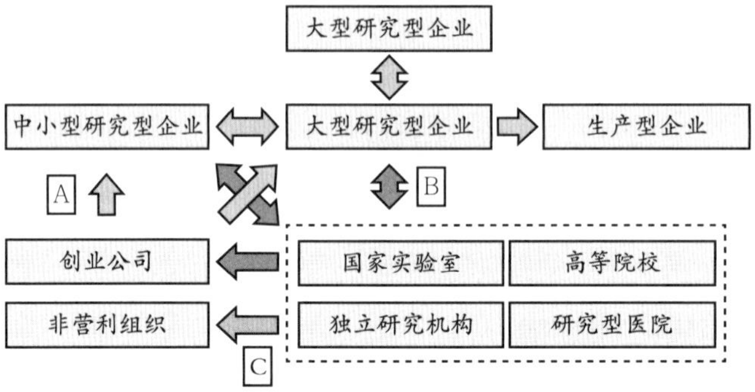

参考文献

[1] 卜昕，等. 美国大学技术转移简介 [M]. 西安：西安电子科技大学出版社，2014.

[2] 曹文振. 引入定标比超法的高校图书馆服务优化实证研究 [J]. 图书情报工作，2016，60（18）：71-78.

[3] 陈浩. 企业商业秘密管理及风险应对指引 [M]. 武汉：华中科学技术大学出版社，2023.

[4] 陈力，于磊，杭磊，等. 创新生态竞争视角下新型研发机构发展策略研究 [J]. 科技管理研究，2024，44（5）：65-71.

[5] 陈林. 安徽技术经纪人培训教程 [M]. 合肥：中国科学技术大学出版社，2023.

[6] 陈云伟，曹玲静，陶诚，等. 科技强国面向未来的科技战略布局特点分析 [J]. 世界科技研究与发展，2020，42（1）：5-37.

[7] 成晓建. 国家技术转移人才培养规划教材上海市技术经纪人从业培训制定教材 - 技术经纪人培训教程 [M]. 上海：同济大学出版社，2018.

[8] 丁辉. 政府科技管理沿革与启示 [M]. 北京：北京科学技术出版社，2014.

[9] 傅正华. 职业技术经纪人培养模式探讨 [J]. 中国科技论坛，2003（1）：127-130.

[10] 高富平. 数据知识产权保护论纲 [J]. 数字法治，2024（2）：1-17.

[11] 葛安茹，唐方成. 合法性、匹配效应与创新生态系统构建 [J]. 科学学研究，2019，37（11）：2064-2072.

[12] 国家科技评估中心，中国科技评估与成果管理研究会. 科技成果转化工作指南 [M]. 北京：北京理工大学出版社，2021.

[13] 国家市场监督管理总局，国家标准化管理委员会. 科技成果评估规范 [M]. 北京：中国标准出版社，2024.

[14] 国家知识产权局学术委员会. 专利分析实务手册第 2 版 [M]. 北京：知识产权出版社，2021.

[15] 国家职业分类大典修订工作委员会. 中华人民共和国职业分类大典 2022 版 [M]. 北京：中国劳动社会保障出版社，2022.

[16] 何华，丁浩，张建. 科技企业孵化器对区域科技创新能力的驱动作用——基于科技成果转化视角 [J]. 河北工业大学学报（社会科学版），2023，15（3）：14-25.

[17] 何慧芳，周述章，余芬，等. 组织支持、制度环境和市场环境对科技企业孵化器创新绩效的影响机制：基于组态视角的 fsQCA 分析 [J]. 科技管理研究，2024，44（4）：119-126.

[18] 胡月星. 中国领导科学前沿丛书胜任领导 [M]. 北京：国家行政学院出版社，2012.

[19] 蒋林浩，沈玉翠，张艳鹿，等. 高校技术经理人胜任力模型构建 [J]. 科技管理研究，2023，43（19）：64-70.

[20] 蒋茜. 习近平总书记关于新科技革命和产业变革的重要论述探析 [J]. 中国井冈山干部学院学报，2020，13（6）：31-38.

[21] 康德宝. 高校科技成果转化中技术经纪人的作用及转化机制研究 [J]. 研究与发展管理，2007（5）：138-142.

[22] 科学技术部火炬高技术产业开发中心. 2019 中国火炬统计年鉴 [M]. 北京：中国统计出版社，2019.

[23] 孔祥俊. 商业秘密司法保护实务 [M]. 北京：中国法制出版社，2012.

[24] 雷家骕，洪军. 技术创新管理 [M]. 北京：机械工业出版社，2020.

[25] 李晓慧，贺德方，彭洁. 日本高校科技成果转化模式及启示 [J]. 科技导报，2018，36（2）：8-12.

[26] 李泽霞，刘小平，黄龙光，等. 基于领域态势分析法的技术研发分析——以核材料技术为例 [J]. 图书情报工作，2013，57（24）：90-94.

[27] 连平，周昆平. 科技金融：驱动国家创新的力量 [M]. 北京：中信出版社，2017.

[28] 刘庆龄，曾立. 新型研发机构的组织架构与运营模式探析——以国际声学产业技术研究院为例 [J]. 科学管理研究，2024，42（1）：53-63.

[29] 刘忠艳，张时容，袁剑锋，等. 基于国家级政策文本计量的科技企业孵化器效果分析 [J]. 科技管理研究，2024，44（9）：35-44.

[30] 罗伯特 · G. 库珀. 新产品开发流程管理：以市场为驱动（第 4 版）[M]. 青铜器软件公司译. 北京：电子工业出版社，2013.

[31] 骆新华 . 技术转移：理论与政策述评 [J]. 科技进步与对策，2006（3）：176-179.

[32] 马天旗．专利布局第 2 版 [M]．北京：知识产权出版社，2020.

[33] 马一德．商业秘密法学 [M]．北京：高等教育出版社，2023.

[34] 南佐民 .《拜杜法案》与美国高校的科技商业化 [J]．比较教育研究，2004 (8)：75-78.

[35] 任志宽，李栋亮，谈力．面向 2035 年全球科技发展态势研判与中国应对策略 [J]．科技管理研究，2022，42 (10)：34-40.

[36] 史敏，罗建，周斌．基于竞争情报的企业技术需求识别 MTS 方法的研究与应用 [J]．图书情报知识，2018 (3)：95-102.

[37] 孙磊，吴寿仁．科技成果转化从入门到高手 [M]．北京：中国宇航出版社，2021.

[38] 孙远钊 . 论科技成果转化与产学研合作——美国《拜杜法案》35 周年的回顾与展望 [J]．科技与法律，2015 (5)：1008-1037.

[39] 汤鹏翔，杨晓非，姜全红．中关村技术转移系列教材技术经理人从业导论 [M]．北京：北京航空航天大学出版社，2021.

[40] 汤贞友．数据知识产权登记的制度逻辑及完善 [J]．知识产权，2024 (3)：34-53.

[41] 唐五湘，黄伟．科技成果转化的理论与实践 [M]．北京：方志出版社，2006.

[42] 天津市高新技术成果转化中心．技术经理人实务教程 [M]．天津：天津大学出版社，2020.

[43] 王成军，郭明．创新型科技人才科技成果转化能力可拓评价 [J]．科技进步与对策，2016，33 (4)：106-111.

[44] 吴汉东．知识产权应用问题研究 (第 2 版) [M]．北京：中国人民大学出版社，2022.

[45] 吴寿仁．科技成果转化政策导读 [M]．上海：上海交通大学出版社，2019.

[46] 吴寿仁．中国科技成果转化 40 年 [J]．中国科技论坛，2018 (10)：1-15.

[47] 吴晓求．证券投资学 [M]．北京：中国人民大学出版社，2000.

[48] 肖冬梅．知识产权信息检索与利用 [M]．北京：中国人民大学出版社，2021.

[49] 许海云，岳增慧，雷炳旭，等．基于专利技术功效主题词与专利引文共现的核心专利挖掘 [J]．图书情报工作，2014，58 (4)：59-64.

[50] 尹新天．中国专利法详解 [M]．北京：知识产权出版社，2011.

[51] 臧冀原，季桓永，黄庆学 . 数智化赋能传统产业转型升级 [J]．中国科学院院刊，2024，39 (7)：1183-1190.

[52] 张晓东．专利检索与信息分析实务 [M]．上海：华东理工大学出版社，2017.

[53] 张晓凌，陈彦. 技术经纪人培训教程 [M]. 北京：知识产权出版社，2020.

[54] 中共中央文献研究室. 习近平关于科技创新论述摘编 [M]. 北京：中央文献出版社，2016.

[55] 中国科学院. 科技发展新态势与面向 2020 年的战略选择 [M]. 北京：科学出版社，2013.

[56] 周程，张杰军 . 跨越创新过程中的“死亡之谷”——科技成果产业化问题刍议 [J]. 科学学与科学技术管理，2010 (3)：50-55.

[57] Adedeji B. Badiru. Global manufacturing technology transfer africa-usa strategies，adaptations and management [M]. Crc Press，2016.

[58] Almabruk Sultan.Technology transfer evaluation：what is technology transfer? When to transfer technology? How can we ensure it occurs? [M]. Scholars' Press，2018.

[59] Almabruk Sultan.Technology transfer evaluation：what is technology transfer? when to transfer technology? how can we ensure it occurs? [M]. Scholars' Press，2018.

[60] Andrea Alunni. Innovation finance and technology transfer：funding proof-of-concept [M]. Routledge，2020.

[61] Chesbrough H W. The era of open innovation [J]. Managing innovation and change，2006，127 (3)：34-41.

[62] Christensen C M，Bower J L. Customer power，strategic investment，and the failure of leading firms [J]. Strategic management journal，1996，17 (3)：197-218.

[63] Christensen C M. The innovator' s dilemma：when new technologies cause great firms to fail [M]. Harvard Business Review Press，2015.

[64] Fatma Abdelkaoui.Interaction effect between technology transfer and absorptive capacity：case study of “the east asian success” [M]. Scholars' Press，2021.

[65] Hockaday Tom. 1964 University technology transfer：what it is and how to do it [M]. Johns Hopkins University Press，2020.

[66] James A. Cunningham，Brian Harney，Ciara Fitzgerald. Effective technology transfer offices [M]. Springer，Cham，2020.

[67] Maribel Guerrero，David Urbano. Technology transfer and entrepreneurial

innovations [M]. Springernature, 2021.

[68]Markman G D, Siegel D S. Wright M. Research and technology commercialization [J]. Journal of Management Studies, 2008, 45 (8): 1401-1423.

[69]Massimiliano Granieri, Andrea Basso. Capacity building in technology transfer [M]. Springer, Cham, 2019.

[70]Nonaka I, Takeuchi H. The knowledge-creating company [J]. Harvard business review, 2007, 85 (7/8): 162.

[71]Paul L. Robertson.Knowledge transfer and technology diffusion [M]. Edward Elgar Publishing Limited, 2011.

[72]Research handbook on intellectual property and technology transfer [M]. Edward Elgar Publishing, 2020.

[73]Shane, S A. A general theory of entrepreneurship: The individual-opportunity nexus [M]. Edward Elgar Publishing, 2003.

[74]Shiri M.Breznitz, Henry Etzkowitz. University technology transfer: the globalization of academic innovation [M]. Abingdon, Oxon; New York, NY: Routledge, is an imprint of the Taylor & Francis Group, an Informa b, 2016.

[75]Steinke, Cynthia. Technology transfer [M]. Taylor & Francis Group, 2019.

[76]Tushman M L, O' Reilly III C A. Ambidextrous organizations: Managing evolutionary and revolutionary change [J]. California management review, 1996, 38 (4): 8-29.

[77]Wynn Martin. University-Industry technology transfer in the UK [M]. IGI Global, 2018.

[78]Yamane Yasuo. Manufacturing technology transfer [M]. Social Science, 2018.

后 记

《技术经理人初级教材》由湖南大学和科技部科技评估中心组织编写。以《中华人民共和国职业分类大典（2022 年版）》中“技术经理人”职业定义和《技术经理人能力评价规范》团体标准为依据，以技术转移基础知识与成果转化流程为主线进行编写。聚焦初级技术经理人应具备的知识水平和实践技能，体现了初级教材的基础性、全面性、系统性特点。本教材包括 11 个章节，全面介绍了初级技术经理人应具备的知识水平，包括技术经理人概述、科技成果转化主要法规与政策概述、知识产权基础知识、技术要素市场与科技成果转化机构、科技金融基础知识以及技术发展态势。同时，围绕初级技术经理人的科技成果转化实践能力提升，系统介绍了科技成果转化流程与技术合同登记、成果披露与技术需求挖掘、科技成果评估流程与方法、知识产权基础实务、技术商业化等内容。

参与本教材各章节编写人员如下：

第 1 章：鲁露、徐杨巧、张静园、张燕

第 2 章：徐杨巧、张燕、吴寿仁、孙芸

第 3 章：喻玲、邵滨

第 4 章：李飞龙、李沐谦、骆珮雯

第 5 章：张黎群、张冠峰

第 6 章：李飞龙、鲁露、骆珮雯

第 7 章：李飞龙、喻玲、邵滨

第 8 章：史敏、李沐谦

第 9 章：李飞龙、武思宏、骆珮雯、夏文勇

第 10 章：喻玲、王为

第 11 章：张璋、李沐谦、林松

全书由喻玲、李飞龙统稿。

在教材编写过程中成立了总体专家组和专题专家组。总体组专家有清华大学技术转移研究院院长王燕、北京大学产业技术研究院院长姚卫浩、北京理工大学技术转移中心主任陈柏强和中国国有资本风险投资基金董事总经理张春鹏；专题组专家有上海市科学学研究所副所长吴寿仁（成果转化政策法规专题组）、知识产权出版社有限责任公司总经理助理吕荣波（知识产权专题组）、深交所副主任研究员王晓津（科技金融专题组）、科技部科技评估中心科技成果与技术评估部部长武思宏（科技成果评价专题组和技术发展态势专题组）以及北京市君合（深圳）律师事务所合伙人安明（企业发展与公司治理专题组）等。同时，周利平参与了教材架构讨论，并提供部分章节资料，曾津国、刘斯达、安雅琪等对教材编写中给予了大量支持，在此一并致谢。

本教材在编辑出版过程中，得到了中国科学技术出版社的大力帮助，感谢出版社各位领导支持，感谢韩颖主任、何红哲编辑的细心编辑、勘校。本教材还参考了许多同行专家的研究成果，在这里一并表示谢意。

在此，我们对所有参与本教材编写工作的领导、专家、编写人员以及业内同仁表示诚挚的感谢。本教材难免有疏漏之处，还望各位专家、同仁及广大读者不吝指正，以匡正悖谬、补苴疏漏。

编委会

2024 年 11 月